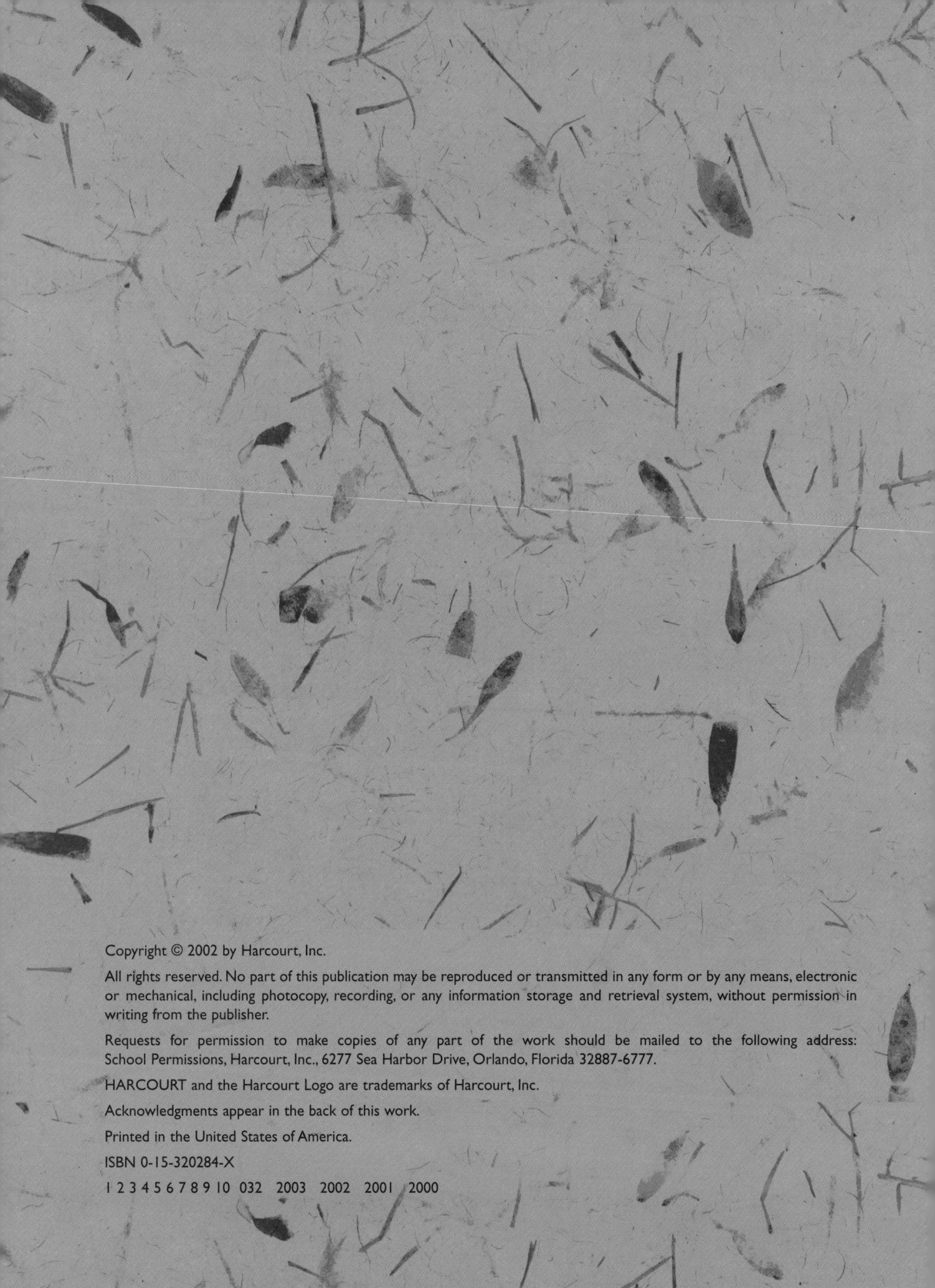

Copyright © 2002 by Harcourt, Inc.

All rights reserved. No part of this publication may be reproduced or transmitted in any form or by any means, electronic or mechanical, including photocopy, recording, or any information storage and retrieval system, without permission in writing from the publisher.

Requests for permission to make copies of any part of the work should be mailed to the following address: School Permissions, Harcourt, Inc., 6277 Sea Harbor Drive, Orlando, Florida 32887-6777.

HARCOURT and the Harcourt Logo are trademarks of Harcourt, Inc.

Acknowledgments appear in the back of this work.

Printed in the United States of America.

ISBN 0-15-320284-X

1 2 3 4 5 6 7 8 9 10 032 2003 2002 2001 2000

Harcourt Lenguaje

AUTORAS
Alma Flor Ada ◆ F. Isabel Campoy

 Harcourt

Orlando   Boston   Dallas   Chicago   San Diego

Visita *The Learning Site!*
www.harcourtschool.com

Contenido

Introducción 18

Unidad 1
Estudios Sociales

Gramática • Oraciones
Escritura • Oraciones sobre una ilustración
• Un cuento personal 22

CAPÍTULO 1 Oraciones

¿Qué es una oración? Poema 24
Orden de las palabras en una oración 26
Comienzo y final de una oración 28
Práctica adicional • Juego lingüístico 30
Repaso del capítulo 32
■ **Destrezas de estudio:** Cómo usar las partes
de tu libro 33

CAPÍTULO 2 Partes de una oración

¿Cuáles son las partes de una oración? Poema 34
Partes que nombran y partes que dicen 36
Combina las partes de la oración 38
Práctica adicional • Juego lingüístico 40
Repaso del capítulo 42
■ **Destrezas de estudio:** Cómo usar el orden
alfabético 43

CAPÍTULO 3 El arte de escribir: Desarrolla ideas y temas

Modelo de literatura: "¡Tengo una mascota!"
por Shari Halpern 44
Escribir oraciones sobre una ilustración 48
  Antes de escribir y hacer el borrador • Editar •
  Compartir
■ **Caligrafía:** Consejos para escribir mejor 51

CAPÍTULO 4 Afirmaciones y preguntas

Diferentes tipos de oraciones Poema **52**
Usa las afirmaciones y las preguntas **54**
Oraciones con la idea principal **56**
Práctica adicional • Juego lingüístico **58**
Repaso del capítulo **60**
■ **Vocabulario:** Homófonos **61**

CAPÍTULO 5 Exclamaciones y mandatos

Otros tipos de oraciones Poema **62**
Exclamaciones y mandatos **64**
Usa diferentes tipos de oraciones **66**
Práctica adicional • Juego lingüístico **68**
Repaso del capítulo **70**
■ **Tecnología:** Cómo usar una computadora **71**

CAPÍTULO 6 Escribir un cuento personal

Modelo de literatura: "Las zapatillas rojas"
  por Denise Lewis Patrick **72**
Modelo de un estudiante **80**
Taller de escritura **82**
  Antes de escribir • Hacer el borrador • Revisar •
  Corregir • Publicar
■ **Escuchar y hablar:**
  Comparte tu escritura **89**

Repaso de la unidad **90**

Conclusión de la unidad:
Escribir sobre otras materias **92**
  Proyecto de estudios sociales: Quién es quién
Libros de lectura **93**

Unidad 2

Estudios Sociales

Gramática • **Nombres**
Escritura • **Nota de agradecimiento**
• Una carta **94**

CAPÍTULO 7 Nombres

¿Qué es un nombre? Poema **96**
Nombres de personas, animales, lugares y cosas **98**
Nombres masculinos y femeninos **100**
Práctica adicional • Juego lingüístico **102**
Repaso del capítulo **104**

■ **Vocabulario:**
  Palabras compuestas **105**

CAPÍTULO 8 Nombres en plural

Nombres que indican más de uno Poema **106**
Nombres en plural **108**
Nombres que se escriben de otra manera en plural **110**
Práctica adicional • Juego lingüístico **112**
Repaso del capítulo **114**

■ **Destrezas de estudio:**
  Cómo usar un diccionario **115**

CAPÍTULO 9 El arte de escribir: Agrega detalles

Modelo de literatura: "Kate va al oeste"
por Pat Brisson **116**
Escribir una nota de agradecimiento **120**
  Antes de escribir y hacer el borrador • Editar •
  Compartir

■ **Caligrafía:** Los espacios entre las letras **123**

CAPÍTULO 10 Nombres propios

¿Qué es un nombre propio? Rima 124
Nombres de personas, lugares y animales 126
Nombres de días festivos 128
Práctica adicional • Juego lingüístico 130
Repaso del capítulo 132
■ **Vocabulario:** Abreviaturas y títulos 133

CAPÍTULO 11 Pronombres

¿Qué es un pronombre? Poema 134
Usa los pronombres personales 136
Nosotros, nosotras 138
Práctica adicional • Juego lingüístico 140
Repaso del capítulo 142
■ **Tecnología:** Cómo enviar un correo electrónico .. 143

CAPÍTULO 12 Escribir una carta

Modelo de literatura: "No olvides escribir"
  por Martina Selway 144
Modelo de un estudiante 152
Taller de escritura 154
   Antes de escribir • Hacer el borrador • Revisar •
   Corregir • Publicar
■ **Escuchar y hablar:**
   Presentaciones 161

Repaso de la unidad 162

Conclusión de la unidad:
Escribir sobre otras materias 164
   Proyecto de estudios sociales: ¿Qué leen los alumnos?
Libros de lectura 165

Repaso acumulativo 166

Unidad 3
Ciencias

Gramática • Verbos
Escritura • Un diálogo
• Un cuento 168

CAPÍTULO 13 — Verbos en tiempo presente

¿Qué es un verbo? Poema 170
Los pronombres y los verbos 172
Combina las oraciones con verbos 174
Práctica adicional • Juego lingüístico 176
Repaso del capítulo 178
■ **Vocabulario:** Sinónimos de verbos 179

CAPÍTULO 14 — Verbos en tiempo pasado

Los verbos que hablan del pasado Poema 180
Más sobre el tiempo pasado 182
Verbos que terminan en *ir* 184
Práctica adicional • Juego lingüístico 186
Repaso del capítulo 188
■ **Destrezas de estudio:** Cómo usar un diccionario 189

CAPÍTULO 15 — El arte de escribir: El uso del guión

Modelo de literatura: "La máquina voladora" por James Marshall 190
Escribir un diálogo 194
   Antes de escribir y hacer el borrador • Editar • Compartir
■ **Caligrafía:** Uso correcto de márgenes y espacios entre palabras y oraciones 197

CAPÍTULO 16 Verbos *ser* y *estar*

Los verbos *ser* y *estar* Poema **198**
Los verbos *ser* y *estar* en tiempo presente **200**
Los verbos *ser* y *estar* en tiempo pasado **202**
Práctica adicional • Juego lingüístico **204**
Repaso del capítulo **206**
■ **Destrezas de estudio:** Cómo hacer una prueba .. **207**

CAPÍTULO 17 Verbo *tener*

El verbo *tener* Poema **208**
El verbo *tener* en tiempo presente **210**
El verbo *tener* en tiempo pasado **212**
Práctica adicional • Juego lingüístico **214**
Repaso del capítulo **216**
■ **Tecnología:** Cómo corregir en una
computadora **217**

CAPÍTULO 18 Escribir un cuento

Modelo de literatura: "Dos oseznos glotones"
por Mirra Ginsburg **218**
Modelo de un estudiante **226**
Taller de escritura **228**
   Antes de escribir • Hacer el borrador • Revisar •
   Corregir • Publicar
■ **Escuchar y hablar:** Cuenta un cuento **235**

Repaso de la unidad **236**

Conclusión de la unidad:
Escribir sobre otras materias **238**
   Proyecto de ciencias: Observación del tiempo
Libros de lectura **239**

Unidad 4

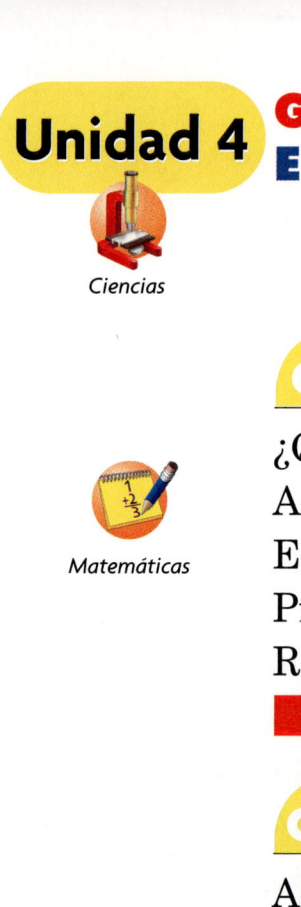

Ciencias

Matemáticas

Gramática • **Adjetivos**
Escritura • **Un poema**
• **Un párrafo descriptivo** **240**

CAPÍTULO 19 Adjetivos

¿Qué es un adjetivo? Párrafo **242**
Adjetivos en plural **244**
Escribe oraciones largas **246**
Práctica adicional • Juego lingüístico **248**
Repaso del capítulo **250**
■ **Vocabulario:** Cómo usar un libro de sinónimos **251**

CAPÍTULO 20 Más sobre adjetivos

Adjetivos femeninos y masculinos Poema **252**
Apócope **254**
Usa los sinónimos en la escritura **256**
Práctica adicional • Juego lingüístico **258**
Repaso del capítulo **260**
■ **Vocabulario:** Antónimos **261**

CAPÍTULO 21 El arte de escribir: Usa palabras pintorescas

Modelos de literatura: "Atareada"
  por Phyllis Holloran **262**
  "El viento es fresco y veloz" por Tanu Frank **263**
Escribir un poema **266**
   Antes de escribir y hacer el borrador • Editar
   • Compartir
■ **Caligrafía:** Haz las letras del
tamaño correcto **269**

8

CAPÍTULO 22 Adjetivos de tamaño y número

Adjetivos que indican tamaño y número **270**
Adjetivos que indican cantidad **272**
Los artículos **274**
Práctica adicional • Juego lingüístico **276**
Repaso del capítulo **278**
■ **Tecnología:** Cómo usar un corrector de palabras .. **279**

CAPÍTULO 23 Expresiones comparativas

Palabras que comparan Poema **280**
Comparación entre dos o más cosas **282**
Escribe para comparar **284**
Práctica adicional • Juego lingüístico **286**
Repaso del capítulo **288**
■ **Destrezas de estudio:** Pictografías y gráficas de barras **289**

CAPÍTULO 24 Escribir un párrafo descriptivo

Modelo de literatura: "¡Pingüinos!"
por Gail Gibbons **290**
Modelo de un estudiante **298**
Taller de escritura **300**
   Antes de escribir • Hacer el borrador • Revisar •
   Corregir • Publicar
■ **Escuchar y hablar:** Anuncio **307**

Repaso de la unidad **308**

Conclusión de la unidad:
Escribir sobre otras materias **310**
   Proyecto de ciencias y literatura: Lo viejo y lo nuevo
Libros de lectura **311**

Repaso acumulativo **312**

Unidad 5

Bellas artes

Gramática • **Más sobre los verbos**
Escritura • **Un párrafo con instrucciones** 1

CAPÍTULO 25 — Verbos *venir, poner y dar*

Los verbos *venir, poner* y *dar* Poema **318**
Usa los verbos *venir, poner* y *dar* **320**
Combina oraciones **322**
Práctica adicional • Juego lingüístico **324**
Repaso del capítulo **326**
■ **Destrezas de estudio:** Cómo leer un periódico **327**

CAPÍTULO 26 — Verbos *ir, hacer y ver*

Verbos *ir, hacer* y *ver* Poema **328**
Usa los verbos *ir, hacer* y *ver* **330**
Comas y dos puntos **332**
Práctica adicional • Juego lingüístico **334**
Repaso del capítulo **336**
■ **Destrezas de estudio:** Cómo usar un mapa **337**

CAPÍTULO 27 — El arte de escribir: Usa palabras precisas

Modelo de literatura: "Los bomberos"
por Robert Maas **338**
Escribir instrucciones **342**
  Antes de escribir y hacer el borrador • Editar
  • Compartir
■ **Caligrafía:** Vuelve a trazar las
letras correctamente **345**

10

CAPÍTULO 28 — Verbos auxiliares

¿Qué es un verbo auxiliar? Drama **346**
Usa el verbo *haber* **348**
No te vayas del tema **350**
Práctica adicional • Juego lingüístico **352**
Repaso del capítulo **354**
■ **Tecnología:** Cómo usar gráficas de computadoras ... **355**

CAPÍTULO 29 — Adverbios

¿Qué es un adverbio? Diálogo **356**
Usa los adverbios **358**
Escribe con adverbios **360**
Práctica adicional • Juego lingüístico **362**
Repaso del capítulo **364**
■ **Destrezas de estudio:** Cómo usar una biblioteca ... **365**

CAPÍTULO 30 — Escribir un párrafo con instrucciones

Modelo de literatura: "Bagels de jalapeño"
por Natasha Wing **366**
Modelo de un estudiante **374**
Taller de escritura **376**
 Antes de escribir • Hacer el borrador • Revisar •
 Corregir • Publicar
■ **Escuchar y hablar:** Da y sigue instrucciones **383**

Repaso de la unidad **384**

Conclusión de la unidad:
Escribir sobre otras materias
 Proyecto de matemáticas: ¡Vamos de viaje! **386**
Libros de lectura **387**

Unidad 6

Ciencias

Gramática • Conclusión
Escritura • Un informe de un libro
• Un informe de investigación **388**

CAPÍTULO 31 Nombres y pronombres

Nombres y pronombres Poema **390**
Concordancia entre nombres y pronombres **392**
El orden correcto de los pronombres **394**
Práctica adicional • Juego lingüístico **396**
Repaso del capítulo **398**
■ **Destrezas de estudio:**
   Cómo usar una guía telefónica **399**

CAPÍTULO 32 Usar verbos correctamente

Concordancia entre el sujeto y el verbo Poema **400**
Verbos con cambios en la raíz **402**
Más verbos irregulares **404**
Práctica adicional • Juego lingüístico **406**
Repaso del capítulo **408**
■ **Destrezas de estudio:** Cómo usar un atlas **409**

CAPÍTULO 33 El arte de escribir: Dar ejemplos

Modelo de literatura: Informe de un libro
   de un estudiante **410**
Escribir un informe de un libro **414**
   Antes de escribir y hacer un borrador • Editar •
   Compartir
■ **Caligrafía:** Cómo escribir las letras correctamente . **417**

CAPÍTULO 34 Corregir oraciones

Corrige oraciones con "y luego" Tira cómica **418**
Escribe oraciones largas **420**
Las comas consecutivas **422**
Práctica adicional • Juego lingüístico **424**
Repaso del capítulo **426**
■ **Vocabulario:** Sufijos **427**

CAPÍTULO 35 Problemas ortográficos

Ortografía de palabras con *g* y *j* Poema **428**
Ortografía de palabras con *b* y *v* **430**
Ortografía de palabras con *ll*, y *y* **432**
Práctica adicional • Juego lingüístico **434**
Repaso del capítulo **436**
■ **Tecnología:** Obtener información con una computadora **437**

CAPÍTULO 36 Escribir un informe de investigación

Modelo de literatura: "El agua en la Tierra" de *Estás a bordo de la nave espacial Tierra* por Patricia Lauber **438**
Modelo de un estudiante **446**
Taller de escritura **448**
   Antes de escribir • Hacer el borrador • Revisar •
   Corregir • Publicar
■ **Escuchar y hablar:** Presenta un informe oral **455**

Repaso de la unidad **456**

Conclusión de la unidad:
Escribir sobre otras materias **458**
   Proyecto de estudios sociales: Diversión de verano
Libros de lectura **459**

Repaso acumulativo **460**

Práctica adicional **466**

Manual

Escritura

Modelos adicionales de escritura:

Invitación y sobre... **479**

Anuncios que persuaden..................................... **480**

Teatro... **481**

Pautas para escribir

Cuento personal.. **482**

Carta informal.. **483**

Cuento.. **484**

Párrafo descriptivo.. **485**

Párrafo con instrucciones................................... **486**

Informe de investigación.................................... **487**

Ortografía

Estrategias ortográficas **488**

Palabras que comúnmente se escriben con faltas de ortografía **489**

Modelos de escritura **490**

Libro de sinónimos **494**

Glosario **499**

El poder de las palabras **506**

Índice **508**

Un vistazo

Escuchar y hablar

El lenguaje oral 24, 34, 52, 62, 96, 106, 124, 134
170, 180, 198, 208, 242, 252, 270, 280,
318, 328, 346, 356, 390, 400, 418, 428

Juego lingüístico 31, 41, 59, 69, 103, 113, 131, 141, 177
187, 205, 215, 249, 259, 277, 287, 325
335, 353, 363, 397, 407, 425, 435

Comparte tu escritura 89
Presentaciones 161
Cuenta un cuento 235
Anuncio 307
Da y sigue instrucciones 383
Presenta un informe oral 455

Gramática, uso y puntuación

Nombres 96–114, 390–398
Pronombres 134–142, 390–398
Verbos 170–188, 198–216, 318–336,
346–354, 400–408
Adjetivos 242–261, 270–288
Adverbios 356–364
Uso 28–29, 100–101, 138–139, 172, 180–185,
198–203, 208–211, 246, 274–275, 280–285,
318–321, 328–331, 346–349, 390–395, 400, 428–431

Mayúsculas 28-29, 124-129, 133

Puntuación 24-25, 54-55, 64-67,
100-101, 133, 332, 404, 422

Formas de escritura

Oraciones sobre una ilustración 46
Cuento personal 80
Nota de agradecimiento 118
Carta 152
Diálogo 192
Cuento 226
Poema 264
Párrafo descriptivo 298
Instrucciones 340
Párrafo con instrucciones 374
Informe de un libro 412
Informe de investigación 446
Invitación 479
Sobre 479
Anuncios que persuaden 480
Teatro 481

CÓMO FUNCIONA EL LENGUAJE

Elementos fundamentales del lenguaje

El lenguaje que lees, hablas y escribes está formado por diferentes partes que trabajan juntas. Tú ya sabes algunas de esas partes. Otras aprenderás y usarás a medida que leas este libro. ¿Qué partes ya conoces? ¿Qué partes ayudan a formar otras partes?

El proceso de la escritura

Cuando escribas, usa un esquema para que la escritura te resulte más fácil. Piensa en *qué* deseas escribir, *para quién* escribes y *por qué* escribes. Luego sigue los siguientes pasos que te ayudarán mucho. Puedes avanzar y retroceder en cualquier momento en este proceso de escritura.

Antes de escribir
Planifica tu escritura. Piensa en muchas ideas. Busca información sobre la idea que elijas.

Borrador
Usa tus ideas para hacer tu primer borrador. No te preocupes por los errores.

Revisar
Lee tu primer borrador. Coméntalo con otros. Cambia partes para mejorar tu escritura.

Corregir
Fíjate si tienes errores. Fíjate en las mayúsculas, los signos de puntuación y la ortografía.

Publicar
Decide cómo deseas publicar lo que escribiste. Comparte tu escritura con otros.

ESTRATEGIAS PARA LA ESCRITURA

Usa estas estrategias para que te ayuden a escribir. Mira *Lo que hacen los buenos escritores* en todos los capítulos de escritura.

Lo que hacen los buenos escritores

 Antes de escribir, haz una lista de tus ideas o dibújalas.

 Recuerda para quién escribes y por qué.

 Usa tus propias palabras.

 Usa un orden que tenga sentido.

 Usa diversos tipos de oraciones para hacer tu escritura más interesante.

 Usa palabras exactas.

 Da ejemplos.

 Revisa tu escritura para mejorarla.

 Corrige la gramática, la ortografía, las mayúsculas y los signos de puntuación.

Tu diario

Muchos escritores tienen un diario. Un *diario* es un lugar para escribir pensamientos e ideas. Un diario también es un buen lugar para anotar cosas interesantes que ocurren.

> el 14 de septiembre
> Ideas de escritura
>
> Mis cosas favoritas
> - fútbol
> - mi acuario
> - rompecabezas
> - visitas de Abuela
>
> el 15 de septiembre
>
> Hoy conocí a Diana en la escuela. Diana es de Laredo, Texas. Ella dibuja unos reptiles muy bonitos. Ella me ayudó a dibujar un camaleón para mi proyecto de ciencias. Yo la ayudé con su ortografía. ¡Queremos volver a trabajar juntas en la escuela muy pronto!

El poder de las palabras

Si lo deseas, también puedes mantener en tu diario un banco de las palabras que aprendiste para usarlas en tu escritura. Todos los capítulos de este libro tienen palabras nuevas en una parte que se llama El poder de las palabras.

Mantén un Portafolio

Un **portafolio** es un lugar donde guardas cosas que has escrito, dibujos y otros trabajos. El portafolio te ayuda a ver cómo tu trabajo cambia a lo largo del tiempo.

Unidad 1

Gramática
- Oraciones

Escritura
- Oraciones sobre una ilustración
- Un cuento personal

CAPÍTULO 1	Oraciones	24
CAPÍTULO 2	Partes de una oración	34
CAPÍTULO 3	Escribir oraciones sobre una ilustración	44
CAPÍTULO 4	Afirmaciones y preguntas	52
CAPÍTULO 5	Exclamaciones y mandatos	62
CAPÍTULO 6	Escribir un cuento personal	72

9 de septiembre

Mi primer día de regreso a la escuela fue el miércoles. Conocí a mi nuevo maestro, el Sr. Connor. Es muy bueno. También vi a casi todos mis amigos. Jimmy se sienta al lado mío.

CAPÍTULO 1

Oraciones

¿Qué es una oración?

Lee el poema.

La tortuguita

Había una tortuguita
que vivía en una cajita.
Nadaba en un charco
porque no tenía barco.

Quiso atrapar a un mosquito,
quiso atrapar a un ratoncito,
quiso atrapar a un pececito,
quiso atrapar a mi hermanito.

Agarró al mosquito,
agarró al ratoncito,
agarró al pececito,
pero no a mi hermanito.

por Vachel Lindsay

El poder de las palabras

agarrar

Da pistas a tus compañeros sobre un animal y lo que hace, pero no les digas su nombre. Haz que tus pistas suenen como las líneas del poema "La tortuguita".

> Una **oración** es un grupo de palabras que expresan una idea completa. Empiezan con una letra mayúscula y terminan con un punto.
>
> La tortuga nada en el charco.

Con un compañero añade una palabra a cada grupo de palabras para formar una oración.

Había una vez un _____.

Vivía en una _____.

Se cayó en un _____.

Se trepó a las _____.

Agarró una _____.

Agarró una _____.

Agarró un _____.

Pero no agarró a mi _____.

25

Oraciones

Orden de las palabras en una oración

Las palabras en una oración tienen que estar en un orden que tenga sentido. Si las palabras están todas mezcladas, la oración no tiene sentido.

Una oración: El chico toca la trompeta.
No es una oración: El trompeta chico la toca.

Práctica dirigida

Escribe cada grupo de palabras en un orden que tenga sentido.

1. Fernando piano el toca.
2. Ana María tambor toca el muy fuerte.
3. Enrique toca violín mal el muy.
4. la Cecilia la tocar sabe guitarra.
5. A música todos gusta les escuchar.

> **Recuerda** Las palabras en una oración tienen que estar en un orden que tenga sentido.

Práctica individual

Escribe cada grupo de palabras en un orden que tenga sentido.

6. A Antonio sombreros le usar gusta.
7. Alicia vestido tiene un color violeta.
8. Azucena zapatos compra rojos.
9. zapatillas Francisco correr para tiene.
10. botas Miguel vaquero de usa.
11. Lucinda bordada tiene blusa una.
12. a chalecos Pablo usar gusta le.
13. Algunos gorras niños lleran béisbol de.
14. medias Guillermo con rayas usa.
15. hay en verde el hay cajón camisa una.

Conexión con la escritura

Escribe oraciones completas. ¿Qué clase de ropa te gusta? Escribe oraciones que digan el color y el estilo de la ropa que te gusta. Después, haz dibujos que vayan con las oraciones. Une las oraciones y los dibujos para hacer un catálogo.

Oraciones — La gramática y la escritura

Comienzo y final de una oración

> Una oración comienza con letra mayúscula y termina con un punto.
>
> **A** Jimmy le gusta dibujar.
> **A** su hermana le gusta pintar.

Práctica dirigida

Escribe cada oración correctamente.

1. carmen mezcla las pinturas
2. siempre dibujo flores
3. a mi mamá le gusta escribir
4. a mi papá le gusta recortar figuras
5. mi abuelo moja el pincel en la pintura

Recuerda Una oración comienza con letra mayúscula y termina con un punto.

Práctica individual

Escribe cada oración correctamente.

6. podemos hacer un dibujo juntos
7. quiero dibujar animales
8. puedes dibujar el cielo
9. margarita puede ayudar
10. ella dibuja muy bien
11. podemos recortar diferentes formas
12. a mi hermanito le gusta pegar figuras
13. él pegará las formas que recortamos
14. podemos ponerle brillantitos
15. hicimos un dibujo precioso

Conexión con la escritura

Corrección Mira bien tu Portafolio. Fíjate si todas las oraciones empiezan con letra mayúscula y terminan con un punto. Si encuentras algún error, arréglalo.

Aprieta la tecla que dice *shift* y a la misma vez aprieta la letra que deseas para hacerla una letra mayúscula.

Oraciones

Práctica adicional

Subraya los grupos de palabras que son una oración.

1. Esteban lee muy rápido.

2. A él le gusta leer historias verdaderas.

3. La historia que más le gusta

Escribe cada grupo de palabras en un orden que tenga sentido.

4. Lorena escritora una buena es.

5. Ella divertidas escribe historias.

6. Unas de animales historias sus de son.

Escribe cada oración correctamente. Usa letras mayúsculas y puntos.

7. antonio cuenta chistes

8. todos se ríen de sus chistes

9. le gusta hacerse el payaso

10. antonio hace sonreír a la gente

Juego lingüístico

Haz una oración

- Toma turnos con un compañero.
- Elige una palabra o grupo de palabras de cada columna.
- Une las palabras que elegiste y escribe una oración.
- Anótate un punto por cada oración correcta.
- El primero en tener 5 puntos gana.

el chico	tiene	una manzana
ella	come	muy fuerte
Jacobo	es	en la pizarra
la niña	llega	un suéter verde
el maestro	escribe	siempre tarde

Conexión con la escritura

Un cartel para vender algo. Piensa en algo que podrías vender. Haz un cartel que diga lo que vendes. Escribe oraciones para este cartel. Usa el siguiente cartel como ejemplo.

Se vende

Vendo una bicicleta que funciona muy bien. Cuesta sólo diez dólares. Es roja. Si quiere, venga a verla.

Oraciones

Repaso del capítulo

Lee cada oración. ¿Está escrita correctamente? Elige la mejor respuesta.

1. virginia quiere un gato
   a. Virginia quiere un gato
   b. Virginia quiere un gato.
   c. Está correcta.

2. tim tiene un perro.
   a. Tim tiene un perro.
   b. Tim tiene un perro
   c. Está correcta.

3. El chico ve una tortuga.
   a. El chico ve una tortuga
   b. el chico ve una tortuga
   c. Está correcta.

4. José caballo negro tiene un.
   a. José tiene un caballo negro.
   b. josé tiene un caballo negro.
   c. Está correcta.

5. Mi papá cría abejas
   a. mi papá cría abejas.
   b. Mi papá cría abejas.
   c. Está correcta.

6. tiene Carmen conejos dos
   a. carmen tiene dos conejos.
   b. Carmen tiene dos conejos.
   c. Está correcta.

7. A Simón pescar gusta le.
   a. a Simón le gusta pescar
   b. A Simón le gusta pescar.
   c. Está correcta.

8. Mi tía tiene una pecera.
   a. mi tía tiene una pecera
   b. tía pecera una tiene mi
   c. Está correcta.

Para más actividades con oraciones visita nuestra página web:
www.harcourtschool.com

Destrezas de estudio

Cómo usar las partes de tu libro

La mayoría de los libros tienen páginas especiales que dan información sobre lo que hay adentro del libro. Hay un **contenido** al principio de tu libro que muestra los capítulos o las partes de tu libro. El contenido también muestra el número de página al principio de cada capítulo.

Al final del libro hay un **glosario**. El glosario dice el significado de las palabras importantes en el libro. Es como un diccionario. Al final del libro también hay un **libro de sinónimos**, que da sinónimos de palabras. Los **sinónimos** son palabras que significan casi lo mismo.

Práctica

Usa la página de ejemplo para responder las preguntas.

CONTENIDO	
Capítulo	Página
1 ¿Que es una oración?	24
2 ¿Partes de una oración?	34
3 Escribir oraciones sobre una ilustración	44

1. ¿Cuál es el título del capítulo 2?

2. ¿En qué página empieza el capítulo 1?

3. ¿Cuántos capítulos hay en este contenido?

4. ¿Dónde está el glosario de un libro?

5. ¿Qué puedes encontrar en un libro de sinónimos?

CAPÍTULO 2

Partes de una oración

¿Cuáles son las partes de una oración?

Lee el poema.

Canción para la lluvia de abril

Deja que la lluvia te bese.
Deja que la lluvia golpee tu cabeza
con gotas líquidas de plata.
Deja que la lluvia te cante una canción
de cuna.

La lluvia hace charcos
inmóviles en la acera.
La lluvia hace pequeños charcos
que corren hacia las alcantarillas.
Por la noche, la lluvia toca sobre
el techo una cancioncilla para
hacerme dormir.

Amo la lluvia.

Langston Hughes

El poder de las palabras

charco

En un grupo habla sobre algo que te gusta. Usa oraciones para decir qué hace y por qué te gusta.

> Una oración tiene dos partes.
> - La **parte que nombra** indica de quién o de qué habla la oración.
>
>   **Felipe** juega en la lluvia.
>   **La lluvia** hace charcos en el patio.
>
> - La parte **que dice** indica lo que alguien o algo es o hace.
>
>   La lluvia **cae de un cielo gris.**
>   Felipe **es travieso.**

Escribe la parte que nombra para completar cada oración.

_____ juega en los charcos.

_____ parecen gotas de plata.

_____ baila en la acera.

Escribe la parte que dice para completar cada oración.

La lluvia _____ .

La lluvia _____ .

La lluvia _____ .

Partes de una oración

Partes que nombran y partes que dicen

En una oración la parte que nombra trabaja con la parte que dice para expresar una idea completa.

parte que nombra	parte que dice
Jeff	patea la pelota.
La pelota	rueda en el arco.

Práctica dirigida

Escribe cada oración. Encierra en un círculo la parte que nombra. Subraya la que dice.

1. Jeff juega al fútbol.
2. Pat patea la pelota lejos.
3. La pelota rueda por el jardín.
4. Jeff se une a un equipo.
5. El equipo gana muchos partidos.

> **Recuerda** La parte que nombra y la parte que dice se juntan para expresar una idea completa.

Práctica individual

Escribe cada oración. Encierra en un círculo la parte que nombra. Subraya la que dice.

6. Jeff va a la primera práctica.
7. David y María están en el equipo.
8. David corre y patea bien la pelota.
9. María para la pelota en la red.
10. Jeff trata de jugar lo mejor posible.
11. El entrenador ayuda a Jeff.
12. Dave ayuda a Jeff a patear mejor.
13. María ayuda a Jeff a parar la pelota.
14. Jeff practica todos los días.
15. Jeff juega mejor ahora.

Conexión con la escritura

Revisar Elige algo que hayas escrito. Verifica que todas las oraciones expresen una idea completa. Busca la parte que nombra y la que dice. Si es necesario, añade palabras.

Usa tu computadora para corregir tus oraciones.

Partes de una oración — La gramática y la escritura

Combina las partes de la oración

> A veces las partes que dicen de dos oraciones son iguales. Puedes unir las dos partes que nombran usando **y**. Asegúrate de cambiar el verbo al plural.
>
> Las niñas disfrutan la lectura.
> Los niños disfrutan la lectura.
>
> Las niñas **y** los niños disfrutan la lectura.

Práctica dirigida

Usa y para unir cada par de oraciones. Luego escribe la nueva oración.

1. Danny lee libros sobre deportes.
   Clara lee libros sobre deportes.

2. Mi mamá compra el diario.
   Mi maestra compra el diario.

3. Beth busca libros sobre animales.
   Jorge busca libros sobre animales.

4. Trisha consigue libros con dibujos.
   Tony consigue libros con dibujos.

5. Pamela va a la caja para pagar.
   Luis va a la caja para pagar.

> **Recuerda** Cuando dos oraciones tienen diferentes partes que nombran, pero las mismas partes que dicen, puedes unir las partes que nombran con *y*. Recuerda de agregar una *n* al verbo.

Práctica individual

Usa *y* para unir cada par de oraciones. Escribe la nueva oración.

6. Mi amigo va a la biblioteca.
   Roberto va a la biblioteca.

7. Sara lee cuentos de hadas.
   Margarita lee cuentos de hadas.

8. John no encuentra el libro que quería.
   Eric no encuentra el libro que quería.

9. Kim ve el libro en el estante.
   Eric ve el libro en el estante.

10. Lola quiere comprar revistas.
    Lin quiere comprar revistas.

Conexión con la escritura

Borrador Piensa en un lugar divertido. Escribe oraciones sobre ese lugar, tales como:
   Tina fue al parque.
   Julio fue al parque.
   Tina y Julio fueron al parque.
Lee tus oraciones a uno de tus compañeros.

Si lo deseas, puedes usar tu computadora para escribir y unir las oraciones.

Partes de una oración

Práctica adicional

Escribe la parte que nombra en cada oración.

1. _____ llama desde abajo.
2. _____ baja las escaleras.
3. _____ canta "Feliz Cumpleaños".
4. _____ tuvo una gran sorpresa.
5. _____ recuerda que hoy es su cumpleaños.

Subraya la parte que dice en cada oración.

6. Los niños van a una fiesta de cumpleaños.
7. Ellos apagan las velitas.
8. Todos traen regalos.

Usa *y* para unir las partes que nombran de cada par de oraciones. Escribe la nueva oración.

9. Abuela canta "Feliz Cumpleaños". Mamá canta "Feliz Cumpleaños".
10. Julieta juega a los escondites. Tommy juega a los escondites.

Juego lingüístico

¿Cara o cruz?

- **Toma turnos con un compañero.**
- **Elige una oración de un libro.**
- **Tira una moneda al aire. Si sale cara, di cuál es la parte que nombra. Si sale cruz, di cuál es la parte que dice.**
- **Ganas un punto por cada parte de la oración que dices correctamente. El primer jugador con 10 puntos gana.**

Conexión con la escritura

Una oración sobre un dibujo Haz un dibujo que muestre algo que tú y un amigo disfruten hacer. Después escribe una oración sobre eso. Verifica que tu nombre y el de tu amigo estén en la parte que nombra. Usa el dibujo y la oración como ejemplo.

Tomás y Andrés andan en bicicleta.

Partes de una oración

Repaso del capítulo STANDARDIZED TEST PREP

Indica si la parte subrayada es la que nombra, la que dice o la oración completa.

1. <u>Algunas personas</u> escuchan la radio por la mañana.
   a. parte que nombra
   b. parte que dice
   c. oración completa

2. <u>Mi tío Bill</u> se peina.
   a. parte que nombra
   b. parte que dice
   c. oración completa

3. <u>Tony</u> alcanza el estante más alto del aula.
   a. parte que nombra
   b. parte que dice
   c. oración completa

4. El Sr. Thomas <u>alcanza el estante más alto de la escuela</u>.
   a. parte que nombra
   b. parte que dice
   c. oración completa

5. <u>Connie es la que corre más rápido</u>.
   a. parte que nombra
   b. parte que dice
   c. oración completa

6. Steve <u>usa zapatos azules</u>.
   a. parte que nombra
   b. parte que dice
   c. oración completa

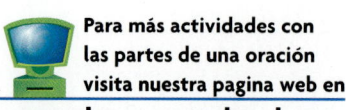

Para más actividades con las partes de una oración visita nuestra pagina web en
www.harcourtschool.com

Destrezas de estudio

Cómo usar el orden alfabético

Las palabras del alfabeto están en un orden especial que se llama **orden alfabético.**

a b c d e f g h i j k l m n ñ o p q r s t u v w x y z

Las palabras se pueden poner en orden alfabético para que sea más fácil encontrarlas. El glosario en tu libro está en orden alfabético. Los diccionarios también están en orden alfabético. Usa la primera letra para ordenar las palabras.

amigo   **c**ocina   **f**resa

Cuando las palabras comienzan con la misma letra, usa la segunda para ordenarlas.

pa**r**te   **pe**rro   **pu**ente

Práctica

Escribe las palabras en orden alfabético.

1. jarabe   iglú   ganso
2. cena   casa   cuchara
3. silla   sopa   sala

CAPÍTULO 3
Escribir oraciones sobre una ilustración

El arte de escribir

Desarrolla ideas y temas

Los escritores pueden encontrar **temas**, o ideas, para escribir de muchas maneras. Una manera es hacer una **lluvia de ideas**. En una lluvia de ideas haces una lista de todas las ideas que te vienen a la mente. Después puedes mirar la lista y elegir los mejores temas para escribir.

Lee estas oraciones y mira las ilustraciones sobre mascotas. ¿Cómo crees que los escritores eligieron sobre qué escribir?

¡Tengo una mascota!

por Shari Halpern

Sofía es mi hámster. Le doy comida y agua, y limpio su jaula. Saco las virutas de madera viejas y sucias y pongo otras nuevas y limpias. A Sofía le gusta escarbarlas y hacerse una camita blanda para dormir.

El poder de las palabras

escarbar

Ésta es mi lagartija. Se llama Raymond. Vive en una jaula de vidrio con una roca y una rama. Le gusta sentarse en la rama. Siempre me aseguro que Raymond tenga suficiente agua limpia y grillos para comer.

Piénsalo

1. ¿Cuáles son los datos más interesantes que aprendiste sobre Sofía y Raymond?

2. ¿Por qué crees que los dos niños escribieron sobre sus mascotas? ¿Qué sienten por sus mascotas?

Escribir oraciones sobre una ilustración

El arte de escribir

Desarrolla ideas y temas

Cuando haces una lluvia de ideas, piensas en muchas ideas antes de empezar a escribir. Durante una lluvia de ideas, Raymond hizo la siguiente lista de temas para sus oraciones.

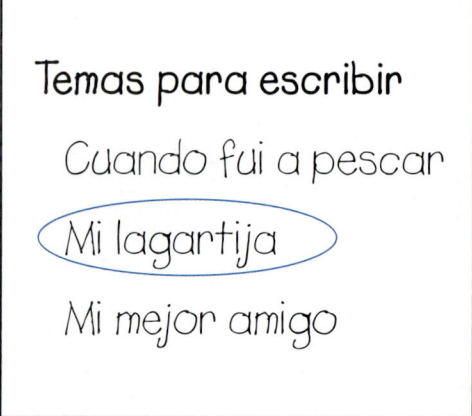

El niño decidió escribir sobre Raymond, su lagartija. Pensó que Raymond sería el tema más interesante. También pensó que a sus compañeros les interesaría saber sobre Raymond.

Después hizo un dibujo de Raymond.

A. Haz una lluvia de ideas para escribir sobre un animal. Después decide cuáles serían las cosas más interesantes para ti y para tus compañeros. Si necesitas ayuda para empezar, usa el Banco de ideas.

Banco de ideas

¿Cuál es mi animal favorito?
　¿Dónde vive el animal?
　¿De qué color es?
　¿Tiene pelaje?
¿Qué mascota tengo?
　¿Cómo ayudo a cuidarla?
　¿Qué come?

B. Haz un dibujo de tu animal.

Pensar y escribir

Reflexionar Di qué te ayudó a elegir ideas de tu lista. Escribe tus ideas y compártelas con un grupo pequeño.

Escribir oraciones sobre una ilustración
El arte de escribir

Practica el arte de escribir

Lee las oraciones sobre la ilustración escritas por un alumno llamado Juan. Piensa en la idea principal de la ilustración y en las oraciones de Juan.

idea principal

Me encanta jugar a las damas. Mi papá juega conmigo a menudo. ¡A veces gano!

1. ¿Cuál es la idea principal de las oraciones de Juan?

2. ¿De qué manera hubiera sido diferente el escrito si Juan no hubiera hecho una lluvia de ideas o un dibujo antes de escribir las oraciones?

Ahora te toca a ti

Haz un dibujo que hable de ti y de una mascota o algo que te guste hacer. Después escribe oraciones que hablen sobre tu dibujo.

Antes de escribir y hacer el borrador

PASO 1 Elige un tema.

- Haz una lluvia de ideas y escríbelas en una lista.
- Elige la idea más interesante. Enciérrala en un círculo.

Cosas que me gusta hacer
1.
2.
3.

Lo que hacen los buenos escritores

 Recuerda para quiénes estás escribiendo.

 No te preocupes por los errores. Los puedes corregir después.

PASO 2 Haz un dibujo.

- Tu dibujo debe mostrar algo sobre tu tema.
- Añade la información que desees que tus compañeros sepan.

PASO 3 Escribe tus oraciones.

- Usa tu dibujo y Lo que hacen los buenos escritores para escribir un borrador usando tus oraciones.
- Asegúrate de que tu primera oración exprese la idea principal de tu dibujo.

Escribir oraciones sobre una ilustración

El arte de escribir

Edita tus oraciones

Comparte tus oraciones con algunos compañeros. Piensen juntos cómo podrían mejorar tus oraciones. Usa la lista y las marcas editoriales para ayudarte a corregir tus oraciones.

Marcas editoriales	
∧	Añadir
⤒	Cambiar
ℯ	Quitar
=	Usar mayúscula
⊙	Añadir un punto
◯	Corregir la ortografía

 Mis oraciones hablan sobre la idea principal de mi dibujo.

 Cada oración dice un pensamiento completo.

Comparte con otros

Reúnete con un compañero o con un grupo pequeño. Muéstrales tu dibujo. Lee tus oraciones en voz alta.

Caligrafía

Sigue estos consejos para escribir mejor.

Cómo tomar el lápiz y la posición del papel
✓ Toma tu lápiz y coloca tu papel como en el dibujo.

diestro

Postura
✓ Siéntate derecho. Mira hacia tu escritorio y pon los dos pies en el piso.

zurdo

Letras
✓ Haz tus letras derechas y parejas.

Pez	Pez
derecho y parejo	**demasiado tembloroso**
Pez	Pez
demasiado oscuro	**demasiado claro**

Escribe estas palabras. Sigue los consejos.

1. oración

2. mayúscula

CAPÍTULO 4
Afirmaciones y preguntas

Diferentes tipos de oraciones

Lee el poema.

¿Qué es rosa?

¿Qué es rosa? Una rosa es rosa junto a la fuente musgosa.

¿Qué es roja? Una amapola es roja, en su lecho de hojas.

¿Qué es azul? El cielo es azul, con sus nubes de tul.

¿Qué es blanco? El cisne es blanco, volando en lo alto.

¿Qué son amarillos? Amarillos son los membrillos, que lustro hasta sacarles brillo.

¿Qué es verde? El pasto es verde, con una viborita que no muerde.

¿Qué son moradas? Las nubes son moradas, temprano por la madrugada.

¿Qué es naranja? Naranja es una naranja, ¡simplemente una naranja!

por Christina Rossetti

Habla con un compañero sobre los colores que más te gustan y por qué. Usa un creyón para escribir oraciones sobre tu color favorito.

El poder de las palabras

membrillo

> Una **afirmación** es una oración que dice algo.
>
> La manzana es roja.
>
> Una **pregunta** es una oración que pregunta algo.
>
> ¿Qué otra cosa es roja?

Escribe palabras en el espacio en blanco para completar cada respuesta. Así añades nuevos versos al poema.

¿Qué es blanca? Una nube es blanca.

¿Qué es amarillo? Un _____ es amarillo.

¿Qué es roja? Una _____ es roja.

¿Qué es _____? Un _____ es _____.

¿Qué es _____? Una _____ es _____.

Afirmaciones y preguntas

Usa las afirmaciones y las preguntas

Una afirmación empieza con mayúscula y termina con un **punto (.)**.

A José le gusta nadar.

Una pregunta empieza con un **signo de interrogación** al revés **(¿)** y termina con un signo de interrogación al derecho **(?)**. ¿Te gusta nadar?

Práctica dirigida

Escribe cada oración correctamente.

1. los niños viven cerca de la playa
2. les gusta nadar a ellos
3. nadan cuando el agua está caliente
4. pueden ellas nadar lejos
5. ellos nadan con su familia

> **Recuerda** Una oración termina con un *punto*. Una pregunta empieza y termina con signos de interrogación.

Práctica individual

Escribe cada oración correctamente.

6. Zora nada bien
7. cuándo aprendió ella a nadar
8. te gustaría tomar clases de natación
9. tú necesitas un traje de baño
10. dónde puedo conseguir uno
11. sabe Juan zambullirse
12. Joaquín aprendió a zambullirse el año pasado
13. las niñas nadan muy rápido
14. has visto sus aletas de rana
15. las aletas de rana las ayudan a nadar más rápido

Conexión con la escritura

Hacer preguntas Escribe una pregunta para averiguar cuál es el deporte favorito de tus compañeros. Haz la pregunta y después escribe afirmaciones como respuestas.

Practica en tu computadora cómo escribir preguntas con los signos de interrogación.

Afirmaciones y preguntas **La gramática y la escritura**

Oraciones con la idea principal

Un grupo de oraciones con una idea principal se llama **párrafo**.
La primera oración de un párrafo se escribe un poco hacia la derecha. Esto se llama dejar **sangría**.

    Jesse es un buen nadador. Puede nadar mucho tiempo sin cansarse. Hasta puede nadar de espaldas.

Práctica dirigida

Escribe el párrafo, pero deja afuera las oraciones que no correspondan.

1. Es divertido ir a la piscina. Flotamos de espalda. Vimos monos en el zoológico. El salvavidas nos enseña a hacer juegos en el agua. El que nada más rápido gana un premio.

2. ¿Qué animales viven en el agua? Los delfines viven en el agua. Los gatos se trepan a los árboles. Los sapos deben estar siempre mojados y les gusta estar en el agua. Las tortugas nadan muy bien y pasan parte del tiempo en el agua.

Recuerda Un párrafo es un grupo de oraciones con una idea principal.

Práctica individual

Vuelve a escribir cada párrafo. Deja afuera la oración que no corresponda.

3. ¿Qué podemos hacer en la playa? Podemos hacer castillos de arena. Podemos flotar en un salvavidas. Podemos juntar conchas marinas. Podemos hacer bolas de nieve.

4. Los peces son muy buenas mascotas. Los peces dorados son de muchos colores. Los perros son mascotas divertidas. Los peces no hacen ruido. A todos les gusta ver mis peces.

5. ¿Cómo aprenden mis amigos a nadar? Carla toma clases de natación. Ming practica todos los días en la piscina. Roberto va a la escuela en autobús. Alex se ayuda con una tabla para flotar.

Conexión con la escritura

Conserva la idea principal Lee el párrafo. La idea principal está subrayada. Escribe una oración más al final del párrafo. No olvides que esa oración debe seguir la idea principal.
Las ballenas son animales interesantes. Viven en el océano. Suben a la superficie para respirar aire. Las ballenas tienen colas muy fuertes para nadar.

Afirmaciones y preguntas

Práctica adicional

Lee las oraciones. Vuelve a escribir sólo las afirmaciones.

1. ¿Puedes saltar del trampolín a la piscina?
2. A Mara le gusta jugar a los escondites.
3. Erik se sube al tobogán.
4. ¿Te gusta el tobogán?

Escribe cada oración correctamente. Usa mayúsculas, puntos y signos de interrogación.

5. la arena no está muy caliente
6. puedo ayudar a hacer el castillo
7. quieres la palita

Vuelve a escribir el párrafo. Deja afuera la oración que no corresponda.

8. Los niños hicieron un castillo de arena. Sandra puso arena en un cubo. Luego, su hermana puso agua. David hizo su tarea. Tomás le dio forma al castillo.

Juego lingüístico

Adivina adivinador

- **Toma turnos con un compañero.**
- **Piensa en un objeto en el salón de clase. No le digas a tu compañero qué es.**
- **Inventa pistas para ayudar a tu compañero a adivinar el objeto que estás pensando. Usa afirmaciones y preguntas.**
- **Inventa varias adivinanzas**

Ejemplo: Soy amarillo. Estoy hecho de madera. Cada vez que me usan me achico. ¿Qué soy?

un lápiz

Conexión con la escritura

Párrafo Recuerda que un párrafo es un grupo de oraciones con una idea principal. Una de las oraciones contiene la idea principal. Las otras dan detalles sobre la idea principal.

> Me gusta ir a Green Park con mi familia. Caminamos por el bosque. Nos mecemos o jugamos a la roña en el campo. Luego, solemos pescar en el lago y comer al aire libre. ¡Es muy divertido!

— idea principal
— detalles

Escribe un párrafo sobre un lugar que te gusta. Escribe una oración con la idea principal y deja sangría.
Escribe detalles explicando por qué te gusta el lugar.

Afirmaciones y preguntas

Repaso del capítulo **STANDARDIZED TEST PREP**

Elige la respuesta que muestre la afirmación o la pregunta escrita correctamente.

1. Tenemos trabajo en casa.
   a. tenemos trabajo en casa.
   b. Tenemos trabajo en casa?
   c. Está correcta.

2. retira mi hermana los platos de la mesa
   a. ¿Retira mi hermana los platos de la mesa?
   b. retira mi hermana los platos de la mesa?
   c. Está correcta.

3. lava papá los platos
   a. ¿Lava papá los platos.
   b. ¿Lava papá los platos?
   c. Está correcta.

4. saca la basura Lorena
   a. ¿Saca la basura Lorena?
   b. ?Saca la basura Lorena¿
   c. Está correcta.

Escribe el párrafo. Deja afuera la oración que no corresponda.

5.   Siempre tengo mi habitación ordenada. Dejo las medias y los pantalones en el piso. Guardo los juguetes cuando termino de jugar. Doblo mis camisas y hago la cama.

Para más actividades con afirmaciones y preguntas visita nuestra página web:
www.harcourtschool.com

Vocabulario

Homófonos

Los **homófonos** son palabras que suenan y se escriben igual, o muy parecido, pero que tienen significados diferentes.

Él siempre me **abría** la puerta.

Habría muchos árboles en su jardín.

Práctica

Escribe las dos palabras que suenan igual en cada par de oraciones.

1. Ella no nada cuando el agua está fría.

   No me dijo nada sobre la natación.

2. En el cuento, la niña apagó la vela.

   Su mamá vela por ella.

3. Aré el campo junto a las viñas.

   Hoy no haré nada más.

4. El cazador salió de su casa temprano.

   La caza no fue buena.

5. Azucena tiene una cuenta azul y muchas cuentas amarillas.

   Ella cuenta sus cuentas.

CAPÍTULO 5
Exclamaciones y mandatos

Otros tipos de oraciones

Lee el poema.

¡Apresúrate!

¡Apresúrate!, dice la mañana,
¡o llegarás tarde a la escuela!

¡Apresúrate!, dice el maestro,
¡entrega tu trabajo
inmediatamente!

¡Apresúrate!, dice la mamá,
¡la cena se enfría!

¡Apresúrate!, dice el papá,
¡es hora de ir a la cama!

Despacito, dice la oscuridad,
conmigo puedes hablar...

Eve Merriam

El poder de las palabras

armonía

¿Qué cosas dices cuando tienes prisa? ¿Qué dices cuando quieres que alguno de tus compañeros haga alguna cosa? Dícelas a un compañero.

> Una **exclamación** es una oración que muestra un sentimiento fuerte.
>
> El dibujo de Bill es muy bueno. ¡Me encanta!
>
> Un **mandato** es una oración que le dice a alguien que haga algo.
>
> Muéstrame el dibujo. Dámelo.

Escribe una exclamación y un mandato en cada globo para añadir nuevas líneas al poema.

Exclamaciones y mandatos

Exclamaciones y mandatos

Una **exclamación** es una oración que muestra un sentimiento fuerte. Empieza y termina con un **signo de admiración (¡!)**.

¡Qué buena idea fue hacer una ensalada de fruta!

Un **mandato** es una orden. Por lo general termina con un **punto (.)**.

Mezcla la fruta.

Práctica dirigida

Escribe las exclamaciones y los mandatos usando los signos de puntuación que correspondan.

1. Qué buen cocinero es Tom
2. Tráeme el libro de cocina de Tom
3. Abre el libro, por favor
4. Lee la primera receta
5. La ensalada de fruta está riquísima

64

Recuerda Por lo general, un mandato termina con un punto.

Práctica individual

Escribe las exclamaciones y los mandatos usando los signos de puntuación que correspondan.

6. Me encantan las fresas
7. Tracy, prueba una cereza
8. Entrega a Ricardo las uvas
9. No me des ninguna banana.
10. La fruta con crema es riquísima
11. Qué ensalada más rica
12. Rosa, come un poco de fruta
13. Dale una cuchara a Pat
14. Siéntate y come
15. Qué gustos tan diferentes tenemos

Conexión con la escritura

Escribe una receta Dibuja tu fruta favorita. Escribe una oración que indique a alguien cómo preparar la fruta de la manera en que te gusta comerla. Haz que cada oración sea un mandato.

Busca en tu computadora dónde están las teclas con los signos [¡] y [!]. Practica con ellas.

Exclamaciones y mandatos La gramática y la escritura

Usa diferentes tipos de oraciones

Hay cuatro tipos de oraciones. El uso de diferentes tipos de oraciones hace que tu escritura sea más interesante.

Tomás agarra bien la pelota.   **afirmación**

¿Agarra bien la pelota?   **pregunta**

¡Qué bien agarra la pelota Tomás! **exclamación**

Tomás, agarra la pelota.   **mandato**

Práctica dirigida

Cambia cada frase al tipo de oración que aparece entre ( ). Escríbelas.

1. Molly pega fuerte a la pelota. (pregunta)
2. Tiene un brazo fuerte. (exclamación)
3. El tenis es su deporte favorito. (pregunta)
4. Se lo puedes preguntara Molly. (mandato)
5. Molly ganó el partido. (exclamación)

> **Recuerda** Usa diferentes tipos de oraciones para hacer que tu escritura sea más interesante.

Práctica individual

Cambia cada frase al tipo de oración que aparece entre ( ). Escríbelas.

6. La obra empieza a las ocho. (pregunta)
7. Alguien está en mi asiento. (pregunta)
8. Deberías pedirle que se mueva. (mandato)
9. Ana es la primera actriz en la obra. (pregunta)
10. Ella es una buena actriz. (exclamación)
11. ¿Quieres mirar los trajes? (mandato)
12. Los hizo la mamá de Ted. (pregunta)
13. Son muy lindos. (exclamación)
14. ¿Quieres escuchar la música? (mandato)
15. La música es linda. (pregunta)

Conexión con la escritura

Revisar Busca en tu carpeta de escritura algo que hayas escrito. Fíjate en el tipo de oraciones que usaste. ¿Puedes cambiar algunas de esas oraciones por diferentes tipos de oraciones? Revisa tu escritura.

Usa marcas editoriales para hacer los cambios. Después copia los cambios al documento en la computadora.

Exclamaciones y mandatos

Práctica adicional

Escribe solamente las exclamaciones y los mandatos. Usa los signos de puntuación.

1. Qué carrera tan divertida
2. Quién crees tú que es el más rápido
3. Prepárate para que empiece la carrera
4. Mira a Tama correr
5. Qué rápido corre Brian
6. Wong es el ganador

Cambia cada frase al tipo de oración que aparece entre ( ). Escríbelas.

7. Podemos averiguar quién es el más alto. (pregunta)
8. ¿Por qué no buscas un metro? (mandato)
9. Está en la gaveta. (pregunta)
10. Eres muy simpático. (exclamación)
11. Kevin es el más alto. (pregunta)
12. Creo que soy más alto que él. (pregunta)
13. ¿Medirás a Juanita ahora? (mandato)

Juego lingüístico

Gatos y cruces de mandatos

- Túrnate con un compañero. Tú eres la X y tu compañero es la O.
- Elige un cuadro y usa la palabra para dar un mandato.
- Si das el mandato correctamente, pon tu marca en el cuadro.
- El primer jugador que marque tres en fila, gana.
- Cuando hayas terminado, di una exclamación para indicar cómo te sientes.

come	lee	siéntate
salta	habla	deja
tira	camina	corre

Conexión con la escritura

Indicaciones Las indicaciones te pueden ayudar a encontrar tu camino. Escribe indicaciones que ayuden a otros a llegar a tu escritorio. Escribe cada oración como un mandato. Dibuja un mapa explicándolas.

Cómo llegar a mi escritorio
1. Camina hasta los escritorios contra la ventana.
2. Dobla a la izquierda.
3. Para en el último escritorio.

Exclamaciones y mandatos

Repaso del capítulo

Lee cada oración. Elige la respuesta que muestra la oración correcta.

1. Escribamos nuestros propios libros.
   - **a.** escribamos nuestros propios libros.
   - **b.** escribamos nuestros propios libros
   - **c.** Está correcta.

2. Termina tu trabajo
   - **a.** termina tu trabajo.
   - **b.** Termina tu trabajo.
   - **c.** Está correcta.

3. Escribe la oración aquí.
   - **a.** Escribe la oración aquí
   - **b.** escribe la oración aquí
   - **c.** Está correcta.

4. Cómo me gusta dibujar
   - **a.** ¡Cómo me gusta dibujar!
   - **b.** cómo me gusta dibujar
   - **c.** Está correcta.

5. Qué lindas son estas páginas
   - **a.** qué lindas son estas páginas
   - **b.** ¡Qué lindas son estas páginas!
   - **c.** Está correcta.

6. Qué bien trabajamos juntos
   - **a.** ¡Qué bien trabajamos juntos!
   - **b.** qué bien trabajamos juntos
   - **c.** Está correcta.

 Para más actividades con exclamaciones y mandatos visita nuestra página web:
www.harcourtschool.com

Tecnología

Cómo usar una computadora

Una computadora te puede ayudar antes de escribir, escribir, revisar, corregir y publicar lo que escribes.

El **programa procesador de palabras** te ayuda a escribir en la computadora. Las palabras y letras que escribes se llaman **texto**. El texto completo de un escrito se llama un **documento**.

Cómo escribir texto	Abre un documento. Oprime las teclas del teclado.
Cómo agregar texto	Mueve el cursor adonde quieres el texto nuevo. Escribe el texto nuevo.

Práctica

Escribe este acertijo en tu computadora. Mira las marcas editoriales. Usa tu computadora para hacer los cambios.

¿Qué tipo de pez ves por la noche? (un pez estrella)

CAPÍTULO 6

Escribir un cuento personal

En un cuento personal, el escritor habla acerca de algo que le sucedió en su vida. Al leer *Las zapatillas rojas*, piensa sobre lo que le sucedió a la niña y cómo ella se sintió.

Las zapatillas rojas

por Denise Lewis Patrick *dibujos de James E. Ransome*

La abuela se fue de viaje. Cuando regresó trajo regalos para todos.

Mi regalo era el más especial. Era un par de las más rojas, más finas, y más brillantes zapatillas que jamás se hubieran visto.

—Gracias, Abuela, —le susurré.

El poder de las palabras

brillante

—¡Son zapatillas de bailar! ¿Por qué no te las pruebas? —me dijo la abuela.

Mi hermana mayor adivinó lo que yo estaba pensando.

—Si quieres mostrar tus zapatos, ven conmigo —dijo.

Mi hermana mayor cruzó la puerta. Yo bailé. Luego, me detuve y me miré los pies. ¡Mis zapatillas rojas me sonrieron!

—¿Podemos parar en casa de Nen? —pregunté—. Quiero enseñarle mis zapatillas.

Nen es la hermana de la abuela y es mi tía favorita. Ella siempre me deja mecerme en el gran columpio de madera que tiene en su portal.

Cuando doblamos la esquina pude ver a Nen sentada en su columpio. Quise que viera mis zapatillas rojas en ese mismo momento. De repente, aquellas zapatillas comenzaron a correr y yo corrí también.

—¡Nen, mira! —grité.

—Ten cuidado —dijo mi hermana mayor.

En el instante en que Nen me miró, tropecé con una piedra y "¡UF!" me caí en el camino polvoriento, levantando una nube marrón a mi alrededor.

Nen saltó del columpio en un segundo y fue a levantarme. Mi hermana mayor me limpiaba la ropa. Yo me miré los pies. Las bellas, brillantes y maravillosas zapatillas estaban pegajosas, manchadas y fangosas.

—¡Mis zapatillas! —grité. No podía apartar mis ojos de ellas. Ya nunca más lucirán nuevas. Ya nunca más estarán bonitas, y seguro que nunca más podrán bailar.

—Vamos a sentarnos —dijo Nen. Ella fue adentro y nos trajo dos vasos de limonada fría.

—¿Te sientes mejor? —preguntó.

—No —dije.

—Ya veo que tienes unos bonitos zapatos nuevos.

—Ya no —dije.

—Ésas son sus zapatillas de baile —dijo mi hermana mayor.

—Ahora ya no puedo bailar con ellas —le dije.

—¿Estás segura? —me preguntó.

—Yo doblé los dedos de los pies hacia adentro. Luego los doblé hacia afuera. Entonces los dedos más pequeños comenzaron a sentirse extraños.

—Ya no es lo mismo —suspiré—. Antes eran brillantes, rojas y nuevas.

—Vamos a la cocina —dijo Nen.

Ella tomó mi mano y sonrió con su sonrisa especial. Entonces, me sentó en una silla y desabrochó mis zapatillas. Después tomó un pedazo de tela y le echó un poco de agua.

Nen haló una de mis zapatillas hacia su regazo. Luego frotó con fuerza la tela hacia atrás y hacia adelante sobre mi zapatilla. Después hizo lo mismo con la otra.

—Bueno —sonrió—. ¿Te gustan tus zapatillas ahora?

Miré. Pestañeé. Miré otra vez.

—¡MIS ZAPATILLAS SON BRILLANTES Y ROJAS NUEVAMENTE! —grité. Entonces salté de la silla y bailé.

—Me encantan mis limpias y brillantes zapatillas rojas —dije riendo nerviosamente y dando vueltas y más vueltas.

Mi hermana mayor miró al reloj de la cocina de Nen, y dijo: —Mejor vamos a casa.

Esta vez caminé, no corrí. Miré hacia mis rojas y brillantes zapatillas y éstas volvieron a sonreírme.

Piénsalo

1. ¿Quién cuenta la historia de las zapatillas rojas? ¿Cómo lo sabes?

2. ¿Cómo se siente la niña cuando recibe sus zapatillas nuevas por primera vez? ¿Cómo se siente cuando piensa que se le echaron a perder?

La lectura y la escritura

Partes de un cuento personal

En **Las zapatillas rojas**, la escritora cuenta acerca de algo especial que le sucedió. Como está contando acerca de ella misma, la escritora usa palabras como **yo, mi** y **mío**. También usa palabras como **luego**, **después** y **ahora**, para mostrar el orden en que sucedieron las cosas. Estas palabras se llaman adverbios de tiempo.

En una hoja de papel, completa la tabla de secuencia para *Las zapatillas rojas.*

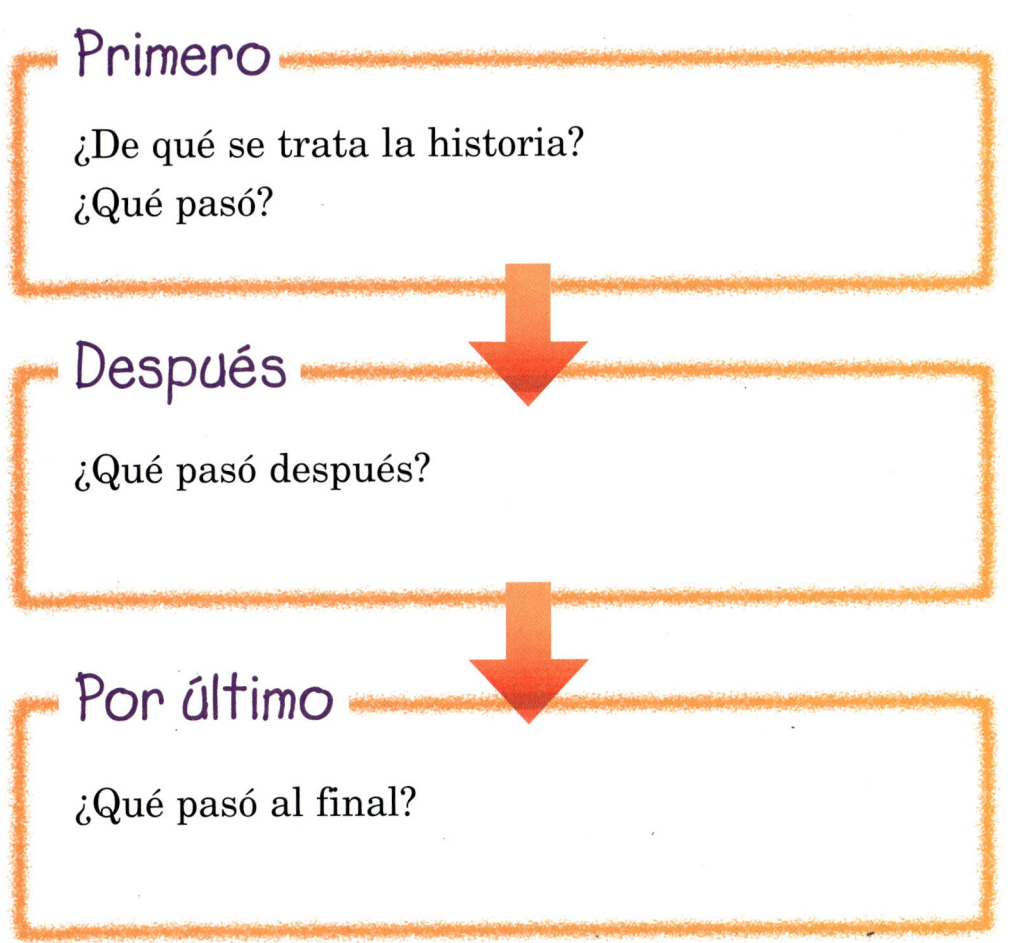

Primero
¿De qué se trata la historia?
¿Qué pasó?

Después
¿Qué pasó después?

Por último
¿Qué pasó al final?

La lectura y la escritura

Modelo de escritura de un estudiante

A Cara le gustó leer acerca de lo que le pasó a la niña de las zapatillas rojas. Ella escribió una historia sobre lo que le pasó cuando empezó a usar lentes. Lee su cuento y piensa sobre lo que sucede.

Mis lentes morados

Este año, cuando comencé la escuela, no podía leer bien el pizarrón. Las palabras parecían borrosas. Se lo comenté a mi mamá. Ella pensó que a lo mejor necesitaba usar lentes. Yo me enojé. ¿Cómo luciría con lentes?

Pronto, mi mamá me llevó al oculista. Primero me probé unos lentes grandes. Me quedaban mal. Luego encontré unos lentes morados que me gustaron. La semana siguiente me puse mis lentes para ir a la escuela. ¡Todo el mundo me dijo que yo lucía bien! Además, en el salón, pude leer todas las palabras del pizarrón.

Un buen comienzo despierta el interés de los lectores

Los adverbios de tiempo ayudan a mostrar el orden en que ocurren las cosas.

Observar el modelo

1. ¿Quién cuenta la historia? ¿Cómo lo sabes?

2. ¿De qué trata la historia?

3. ¿Qué pasa primero? ¿Qué pasa después?

4. ¿Cómo se siente Cara al final? ¿Por qué?

La técnica del escritor

Encuentra las diferentes clases de oraciones que Cara usó en su cuento. ¿Cómo éstas la ayudan a mejorar la historia?

Adverbios de tiempo

Cara usó las palabras *este año, pronto, primero, entonces y la semana siguiente*. ¿Cómo estas palabras te ayudaron a saber el orden en que sucedieron las cosas?

CAPÍTULO 6
Escribir un cuento personal

Taller de escritura

Antes de escribir

Antes que Cara escribiera su cuento personal, ella hizo dibujos y escribió una lista de ideas para su cuento. Luego pensó en sus compañeros del salón, que serían quienes lo leerían. Después pensó que a ellos les gustaría saber algo acerca de cuando ella comenzó a usar lentes.

Cara usó esta tabla de secuencia para escribir los hechos en el orden en que ocurrieron.

Primero

¿De qué se trata este cuento personal? ¿Qué pasó?
Este año yo no pude leer bien del pizarrón. Mi mamá me llevó al oculista para ver si necesitaba lentes.

Después

¿Qué pasó después? Pensé que me quedarían mal.
No quería usar lentes.

Por último

¿Qué pasó al final? Encontré unos lentes morados y me los puse para la escuela.
Todo el mundo me dijo que lucía bien, y también pude ver bien el pizarrón.

Ahora te toca a ti

PASO 1 **Piensa en algunas ideas.**

Haz una lista de las cosas que te ocurrieron. Dibuja o escribe tus ideas.

PASO 2 **Escoge una idea.**

Piensa quién leerá tu historia. Escoge la idea que a ti y a los lectores les gustaría.

PASO 3 **Haz un plan.**

Haz una lista de los hechos en el orden que ocurrieron.

Lo que hacen los buenos escritores

- ✓ Piensa para quién y por qué estás escribiendo.
- ✓ Planea tu escritura. Haz una tabla de secuencia, dibujos o una lista.

Primero

¿De qué se trata este cuento personal?
¿Qué pasó?

Después

¿Qué pasó después?

Por último

¿Qué pasó al final?

Escribir un cuento personal

Borrador

Cara usó su tabla de secuencia para escribir el borrador de su cuento personal en su computadora. Ella trabajó rápido porque sabía que el borrador es el primer intento. Ella no se preocupó por los errores que podría cometer. Sabía que podía arreglarlos después.

Borrador **Mis lentes morados**

Este año, cuando comencé la escuela, no podía leer bien del pizarrón. Las palabras se veían mal y borrosas. Se lo comenté a mi mamá. Ella pensó que a lo mejor necesitaba usar lentes. Yo me enojé. No sabía como luciría con lentes.

Pronto, mi mamá me llevó al oculista. Primero me probé unos lentes grandes. Me quedaban mal. Encontré unos lentes morados que sí me gustaron. Me los puse para ir a la escuela. ¡Todo el mundo me dijo que lucía bien!

Lee el primer borrador de Cara. Observa cómo sigue su tabla de secuencia. ¿Qué podría escribir después?

Lo que hacen los buenos escritores

 Recuerda por qué estás escribiendo y quién leerá tu cuento personal.

 Asegúrate de que todas tus oraciones digan algo acerca de tu cuento personal.

 Cuenta lo que ocurrió en orden.

 Usa diferentes clases de oraciones.

Primero
¿De qué se trata el cuento?
El año pasado no podía leer bien del pizarrón. Mi mamá me dijo que a lo mejor necesitaba lentes.

Después
¿Qué cosas ocurrieron?
Yo no quería usar lentes. Tenía miedo que la gente se burlara de mí.

Por último
¿Qué pasó al final? ¿Cómo se resolvió el problema?
Fui al oculista. Usé lentes. Todo el mundo me dijo que lucía bien.

Ahora te toca a ti

Usa tu tabla de secuencia y *Lo que hacen los buenos escritores*, para escribir un borrador de tu cuento personal.

Puedes escribir tu borrador rápidamente en una computadora.

85

Escribir un cuento personal

Revisar

Cara compartió su borrador con sus compañeros. Ellos tuvieron algunas ideas de cómo hacerlo mejor. Lee para ver cómo Cara revisó su cuento personal.

Lo que hacen los buenos escritores

✓ ¿Contaste lo que ocurrió en orden?

✓ ¿Usaste diferentes clases de oraciones?

✓ ¿Necesitas dar más información?

Marcas editoriales

 Añadir

 Quitar

 Cambiar

Borrador

Mis lentes morados

Este ~~El~~ año pasado cuando comencé la escuela no podía leer bien del pizarrón. Las palabras parecían ~~mal y~~ borrosas. Se lo comenté a mi mamá. Ella pensó que a lo mejor necesitaba usar lentes. Yo me enojé. No sabía ¿cómo luciría con lentes?

Pronto mi mamá me llevó al oculista. Primero me probé unos lentes grandes. Me quedaban mal. Luego yo encontré unos lentes morados que me gustaron. La semana siguiente me puse mis lentes, yo los usé para la escuela. ¡Todo el mundo me dijo que lucía bien! Además, en el salón, pude leer todas las palabras del pizarrón.

Ahora te toca a ti

Ahora comparte tu cuento personal con algunos de tus compañeros. Pregúntales cómo puedes hacerlo mejor. Usa *Lo que hacen los buenos escritores* y *Marcas editoriales* para hacer los cambios.

Corregir

Cara leyó su cuento una vez más. Ella buscó los errores. Piensa por qué hizo los cambios en rojo.

Borrador: Mis lentes morados

~~El año pasado~~ **Este** comencé la escuela **cuando** no podía leer bien del pizarrón. Las palabras parecían ~~mal~~ y borrosas. Se lo comenté a mi mamá. Ella pensó que a lo mejor necesitaba usar lentes. Yo me enojé. ¿**N**o sabía cómo luciría con lentes?

Pronto mi mamá me llevó al oculista. Primero me probé unos lentes grandes. Me quedaban mal. **Luego** yo encontré unos lentes morados que me gustaron. **La semana siguiente me puse mis lentes** yo los usé para la escuela. ¡Todo el mundo me dijo que lucía bien! Además, en el salón, **pude** ~~pudo~~ leer todas las palabras del ~~pisarrón~~ **pizarrón**.

Lo que hacen los buenos escritores

 Asegúrate de que cada oración comienza con mayúscula.

 ¿Asegúrate de que cada oración tiene los signos de exclamación e interrogación correctos al principio y al final.

 Revisa tu ortografía.

Marcas editoriales

≡ Usar mayúscula

⊙ Añadir un punto

◯ Corregir la ortografía

Ahora te toca a ti

Lee tu cuento personal otra vez. Usa **Lo que hacen los buenos escritores** y **Marcas editoriales** para arreglar los errores.

Puedes agregar nuevas oraciones en una computadora sin tener que reescribir el cuento.

Escribir un cuento personal

Publicar

Cara fotocopió algunas fotos de ella. Después las cortó y las pegó en una copia de su cuento personal para compartirlo con sus amigos.

Ahora te toca a ti

Haz una copia de tu cuento que se pueda leer bien. Puedes usar tu computadora si prefieres. Aquí tienes algunas ideas para publicar tu historia de una forma especial.

- **Convierte tu cuento en una tira cómica**
  Haz dibujos que muestren el principio, el medio y el final de tu cuento personal. Agrega algunas burbujas de diálogo para mostrar lo que cada persona dice en las diferentes partes del cuento.

- **Haz un libro para hojear rápido**
  Haz un dibujo para cada suceso. Adjunta el libro para hojear rápido, a una copia en limpio de tu cuento.

Añade la copia final de tu cuento personal a tu Portafolio.

Escuchar y hablar

Comparte tu escritura

Puedes compartir algo que te ocurrió. Lee tu historia en voz alta. Piensa cómo la gente mantiene tu interés cuando te cuentan su historia. Practica estos consejos.

Para cuando cuentes tu historia

- Manten tu papel bajo. De esta manera los que te escuchan pueden ver tu cara y oírte mejor.
- Usa tu voz para mostrar lo gracioso, triste o apasionante de tu historia. Los que te escuchan podrán oír afirmaciones, preguntas, mandatos y exclamaciones por la manera en que usas tu voz.
- Habla alto si la audiencia es grande.
- Haz gestos para que te entiendan mejor.

Para cuando escuches una historia

- Escucha para determinar qué evento está narrando la persona. ¿Cuál es la idea principal?
- ¿Qué pasó primero, después y finalmente?
- ¿Cómo termina la historia? ¿Te sorprende el final?

Unidad 1
Repaso de gramática
páginas 24–67

¿Qué es una oración? páginas 24–25
Escribe sólo las oraciones completas.

1. Las clases empiezan hoy.
2. levanta temprano
3. Mai desayuna temprano.
4. el autobús escolar

El orden de las palabras en una oración páginas 26–27
Escribe cada grupo de palabras en un orden que tenga sentido.

5. Ana rápido muy corre
6. Amy mucho camina
7. saluda nos Sam
8. el ve Max autobús.

Comienzo y final de una oración páginas 28–29
Escribe cada oración correctamente.

9. el autobús para aquí
10. nos ponemos en fila

Partes que nombran y partes que dicen páginas 36–37
Escribe cada oración. Encierra en un círculo la parte que nombra. Subraya la parte que dice.

11. Tomás sube al autobús.
12. Él ayuda a su amigo.
13. Sue y Mai se sientan juntas.
14. El conductor cierra la puerta.

Combina las partes de la oración páginas 38–39
Usa y para unir cada par de oraciones. Escribe la nueva oración. Cambia los verbos al plural.

15. Todd se sienta más atrás.
    Sam se sienta más atrás.
16. Amy habla con ellos.
    Juán habla con ellos.

El uso de las afirmaciones y las preguntas páginas 54–55

Escribe cada oración correctamente.

18. cómo te llamas
19. Te puedes sentar con nosotros
20. estás tú en segundo grado
21. nos acabamos de mudar aquí

Oraciones con la idea principal páginas 56–57

Escribe el grupo de oraciones. Deja afuera las oraciones que no correspondan.

22. Mi nueva escuela me gusta mucho. La mayoría de los niños son muy simpáticos. Mi maestra es muy buena. Llego a usar la computadora todos los días. Me gusta el fútbol.

Exclamaciones y mandatos páginas 64–65

Escribe cada oración correctamente.

23. las computadoras son muy buenas
24. Mira este juego
26. qué divertido es este juego
25. enséñanos a jugar

Usa diferentes tipos de oraciones páginas 66–67

Cambia cada oración por el tipo de oración indicado entre ( ). Escribe la nueva oración.

27. Almuerzas al mediodía. (pregunta)
28. Debes ponerte en fila. (mandato)
29. Ésta es la cafetería. (pregunta)
30. Debes probar esta sopa. (mandato)

Unidad 1
Conclusión

Escribir sobre otras materias

Estudios sociales

Quién es quién

Un "Quién es quién" es un libro que dice quiénes son las personas y qué hacen. Trabaja con tus compañeros para hacer un Quién es quién de la escuela.

Haz un plan

- Haz una lista de las personas que estarán en tu libro. Incluye a tus compañeros, a tu maestro y a los que trabajan en la escuela.

- Decide qué deseas averiguar. Haz una lista de las preguntas que vas a hacer.

- Decide quién hablará con cada persona. Decide quién escribirá y dibujará cada una de las páginas del libro.

Obtén información y apúntala

- Habla con las personas. Hazles preguntas. Escribe o graba las respuestas.

- Invita a las personas a hablar a la clase. Toma apuntes. Si puedes, filma al orador.

- Haz dibujos de las personas. Muestra lo que les gusta hacer o cómo hacen sus trabajos. Si tienes una cámara, sácales fotos.

Reúne la información

- Usa tus apuntes para escribir unas pocas oraciones sobre cada persona. Si lo deseas, usa tu computadora.

- Añade tus dibujos y fotos.

Publicar

- Pasa todas las páginas en limpio.

- Pon todas las páginas y las ilustraciones juntas en un libro.

- Pide a tu maestro que te ayude a hacer copias de tu libro. Haz una para todas las personas en el libro y para todos los que te ayudaron a hacerlo.

- Comparte tu libro. Toma turnos para leer las páginas del libro a tu clase o a otras clases.

- Pon tu Quién es quién en la página de Internet de tu escuela.

Libros de lectura

Quién es quién en mi familia
Por Loreen Leedy
No ficción
Los estudiantes en la clase de la Sta. Fox aprenden a encontrar su lugar en su árbol genealógico. Nota lo especial de cada familia.
Autora premiada

Wilson se sentó solo
Por Debra Hess
Ficción realista
Una niña nueva en la clase ayuda a Wilson a averiguar quién es quién en la escuela.

Unidad 2

Gramática
- Nombres

Escritura
- Nota de agradecimiento
- Carta

CAPÍTULO 7	Nombres	96
CAPÍTULO 8	Nombres en plural	106
CAPÍTULO 9	Escribir una nota de agradecimiento	116
CAPÍTULO 10	Nombres propios	124
CAPÍTULO 11	Pronombres	134
CAPÍTULO 12	Escribir una carta	144

29 de novi

Querida Vicky:

Gracias por el pastel tan rico que tú y tu mamá hicieron para mi familia. ¡Hizo que nuestra cena de Acción de Gracias fuera muy especial! Estamos muy contentos de tenerlos como nuevos vecinos.

Tu amiga

Ying

CAPÍTULO 7
Nombres

¿Qué es un nombre?

Lee el poema.

El columpio

Sentada en mi columpio
siento que vuelo
subo, subo, subo
y casi toco el cielo.

Arriba desde el aire
puedo ver lejos
mejor que si tuviera
mi catalejo.

Ríos y bosques,
verdes praderas
casas con tejas
y enredaderas.

El sol brillante,
el verde mar,
el columpio son mis alas
para volar.

Laura Eastment

¿Qué cosas ve la persona en el poema mientras se columpia? ¿Qué cosas ves tú cuando te columpias? Haz una lista.

El poder de las palabras

catalejo

> Los **nombres** son palabras que nombran a personas, animales, lugares o cosas. Los nombres también se llaman **sustantivos**.
>
> A mi **hermano** le gusta el **parque**.
>
> A veces ve **ardillas** allí.
>
> Le gusta subirse al **columpio**.

Añade nuevas líneas al poema. Escribe nombres en los blancos para completar la oración.

El sol brillante,

el verde mar,

_____ y _____ y _____ y _____

para volar.

Nombres

Nombres de personas, animales, lugares y cosas

> Un nombre se refiere a una persona, a un animal, a un lugar o a una cosa.
>
> Mi **tío** se está mudando.
> Se va a otra **ciudad**.
> Cuando llegue allí comprará un **perro**.
> Necesitará un **camión**.

Práctica dirigida

Elige un nombre de la casilla para llenar el blanco en cada oración. Usa la pista en ( ).

Personas	Animales	Lugares	Cosas
tía	perro	casa	cajas
hermano	gato	parque	maletas

1. Mi _____ se está mudando. (persona)
2. Empacó muchas cosas en _____. (cosas)
3. Yo la ayudé a llevar su _____. (animal)
4. Me gusta su nueva _____. (lugar)
5. Está junto al _____. (lugar)

> **Recuerda** Los nombres se refieren a personas, animales, lugares y cosas.

Práctica individual

Elige un nombre de la casilla para llenar el blanco en cada oración. Usa la pista entre ( ).

Personas	Animales	Lugares	Cosas
trabajadores	loro	cocina	libros
hermano	perro	comedor	platos
tía	ardilla	habitación	cuadros

6. Los _____ de la mudanza están aquí. (personas)

7. Desempacan los _____. (cosas)

8. Mi _____ ayuda a desempacar. (persona)

9. Saco los _____ de una caja. (cosas)

10. Los pongo en la _____. (lugar)

11. Al lado, un _____ ladra. (animal)

12. Por la ventana veo una _____. (animal)

Conexión con la escritura

Tu diario Piensa en algo que hiciste ayer. Escribe oraciones para describir las personas, los animales, las cosas y los lugares que viste.

Usa **Search** y **Find** para encontrar palabras en tu computadora.

Nombres **La gramática y la escritura**

Nombres masculinos y femeninos

En español los nombres son **masculinos** o **femeninos**. Esto se llama **género**. Casi todos los nombres que terminan en **o** son masculinos. Casi todos los que terminan en **a** son femeninos.

La cas**a** blanca.   El carr**o** nuevo.

¡Cuidado! Hay nombres que no son regulares. Entonces fíjate en el artículo.

el map**a** (masculino)   **la** radi**o** (femenino)

Práctica dirigida

Indica si la palabra subrayada es un nombre femenino o masculino.

1. La <u>casa</u> de al lado es grande.
2. En ella vive la <u>familia</u> de mi amiga Alicia.
3. Tiene un <u>hermano</u> mayor.
4. Su mamá canta una <u>canción</u> mientras cocina.
5. Allí hay un <u>árbol</u> que da sombra.

> **Recuerda** Casi todos los nombres que terminan en *o* son masculinos y casi todos los que terminan en *a* son femeninos. ¡Cuidado! Hay nombres que no son regulares.

Práctica individual

Escribe si el nombre subrayado es masculino o femenino.

6. Mi papá tiene un camión azul.
7. Lo compró el año pasado.
8. Para mi cumpleaños fuimos al campo en el camión.
9. Por el camino todos cantamos una canción.
10. Después de almorzar caminé por un sendero.
11. Encontré un nido con tres huevos.
12. Me regalaron un avión de juguete.
13. Mi hermano me regaló una brújula.
14. Casi se nos acabó la gasolina.
15. Al regreso hubo una tormenta muy fuerte.

Conexión con la escritura

Los nombres femeninos y masculinos

Escribe tres oraciones para contar algo que le pasó a Susana, usando todos los nombres en femenino. Después cambia el genero de los nombres al masculino para contar lo que le pasó a Juan.

Nombres

Práctica adicional

Subraya el nombre en cada oración.

1. Mi familia trabaja mucho.
2. Rastrillamos las hojas.
3. ¿Pintaremos la casa?
4. Pronto trabajaremos en el jardín.

Elige el mejor nombre de la casilla para completar cada oración.

rastrillo   hermano   árbol   escalera

5. Mi papá poda un _____.
6. ¡Cuidado Papá con esa _____ tan alta!
7. Por favor tráeme el _____.
8. Mi _____ siembra flores.

Vuelve a escribir cada oración. Cambia las palabras subrayadas al masculino.

9. Tía, cómprame esa perrita blanca.
10. La gata cuida mucho a sus gatitas.

Juego lingüístico

Me voy de viaje

Juega este juego con un grupo.

- El primer jugador empieza diciendo: "Me voy de viaje y voy a traer un (o una) _____". Esa persona agrega un nombre que empieza con la letra *a*.
- El segundo jugador repite lo que dijo el primero que jugó. Después añade un nombre que empieza con la letra *b*.
- El juego sigue de la misma manera. ¿Cuántas palabras pueden tener en la lista?

Conexión con la escritura

Etiquetas Una etiqueta puede nombrar las cosas. Haz etiquetas para tus cosas. Escríbelas en hojitas autoadhesivas y, si quieres, pégalas en tus cosas.

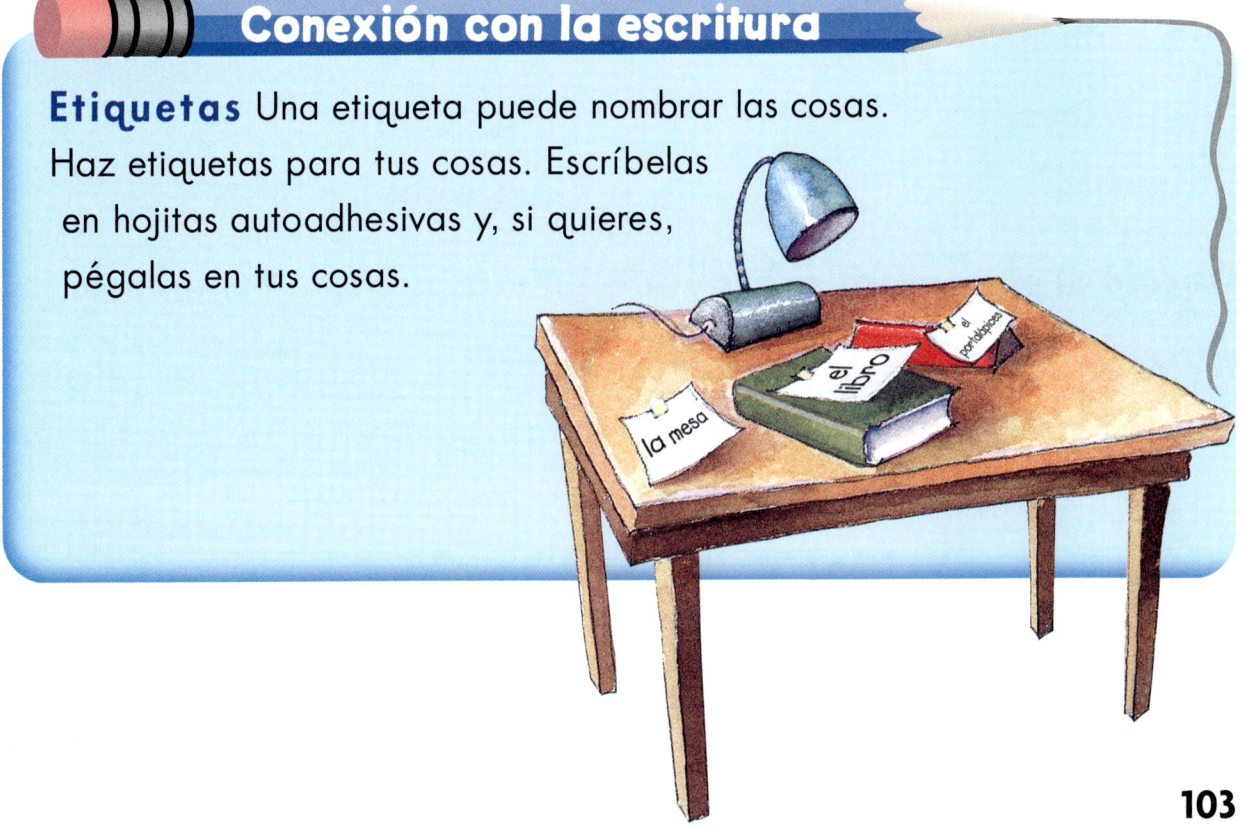

Nombres

Repaso del capítulo STANDARDIZED TEST PREP

Elige la mejor respuesta para la palabra subrayada.

1. El <u>perro</u> de la niña se había perdido.
   a. persona
   b. animal
   c. lugar
   d. cosa

2. Mi <u>papá</u> le pidió ayuda al vecino.
   a. persona
   b. animal
   c. lugar
   d. cosa

3. La Sra. Jackson buscó en el <u>parque</u>.
   a. persona
   b. animal
   c. lugar
   d. cosa

4. El Sr. Gómez miró detrás de las <u>rocas</u>.
   a. personas
   b. animales
   c. lugares
   d. cosas

Decide si el nombre subrayado es masculino o femenino.

5. Me duele la <u>mano</u> de tanto escribir.
   a. masculino
   b. femenino

6. El <u>columpio</u> de mi casa sube muy alto.
   a. masculino
   b. femenino

Para más actividades con los nombres, visita *nuestra página web*
www.harcourtschool.com

Vocabulario

Palabras compuestas

Una **palabra compuesta** se compone de dos palabras que se unen. Al unirse, forman una palabra nueva.

saca + puntas = sacapuntas

pasa + mano = pasamano

A veces, la primera palabra cambia su terminación para poderse unir con la segunda.

cara + largo = carilargo

Práctica

Junta una palabra de la primera caja con una palabra de la segunda para formar una palabra nueva. Escribe la nueva palabra.

agrio	sordo	pasa	montes	mudo	negro
ojo	salta	espanta	pájaros	tiempo	dulce

1. _____
2. _____
3. _____
4. _____
5. _____
6. _____

CAPÍTULO 8

Nombres en plural

Nombres que indican más de uno

Lee el poema.

Gusanitos de seda

Gusanitos de seda, si les da gusto
coman todas las hojas de los arbustos.
Hagan capullos blancos como leche cremosa,
que nosotros haremos telas de seda hermosa.

por Demi

El poder de las palabras

capullo

Lee nuevamente el poema con un compañero. Expresa en tus propias palabras qué están haciendo los gusanitos de seda. Después habla acerca de lo que está ocurriendo en las ilustraciones.

> Algunos nombres indican más de uno.
>
> Los **gusanitos** de seda hacen **capullos**.

En un grupo pequeño, juega a usar nombres que indican más de uno.

- El primer jugador dice: En mi viaje vi un (<u>nombre</u>).

- El próximo jugador repite la oración y añade otras palabras para hablar de dos personas o cosas.

- Continúen jugando hasta que cada uno haya jugado varias veces.

- ¿Cuántas cosas vio tu grupo?

Nombres en plural

Algunos nombres nombran más de una cosa. Añade una **s** a los nombres que terminan en vocal para convertirlos en plural. Si los nombres terminan en consonante, añade **es** para convertirlos en plural.

A Tim le dieron dos **regalos**.

En la casa de Susana hay dos **árboles**.

Práctica dirigida

Escribe el nombre entre ( ) que completa la oración correctamente.

1. Hoy fui al parque y me comí dos (peras, peraes).

2. Había flores de muchos (color, colores).

3. Yo recogí flores (amarillaes, amarillas) para mi mamá.

4. También había flores (azuls, azules).

5. Mi amiga Cecilia recogió (rosas, rosa) para su abuelita.

> **Recuerda** Para nombrar más de uno, añade una **s** a los nombres que terminan en vocal y **es** a los que terminan en consonante.

Práctica individual

Escribe el nombre entre ( ) que completa la oración.

6. El otro día fuimos al campo con mis (hermanoes, hermanos).

7. Tomamos dos (trens, trenes) para llegar al campo.

8. Allí vimos a un hombre que araba con dos (bueys, bueyes).

9. Lo estaban ayudando sus dos (hijos, hijoes).

10. Los hijos nos mostraron muchos (animals, animales).

11. Vimos algo que se movía en los (arbustoes, arbustos).

12. Era una familia de (zorros, zorroes).

13. A la hora del almuerzo nos sentamos en (bancos, bancoes) para comer.

14. Compartimos el pan con unos (pajaritoes, pajaritos).

15. Después de almorzar mi mamá recogió (flors, flores).

Conexión con la escritura

Revisar Mira tu Portafolio. Elige algo que esté escrito allí. Busca nombres que nombran más de uno. Fíjate si añadiste una **s** o **es** correctamente. Corrige tu escritura.

Usa una computadora para repasar lo que escribiste. Añade las letras necesarias.

Nombres en plural

La gramática y la escritura

Nombres que se escriben de otra manera en plural

> Para cambiar al plural los nombres que terminan en **z**, debes cambiar la **z** por **c**. Luego le añades **es**.
>
> pe**z**   pe**ces**
>
> Para cambiar al plural los nombres que terminen en **ión**, debes quitarles el accento y añadirles **es** al final.
>
> canc**ión**   cancion**es**

Práctica dirigida

Escribe el nombre entre ( ) para que signifique más de uno.

1. Evangelina trajo una pecera con dos (pez).
2. Ayer aprendimos dos (canción) nuevas.
3. Las ardillas recogen (nuez) en el otoño.
4. Me regalaron una cadena con dos (corazón) de oro.
5. En la biblioteca había (montón) de libros.

> **Recuerda** Algunos nombres se escriben de otra manera para nombrar más de uno.

Práctica individual

Escribe el nombre entre ( ) en plural.

6. Tengo dos (lápiz), uno rojo y uno negro.
7. En el frente de mi casa hay dos (luz).
8. Mi papá compró dos (jamón) para la cena.
9. Alicia y Juan hicieron las (paz).
10. En el baño de mi casa hay dos (jabón).
11. En la granja había varios (lechón).
12. Durante el carnaval, los niños se pusieron (antifaz).
13. Compramos (salchichón) y dos panes para la merienda.
14. A las ardillas les gusta comer (nuez).
15. Las (lección) de mi maestra son muy buenas.

Conexión con la escritura

Recomendar un lugar Piensa en algún lugar al que hayas ido y en lo que te gustó de él. Después escribe un párrafo para recomendar ese lugar a tus amigos. Incluye nombres en plural cuando les expliques por qué crees que a ellos también les gustaría.

Usa una computadora para escribir el párrafo. Guarda lo que escribiste y añade más detalles en otro momento.

Nombres en plural

Práctica adicional

Escribe el nombre en ( ) para decir más de uno.

1. Barry, Carlos y sus compañeros de clase durmieron bajo las (estrella).

2. Durmieron en (bolsa) de dormir.

3. Antes de dormirse hicieron una fogata y cantaron (canción).

4. Al día siguiente fueron al río y vieron (pez) nadando.

5. Susana y Alicia perdieron sus (reloj), pero después los encontraron.

6. Luego de almorzar bocadillos, lavaron los (plato).

7. Ahí fue cuando Carlos rompió dos (vaso).

Elige un nombre de la casilla para terminar cada oración. Cambia el nombre para que signifique más de uno.

vacación	avión	país

8. El verano pasado fuimos de _____.

9. Tomamos dos _____.

10. Visitamos tres _____.

112

Juego lingüístico

La carrera del plural

- Toma turnos con un compañero.
- Tira un cubo numerado. Muévete los mismos espacios que el número que salió en el dado.
- Escribe el plural de la palabra en que caigas. Usa la palabra en una oración. Si no lo haces correctamente, retrocede 2 espacios.
- El primero en terminar gana.

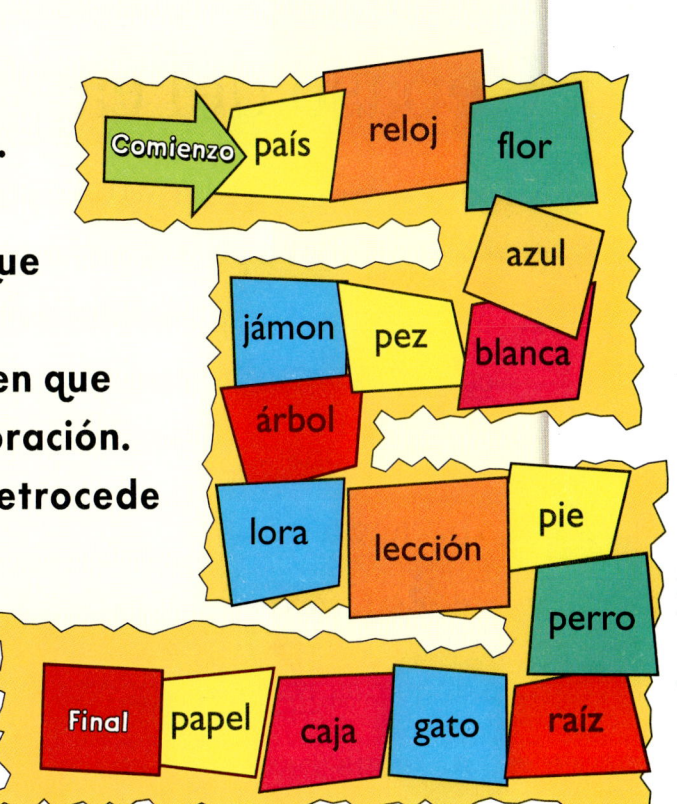

Conexión con la escritura

Lista de compras Una lista de compras te ayuda a recordar lo que debes comprar. Haz una lista de las cosas que comprarías en una tienda. No dejes de poner la cantidad de cada cosa que debes comprar.

Lista de compras
5 lápices
2 cuadernos
3 carpetas
4 pinceles

Nombres en plural

Repaso del capítulo STANDARDIZED TEST PREP

Elige la mejor respuesta para cada palabra subrayada.

1. Mi hermanito sabe dos <u>canción</u>.
   a. cancións
   b. canciones
   c. Está correcta.

2. Cerca de mi casa hay dos <u>árbol</u>.
   a. árboles
   b. árbols
   c. Está correcta.

3. Tengo dos <u>relojes</u>.
   a. relojs
   b. relojeses
   c. Está correcta.

4. En el campo hay <u>flor</u>.
   a. flores
   b. flors
   c. Está correcta.

5. En el frente de mi casa hay dos <u>luz</u>.
   a. luces
   b. luzs
   c. Está correcta.

6. Susana tiene dos vestidos <u>azules</u>.
   a. azuleses
   b. azuls
   c. Está correcta.

Para más actividades con nombres en plural visita nuestra página web:
www.harcourtschool.com

Destrezas de estudio

Cómo usar un diccionario

Un **diccionario** es un libro que da el significado de las palabras. Las palabras están en orden alfabético. Para encontrar una palabra, busca primero las dos **palabras guía** en el margen superior de cada página.

rallador   **rey**

ra•ma Cada división del tronco de un árbol.

Ese árbol tiene muchas ramas.

ra•na Animalito verde con manchas negras que vive en sitios donde hay charcos.

Las ranas nadan en el agua y comen insectos.

ra•tón Animalito de cola larga que vive en las casas.

El ratón hizo un nido en el techo de mi casa.

ra•ya Una línea.

Traza una raya recta en este papel.

Práctica

Escribe las palabras que se encontrarían en esta página del diccionario. Usa las palabras de guía como ayuda.

1. rata   2. nadar   3. rueda   4. raso   5. roto

CAPÍTULO 9
Escribir una nota de agradecimiento

El arte de escribir

Agrega detalles

En una **nota de agradecimiento** un escritor agradece a alguien por haberle regalado algo o por haber hecho alguna cosa. Una nota de agradecimiento tiene cinco partes. El **encabezamiento** dice la fecha y la dirección. El **saludo** dice "hola". La **parte principal** dice por qué la persona esta agradecida. El **cierre** dice "adiós". Finalmente, la **firma** dice quién escribió la nota.

Un buen escritor añade **detalles** sobre un regalo a la parte principal de la nota de agradecimiento. Los detalles demuestran al lector que el regalo realmente le gustó al escritor.

Lee la nota de agradecimiento en la página siguiente. Fíjate cómo la escritora añade detalles para mostrar su agradecimiento.

El poder de las palabras

rodeo

Kate va al oeste

por Pat Brisson ◆ *Ilustrado por Rick Brown*

25 Abbot St.
Phillipsburg, Nueva Jersey 08865
4 de septiembre del 2001

Queridos Sr. y Sra. Tooper:

Gracias por llevarme de vacaciones con ustedes. Me divertí mucho. Lo que más me gustó fue ir a México y e bajar en balsa por el río Colorado y vaqueras en el rodeo.

Aprendí mucho sobre los vaqueros de Oklahoma, los desiertos de Texas, los murciélagos de Nuevo México y los indios de Arizona. Qué suerte tiene Lucy de tenerlos a ustedes como padres y la que tengo yo de ser,

la mejor amiga de Lucy,
Kate

P.D.: Yo misma escribí esta nota sin que mi mamá me lo dijera.

Piénsalo

1. Busca las cinco partes de la nota de Kate.
2. ¿Qué detalles añadió Kate para mostrar su agradecimiento?

Escribir una nota de agradecimiento

El arte de escribir

Agrega detalles

Los detalles ayudan a los lectores a tener una imagen de lo que estás escribiendo.

> Aprendí mucho sobre Oklahoma, Texas, Nuevo México y Arizona.

> Aprendí mucho sobre los **vaqueros** de Oklahoma, los **desiertos** de Texas, los **murciélagos** de Nuevo México y los **indios** de Arizona.

La escritora añadió detalles a la segunda oración para expresar exactamente lo que quiere decir. Las palabras *vaqueros*, *desiertos*, *murciélagos* e *indios* ayudan a formar buenas imágenes.

Los escritores también añaden detalles sobre sus sentimientos, como cuando Kate dice qué suerte tiene al tener a Lucy como su mejor amiga. Estos detalles muestran la "voz" o la personalidad del escritor.

A. Escribe cada oración y añade detalles reemplazando cada palabra subrayada. Usa el Banco de ideas.

1. Gracias por invitarme al <u>lugar</u>.
2. Qué suerte que tuvimos <u>asientos</u>.
3. Vi muchas <u>cosas</u>.
4. Me encantó acariciar el <u>caballo</u>.
5. Todavía miro la <u>foto</u>.

Banco de ideas
- bronco que ganó el premio
- rodeo de Texas
- vaqueras a caballo
- asientos en primera fila
- foto que me sacaron

B. Añade detalles para completar esta nota de agradecimiento.

181 Sunny Road
Apopka, Florida 32712
15 de noviembre del 2001

Querida Bárbara:

Gracias por haberme invitado a la feria. Fue muy divertido cuando nosotras 1._____. Me gustó mucho la comida, especialmente 2._____. Todavía tengo el 3._____ que gané. Me hace recordar 4._____. Espero que lo podamos hacer otra vez 5._____.

Tu amiga

Krista

Pensar y escribir

Reflexionar Di qué fue lo que te ayudó a pensar en los detalles que añadiste a la nota de agradecimiento. Escribe tus ideas y habla sobre ellas con un grupo pequeño.

Escribir una nota de agradecimiento

El arte de escribir

Practica el arte de escribir

Lee esta nota de agradecimiento. Piensa en como las palabras subrayadas añaden detalles.

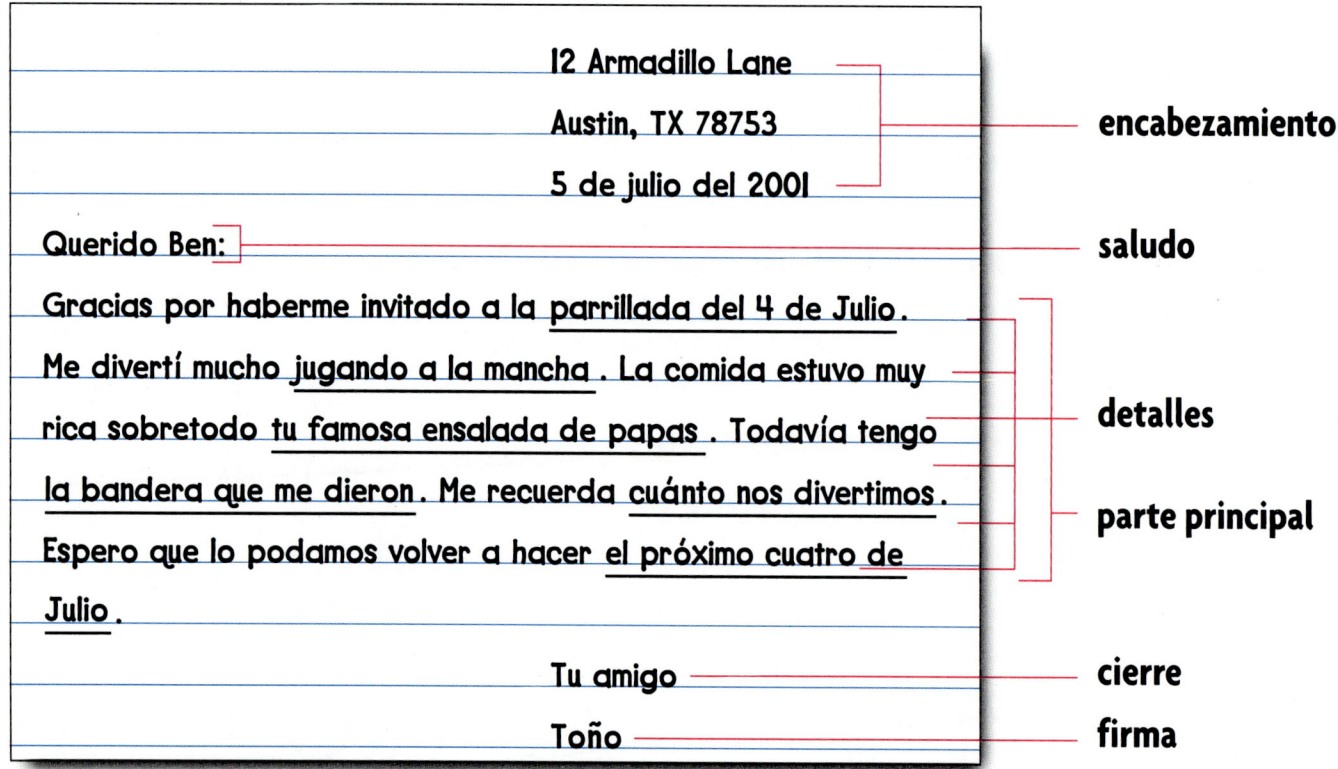

12 Armadillo Lane
Austin, TX 78753
5 de julio del 2001 — **encabezamiento**

Querido Ben: — **saludo**

Gracias por haberme invitado a la <u>parrillada del 4 de Julio</u>. Me divertí mucho <u>jugando a la mancha</u>. La comida estuvo muy rica sobretodo <u>tu famosa ensalada de papas</u>. Todavía tengo <u>la bandera que me dieron</u>. Me recuerda <u>cuánto nos divertimos</u>. Espero que lo podamos volver a hacer el <u>próximo cuatro de Julio</u>.

— **detalles** / **parte principal**

Tu amigo — **cierre**
Toño — **firma**

Mira el modelo

1. ¿Qué partes en esta nota ayudan a crear buenas imágenes? ¿Por qué?

2. ¿Suena agradecido Toño? ¿Por qué? ¿Cómo piensas que se sentirá Ben cuando lea esta nota? ¿Por qué?

Ahora te toca a ti

Escribe una nota de agradecimiento. Añade detalles que muestren por qué estás agradecido y cómo te sientes.

Antes de escribir y hacer el borrador

PASO 1 **Desarrolla tus ideas.**

Hazte estas preguntas.

- ¿De qué estoy agradecido? ¿A quién debo agradecer?
- ¿Qué detalles puedo añadir?

PASO 2 **Piensa en ideas para los detalles.**

Haz una tabla y añade detalles que muestren por qué estás agradecido.

PASO 3 **Escribe tu borrador**

Usa la tabla y *Lo que hacen los buenos escritores* para escribir un borrador de tu nota.

| ¿A quién le estoy agradecido? |
| ¿De qué estoy agradecido? |
| Detalles de lo que agradezco |

Lo que hacen los buenos escritores

✓ Planifica tus ideas

✓ Remember to add details that show your reader why you are thankful.

✓ Añade detalles que muestren tu personalidad.

Manual del alumno

Usa la lista de la carta en la página 483 para verificar que tienes todas las partes de una buena nota de agradecimiento.

121

| Escribir una nota de agradecimiento | # El arte de escribir |

Edita tu nota de agradecimiento

Comparte tu borrador con algunos compañeros. Hablen sobre cómo puedes mejorar tu nota de agradecimiento. Usa la lista de verificación y las Marcas editoriales para ayudar a corregir tu escrito.

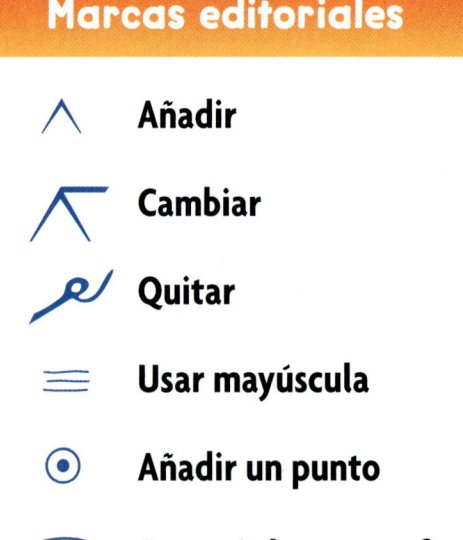

Marcas editoriales

∧ Añadir

⋏ Cambiar

ℓ Quitar

≡ Usar mayúscula

⊙ Añadir un punto

◯ Corregir la ortografía

 Mi nota de agradecimiento dice por qué estoy agradecido. Doy detalles que lo explica.

 Mi nota de agradecimiento tiene encabezamiento, saludo, parte principal, cierre y firma.

Comparte con otros

Reúnete con un compañero o en un grupo pequeño. Comparte tu nota. Léela en voz alta. Después, puedes enviarla por correo.

Caligrafía

Los espacios entre las letras

Es importante escribir claramente para que otros puedan leer lo que escribes. Sigue este consejo para verificar que el espacio entre tus letras sea el correcto.

✔ Verifica que las letras no estén ni muy juntas ni muy separadas.

correcto	muy juntas	muy separadas
gracias	gracias	g r a c i a s

Escribe estas oraciones con tu mejor caligrafía. Recuerda que los espacios entre las letras deben estar correctos.

Gracias por la camisa.

Va bien con mi falda.

La voy a usar mucho.

CAPÍTULO 10

Nombres propios

¿Qué es un nombre propio?

Lee los versos.

Me llamo...

A, me llamo Alicia y
mi amiga se llama Ana.
Somos americanas
de Alabama.

B, me llamo Berta,
mi amigo se llama Bernardo.
Somos bolivianos
de Berengardo.

C, me llamo Carmina y
mi amiga se llama Cristina.
Somos argentinas
de Carolina.

El poder de las palabras

embajador

Elige algo que te guste. Después haz una lista de lugares o cosas cuyos nombres empiecen con la misma letra.

> Algunos nombres empiezan con mayúscula. Esos nombres se llaman nombres propios. Los nombre especiales de las personas, de los animales y de los lugares son **nombres propios**.
>
> A **Barbara** le gustan los libros.
> **Barbara** es de **Boston**.
> Tiene un perro que se llama **Buddy**.

Termina los versos escribiendo nombres propios.

D, me llamo _____,
mi amiga se llama _____.
Somos de _____
y nos gusta jugar a las damas.

E, me llamo _____,
mi amiga se llama _____.
Somos de _____,
del pueblo de Ezpeleta.

125

Nombres propios

Nombres de personas, lugares y animales

Los nombres especiales de las **personas**, los **lugares** y los **animales** son **nombres propios**.
Los nombres propios empiezan con mayúscula.

Linda Miller es mi maestra favorita.
Mi escuela se llama **West Side**.
La mascota de nuestra clase es un hámster que se llama **Fuzz**.

Práctica dirigida

Escribe correctamente el nombre propio entre ( ). Di si es una persona, un lugar o un animal.

1. Hoy mi hermana y yo fuimos a ayudar a (ana garcía).
2. Primero bañamos a su perro, (mancha).
3. Después lo sacamos a caminar por el (parque einstein).
4. Después su hija (kim) nos llevó al centro de la ciudad.
5. Nos llevó a almorzar a la pizzería luigi.

> **Recuerda** Los nombres especiales de personas, lugares y animales se llaman propios.

Práctica independiente

Escribe correctamente el nombre propio entre ( ). Después di si es una persona, un lugar o un animal.

6. El mes pasado mi clase limpió el (parque maple).

7. Mi amigo (carlos) recogió papeles del piso.

8. Encontró una tarjeta postal de (los ángeles).

9. También encontró una entrada para un partido en el (estadio ashley).

10. (ana alonso) rastrilló hojas.

11. Mi amigo (ben) lavó los bancos.

12. (leticia) y yo plantamos flores.

13. Vimos al vecino caminando con su perro (rex).

14. El vecino se llama (alex king).

15. Fue a la escuela (south) hace quince años.

Conexión con la escritura

Escribir información Escribe información importante sobre ti mismo. Escribe tu nombre y apellido, la ciudad y la calle donde vives, el nombre de tu escuela y el nombre de tu mascota, si tienes una.

Para hacer una mayúscula en la computadora, aprieta la tecla  **shift** y la letra que deseas.

Nombres propios **La gramática y la escritura**

Nombres de días festivos

> Los nombres de los días festivos son nombres propios. Todas las palabras importantes de los nombres de los días festivos se escriben con mayúscula.
>
> En Estados Unidos, el primer lunes de septiembre es el **Día del Trabajo**.
>
> En muchos países latinoamericanos el 6 de enero se celebra el **Día de los Reyes Magos**.

Práctica dirigida

Encuentra los nombres propios que se deben escribir con mayúscula. Escríbelos correctamente.

1. El día de martin luther king es en enero.
2. En febrero también celebramos el día de los presidentes.
3. En diciembre muchos celebran la navidad.
4. Otras familias celebran hannukah.
5. El segundo lunes de octubre se celebra el día de la raza.

Recuerda Los nombres propios se escriben con mayúscula.

Práctica independiente

Encuentra los nombres propios que se deberían escribir con mayúscula. Escríbelos correctamente.

6. Limpié el jardín con mi abuelo juan.
7. Planté flores el día de las madres.
8. Mi escuela se llama west end.
9. Mi mejor amigo se llama adalberto.
10. Los sábados vamos al lago tahoe.
11. Vivo cerca del parque washington.
12. Mi lugar favorito es orlando.
13. Puse la mesa el día de navidad.
15. En diciembre yo decoré la casa.

Conexión con la escritura

Dibuja y comenta Haz un dibujo de ti mismo ayudando a tu familia en una época especial del año. Después escribe una explicación breve del dibujo. Utiliza nombres propios. Indica qué haces, con quién lo haces, cuándo lo haces y por qué es algo útil.

Practica cómo escribir mayúsculas en tu computadora, especialmente las que llevan acento.

Nombres propios

Práctica adicional

Escribe cada nombre propio correctamente.

1. La familia jackson tiene muchos animales.
2. esteban se ocupa de ellos.
3. Le da de comer al pez millie.
4. Saca a caminar a su perro bruno.
5. Compra juguetes para perros en una tienda que se llama cachorros.
6. Esa tienda queda en mapletown.

Escribe los días festivos y los lugares correctamente.

7. En mi escuela celebramos el día de la bandera.
8. Mi escuela queda en la calle foster.
9. Se llama escuela foster, igual que la calle.
10. La mascota de la escuela se llama fido.

Juego lingüístico

Tres en raya

- Cada jugador necesita 6 marcadores. Tomen turnos para elegir un cuadradito.
- Indiquen si las palabras están bien escritas. Si no están bien escritas, arréglenlas.
- Si lo has hecho bien, pon un marcador en el cuadradito.
- El primer jugador con cinco marcadores, en cualquier orden, gana.

Navidad	boston	pepe gómez
Carmen	calle main	chicago
río azul	ana López	Perro

Conexión con la escritura

Promesa Promete hacer algún trabajo especial en un día festivo. Escribe tu promesa. Entrégale tu promesa a un miembro de tu familia como un regalo. Incluye tu nombre y apellido y el día festivo en que vas a hacer el trabajo.

Yo, Lisa Lynch, prometo limpiar la mesa por una semana. Haré esto el mes de noviembre. Hasta lo haré el Día de Acción de Gracias el próximo jueves.

Nombres propios

Repaso del capítulo STANDARDIZED TEST PREP

Elige la mejor respuesta para cada palabra o palabras subrayadas.

1. La familia <u>Jones</u> se mudó el pasado mes de agosto.
   a. joneS
   b. jones
   c. Correcto como está.

2. Se mudaron a <u>Houston, texas</u>.
   a. houston, texas
   b. Houston, Texas
   c. Correcto como está.

3. Todos ayudaron, hasta la pequeña <u>ashley Jones</u>.
   a. ashley jones
   b. Ashley Jones
   c. Correcto como está.

4. Llegaron a su nueva casa el <u>día de los presidentes</u>.
   a. día de los Presidentes
   b. Día de los Presidentes
   c. Correcto como está.

5. Su perro <u>Roxy</u> durmió en una caja vacía.
   a. roxy
   b. ROxy
   c. Correcto como está.

6. Para el cumpleaños de <u>samuel</u> todo estaba listo.
   a. saMuel
   b. Samuel
   c. Correcto como está.

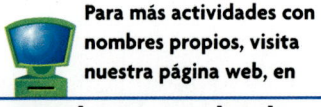

Para más actividades con nombres propios, visita nuestra página web, en
www.harcourtschool.com

Vocabulario

Abreviaturas y títulos

Una **abreviatura** es una manera corta de escribir una palabra. Empieza con una letra mayúscula y termina con un punto.

ABREVIATURAS

Señor **Sr.** **Sr.** Gómez	Usted **Ud.**	Norte **N.**
Señora **Sra.** **Sra.** Hernández	Ustedes **Uds.**	Sur **S.**
Doctor **Dr.** **Dr.** Choi	Estados Unidos **EE. UU.**	Este **E.**
Doctura **Dra.** **Dra.** Ruiz	Compañía **Cía.**	Oeste **O.**

Práctica

Escribe la abreviatura correspondiente.

1. Doctor
2. Ustedes
3. Oesta
4. Señora
5. Estados Unidos
6. Norte

Sr. Gómez
Gerente

CAPÍTULO 11

Pronombres

¿Qué es un pronombre?

Lee el poema.

Algo grande ha estado aquí

Algo grande ha estado aquí.
¿Qué fue? Yo no lo sé.
No lo vi cuando llegó.
No lo vi cuando partió.
Mas no lo quiero encontrar
porque me puedo asustar.
Ha dejado sus huellas detrás,
¡Son tamaño novecientos
cincuenta y seis!
      por Jack Prelutsky

Piensa qué podría ser la cosa enorme que menciona el poema. Luego descríbela a tus compañeros, pero no la nombres. ¿Pueden adivinar qué es?

El poder de las palabras

deporte

> Un **pronombre** es una palabra que reemplaza al nombre. Las palabras *yo, tú, usted, él, ella, nosotros (as), ustedes, ellos y ellas* son pronombres personales.
>
> El **tiranosauro** era muy grande
>
> **Él** medía más de 45 pies de largo.

Escribe una adivinanza como la que está debajo. Después léesela a tu compañero. ¿Puede tu compañero adivinar la respuesta?

Es grande y gris.

Tiene una larga trompa y unos colmillos grandes y blancos.

Puedes verlo en el zoológico o en el circo.

Respuesta: Es un elefante.

CAPÍTULO 11

Pronombres

Usa los pronombres personales

Los pronombres personales **él, ella, ellos** y **ellas** concuerdan con el nombre que reemplazan en género y número.

nombre	**Mario** canta.	**Elena** canta.
pronombre	**Él** canta.	**Ella** canta.
nombre	**Rita y Ana** corren.	**Juán y Pablo** corren.
pronombres	**Ellas** corren.	**Ellos** corren.

Práctica dirigida

Escribe el pronombre para la palabra o palabras entre ( ).

1. (Juan) juega béisbol.
2. A (Emilia) no le gusta el béisbol.
3. (Emilia y su hermana) prefieren el ballet.
4. (Alicia y Estela) cantan un dúo.
5. (María y su hermano) estudian ballet.

> **Recuerda** Los pronombres *él, ella, ellos* y *ellas* reemplazan a los nombres y concuerdan con ellos en género y número.

Práctica individual

Escribe un pronombre para la palabra o palabras entre ( ).

6. (Cristina) tocó el piano.

7. (Tomás) cantó.

8. (Cristina y Tomás) ensayaron una canción.

9. (Los niños) cantaron juntos.

10. (Los padres) aplaudieron mucho.

11. Martín está triste porque a (Martín) no le aplaudieron.

12. (La Sra. Cárdenas) está muy orgullosa de nosotros.

13. (Joaquín y Carol) quieren presentar una obra el año que viene.

14. (Carolina) dijo que era una gran idea.

15. (Las niñas) son muy creativas.

Conexión con la escritura

Revisar Elige algo que hayas escrito. Busca dos oraciones seguidas que tengan el mismo nombre. Cambia el nombre en la segunda oración por un pronombre. Esto mejorará tu escritura.

Marca la palabra que quieras cambiar. La palabra vieja se borrará cuando escribas la nueva.

Pronombres La gramática y la escritura

Nosotros, nosotras

El pronombre **nosotros** se usa para reemplazar tu nombre y el de otra persona, si ambos son masculinos. Si los dos nombres son femeninos usa **nosotras**. Si los nombres son masculino y femenino usa **nosotros**.

Si **yo** se refiere a Luisa:

nombres: **Laura** y **yo** somos amigas.
pronombre: **Nosotras** jugamos juntas.

Siempre debes nombrarte al final.

Mi amigo y **yo**.

Práctica dirigida

Reemplaza las palabras subrayadas con el pronombre que corresponda si *yo* se refiere a María.

1. Mi papá y yo jugamos béisbol.
2. Marisa, Ken y yo tiramos la pelota.
3. Alicia y yo somos compañeras de equipo.
4. A mi hermano y a mí nos gusta el béisbol.

Recuerda Usa *nosotros (as)* cuando te refieres a ti y a otra persona. Siempre nómbrate al final.

Práctica individual

Vuelve a escribir las oraciones que no están en el orden correcto.

6. Yo, Angélica y Alan fuimos a ver un partido de béisbol.
7. Yo y Angélica teníamos las entradas.
8. Yo y ella entregamos las entradas.
9. Yo y Alan fuimos los primeros en entrar.
10. Yo y él vimos el campo de juego.
11. Yo y él apoyamos a nuestro equipo.
12. Yo y Angélica nos divertimos en el partido.
13. Mamá y yo compramos refrescos.
14. Yo y papá gritamos mucho.
15. Mi hermana y yo regresamos a casa cansados.

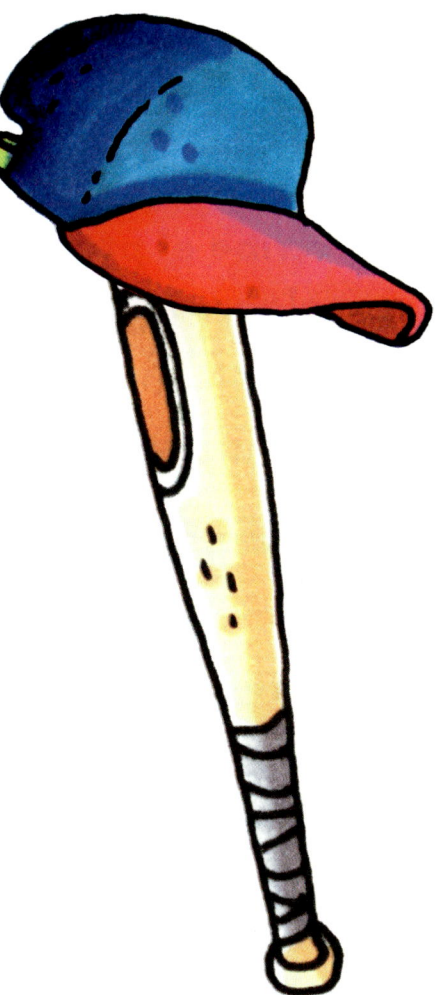

Conexión con la escritura

Historia personal Piensa en algo divertido que hiciste con un amigo. Escribe oraciones sobre ello. Usa los pronombres en el orden correcto.

Pronombres

Práctica adicional

Escribe el pronombre en cada oración.

1. A <u>Horacio</u> le gustan los libros sobre animales.
2. <u>Virginia y Pedro</u> leen cuentos sobre niños.
3. ¿Cuál es la historia que le gusta más a <u>Francisca</u>?

Escribe el pronombre para la palabra o las palabras entre ( ).

4. (Mi hermana) quiere escribir un libro.
5. (Mis padres) son escritores.
6. ¿Escribió (tu madre) un libro para niños?
7. ¿Está (Pedro) en la biblioteca?

Corrige el orden de las palabras entre ( ).

8. (Yo y mi mamá) compramos un libro.
9. (Yo y mi hermano) leemos los mismos libros.
10. El maestro dijo que (yo y Mónica) tenemos que leer más.

Si *yo* se refiere a Carlos escribe el pronombre correcto para las palabras entre ( ).

11. (Mi hermana y yo) cuidamos a nuestros animales.
12. (Mis amigos y yo) vamos a la playa.
13. (Juán y yo) jugamos fútbol.

Juego lingüístico

Juego de pronombres

- Juega con un compañero.
- Haz tarjetas como las que están aquí.
- Pon las tarjetas en pila y tomen turnos para sacar una tarjeta.
- Di un pronombre para la palabra en la tarjeta. Después usa el pronombre para hacer una oración. El primero en tener cinco puntos gana.

niña
jugadores
niños
juego
Anita y Molly
zapatos
gol
Ramón y Gustavo
entrenador
pelota

Conexión con la escritura

Tarjeta postal Haz una tarjeta postal para mandarle a un amigo. En el frente haz un dibujo de algo que hiciste. Del otro lado escribe una nota contándole lo que hiciste. Usa los pronombres correctamente.

Querido Tony:
 Ayer jugamos al fútbol. Fue un partido muy bueno. Tommy y yo metimos dos goles. Nos pusimos muy contentos. Aquí estoy yo pateando un gol.
 Tu amigo,
 Pedro

Tony De Luna
200 Elm Street
Brooklyn, NY 11201

Pronombres

Repaso del capítulo STANDARDIZED TEST PREP

Elige la mejor respuesta para cada palabra o palabras subrayadas.

1. <u>Mi papá</u> es piloto.
   - **a.** Él
   - **b.** Nosotros
   - **c.** Ellos

2. <u>Mi amigo y yo</u> vamos a Miami.
   - **a.** Nosotros
   - **b.** Ellos
   - **c.** Ellas

3. ¿Van <u>Carol y Susan</u> a Miami?
   - **a.** ellas
   - **b.** nosotros
   - **c.** él

4. El lunes <u>Bob</u> va a Dallas.
   - **a.** ella
   - **b.** él
   - **c.** ellos

5. <u>Carol</u> tiene muchas ganas de ir.
   - **a.** Él
   - **b.** Ella
   - **c.** él

6. Después <u>Carol y Bob</u> irán a San Antonio.
   - **a.** ellas
   - **b.** ellos
   - **c.** él

7. <u>Yo y mi mamá</u> volamos en un avión.
   - **a.** Mi mamá y yo
   - **b.** Ellos y yo
   - **c.** Ella

8. <u>Yo y mi hermano</u> vamos a muchos lugares con ella.
   - **a.** Ellos
   - **b.** Él y nosotros
   - **c.** Mi hermano y yo

Para más actividades con pronombres visita nuestra página web:
www.harcourtschool.com

Tecnología

Cómo enviar un correo electrónico

Puedes usar tu computadora para recibir y enviar mensajes electrónicos. Si tu computadora tiene un módem, puedes enviar mensajes a otras personas que tengan módems.

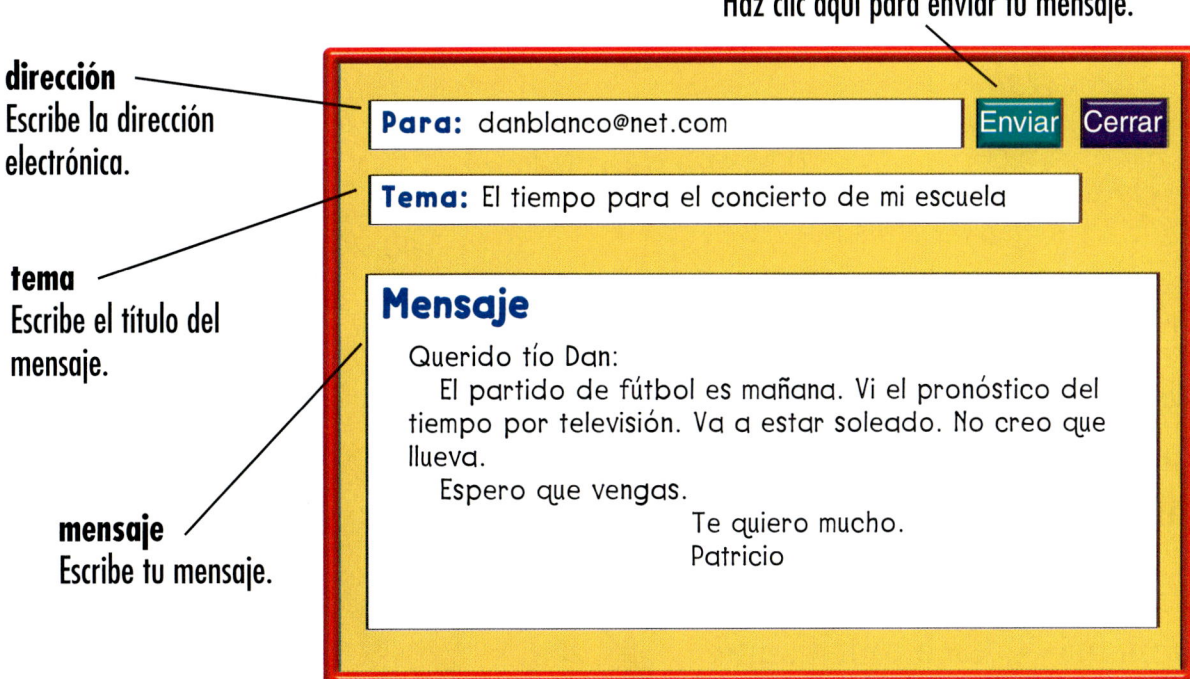

enviar
Haz clic aquí para enviar tu mensaje.

dirección
Escribe la dirección electrónica.

tema
Escribe el título del mensaje.

mensaje
Escribe tu mensaje.

Antes de enviar un mensaje, pregunta a tu maestro o a tus padres. Piensa a quién vas a enviar el mensaje y qué vas a escribir. Envía tu mensaje a alguien que conozcas.

CAPÍTULO 12
Escribir una carta

¿Has escrito alguna vez una carta? En una carta amistosa un escritor le escribe a alguien que conoce. Piensa en lo que Rosie le dice a su mamá en su carta.

No olvides escribir

Por Martina Selway

—No me quiero quedar con abuelito y la tía Mabel, —dijo Rosie—. No me gustan las granjas que huelen mal. No tendré a nadie con quien jugar. ¡Me quiero quedar en casa!

—Rosie, querida, —respondió su mamá—, hace muchísimo tiempo que abuelito y la tía Mabel no te ven. A ti te encantan todos los animales y te divertirás mucho.

—No olvides bañarte, no olvides lavarte el cabello, no olvides cepillarte los dientes y . . . no olvides escribir.

Granja Griggs
Manchester, Vermont 05254
1 de junio del 2001

Querida mamá:

No quería que me dejaras en la granja de abuelito. Cuando te fuiste lloré mucho.

Abuelito dijo: —Vamos, mi palomita, sécate esas lágrimas y veamos si la tía Mabel nos preparó algo rico para comer.

No me gusta que me llamen "palomita". Quiero ir a casa.

La tía Mabel hizo tostadas en el fuego de la chimenea. Comí una de sus galletitas de pasas que estaba durísima. Abuelito dijo:
—No la tires al piso, romperá las baldosas.
El diente que tenía flojo se me cayó. Quiero volver a casa.

Después de cenar me puse a revisar los armarios de abuelito. Había tantas cosas que ver que me quedé levantada hasta muy tarde.

Le dije a abuelito que estaba buscando un tesoro escondido.

Abuelito dijo: —Eres igualita a tu mamá, paloma, con las mismas ocurrencias.

Encontré unas fotos de cuando eras pequeña. Las voy a traer cuando vuelva a casa.

Esta tarde abuelito me llevó a pescar al río. Esperamos horas y horas pero no pescamos nada. Me aburrí e hice un dique con piedras.

Abuelito dijo: —Espera, dentro de un minuto tendremos un pescado tan grande como una ballena.

La tía Mabel hizo pescado frito para la cena. Ojalá tuviéramos un río cerca de casa.

Hoy la tía Mabel nos hizo una merienda porque teníamos que subir una colina muy alta para ir a buscar las ovejas. Hacía mucho calor. Lo único que se oía eran las ovejas pastando y las abejas zumbando.

Abuelito dijo: —La semana que viene va a estar todo mucho más tranquilo sin ti correteando.

No puedo cree que sólo faltan dos días para volver a casa.

Abuelito dijo: —Mejor que mandemos la carta ahora mismo. Pensé que ibas a escribir un libro, ¡porque tardaste tanto!

POR FAVOR mamá, déjame quedarme más tiempo con abuelito. Todavía no quiero volver a casa.

Te quiero mucho,
Paloma

Granja Griggs
Manchester, Vermont 05254

Sra. A. Lee
1764 Hill Road
Hartford, Connecticut 06160

Piénsalo

1. ¿Qué es lo más interesante que le escribió Rosie a su mamá? Di por qué.

2. ¿Cómo cambian los sentimientos de Rosie desde el principio hasta el final de la carta? ¿Cómo lo sabes?

La lectura y la escritura

Las partes de una carta

Una carta tiene cinco partes.

1. El **encabezamiento** dice la fecha y a veces la dirección del escritor.
2. El **saludo** dice cosas como Querida mamá o Querido Luis.
3. El **cuerpo** es el mensaje.
4. El **cierre** dice cosas como "te quiero mucho" o "hasta pronto".
5. La **firma** es el nombre del escritor puesto a mano.

Escribe en una hoja de papel las cinco partes de la carta de Rosie. Para el cuerpo de la carta escribe una oración que diga por qué la escribió.

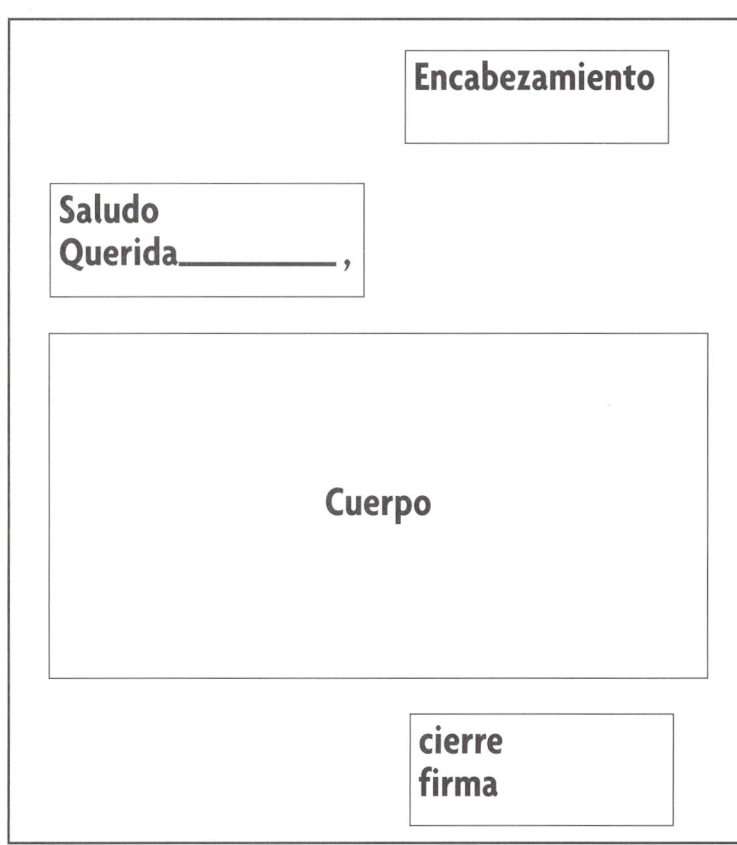

Conexión con la escritura

Modelo de un estudiante

Ramón le escribió una carta a su tío Pablo. Tuvo cuidado de incluir todas las partes correctas en su carta. Lee la carta y busca las partes importantes.

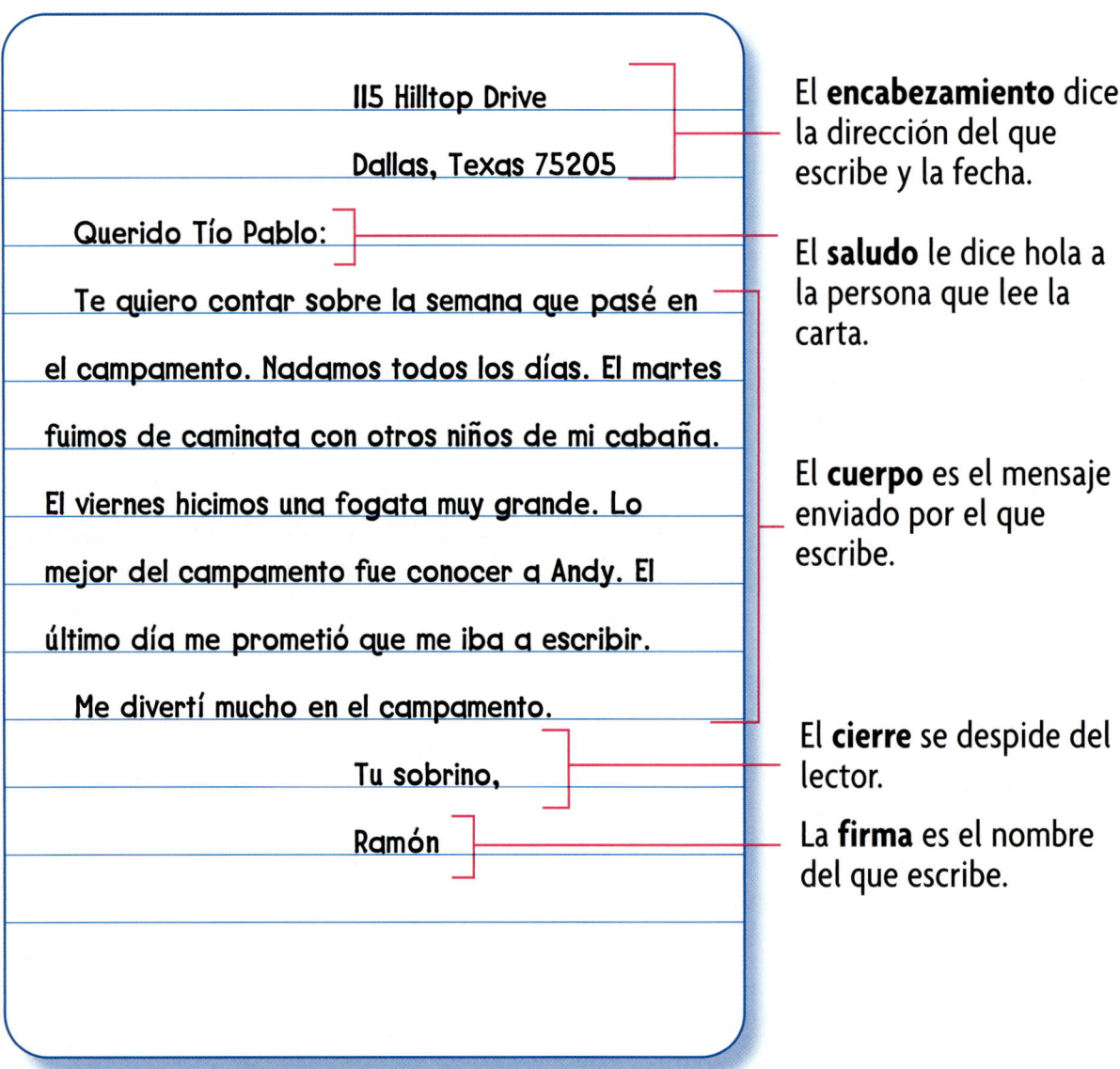

115 Hilltop Drive

Dallas, Texas 75205

Querido Tío Pablo:

Te quiero contar sobre la semana que pasé en el campamento. Nadamos todos los días. El martes fuimos de caminata con otros niños de mi cabaña. El viernes hicimos una fogata muy grande. Lo mejor del campamento fue conocer a Andy. El último día me prometió que me iba a escribir. Me divertí mucho en el campamento.

Tu sobrino,

Ramón

El **encabezamiento** dice la dirección del que escribe y la fecha.

El **saludo** le dice hola a la persona que lee la carta.

El **cuerpo** es el mensaje enviado por el que escribe.

El **cierre** se despide del lector.

La **firma** es el nombre del que escribe.

Mira el modelo

1. ¿Cuál es la dirección de Ramón?
2. ¿Quién está leyendo la carta de Ramón?
3. ¿Qué hizo Ramón en el campamento el jueves?
4. ¿Qué más sucede en el campamento?
5. ¿Qué siente Ramón por el campamento? ¿Cómo lo sabes?

El arte de escribir

Pensar en tus lectores

Ramón le escribió la carta a su tío preferido. Usó palabras amistosas y le contó cosas interesantes. Busca las partes de la carta de Ramón que al tío le gustaría leer.

- ¿De qué quiere hablarle Ramón al tío Pablo?
- ¿Por qué le cuenta lo que hizo cada día?
- ¿Qué fue lo mejor de la semana de Ramón?
- ¿Cómo dice Ramón que se divirtió?

CAPÍTULO 12
Escribir una carta

Taller de escritura

Antes de escribir

A Ramón le gustó mucho leer la carta de Rosie. Decidió escribirle una carta a su tío Pablo, que vive muy lejos. Primero dibujó lo que quería contarle a su tío. Ramón decidió contarle sobre el campamento porque lo disfrutó mucho.

Ramón planeó el cuerpo de su carta. Hizo un diagrama que le ayudara a decidir lo que iba a escribir.

- Conocí a Andy.
- El viernes hicimos una fogata.
- Nadé en el río.
- Campamento de verano.
- Prometió que me escribiría.
- El jueves fuimos de caminata.

Ahra te toca a ti

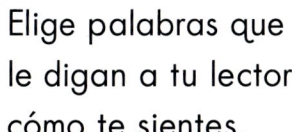 **Elige una persona a quien te gustaría escribirle.**

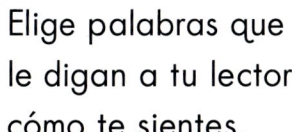 **Decide por qué le escribes.**
Piensa en lo que quieres decirle a esta persona. Si quieres, puedes hacer dibujos.

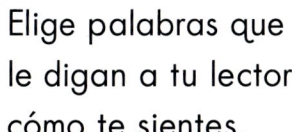 **Haz un diagrama.**
Planea lo que vas a escribir en la carta.

Lo que hacen los buenos escritores

- ✓ Piensa en la persona a quien le escribes y por qué.
- ✓ Planea lo que escribirás.
- ✓ Elige palabras que le digan a tu lector cómo te sientes.

Escribir una carta

El borrador

Para empezar esta carta, Ramón escribió el encabezamiento y el saludo. Después usó su diagrama como ayuda para escribir el cuerpo de la carta. Finalmente añadirá el cierre y la firma. Escribió todo rápidamente para poner las cosas más importantes porque sabe que puede arreglar sus errores más adelante.

Borrador

1 de septiembre del 2001

Querido tío Pablo:

Te quiero contar sobre la semana que pasé en el campamento. Nadamos todos los días. El martes fuimos de caminata con otros niños de mi cabaña. Lo mejor del campamento fue conocer a Andy. El último día me prometió que me iba a escribir.

Lee el primer borrador de la carta de Ramón. Mira su diagrama. ¿Qué más podría decirle a su tío Pablo sobre el campamento?

Lo que hacen los buenos escritores

 Verifica que tu carta tenga las cinco partes.

 Recuerda a quién le escribes y por qué.

 Sigue tu plan para el cuerpo de la carta.

- Conocí a Andy.
- El viernes hicimos una fogata.
- Nadé en el río.
- Campamento de verano.
- Prometió que me escribiría.
- El jueves fuimos de caminata.

Ahora te toca a ti

Usa tu red y *Lo que hacen los buenos escritores* para escribir un borrador de tu carta.

Cuando escribas en la computadora recuerda "salvar" tu trabajo a menudo.

Escribir una carta

Revisar

Ramón le leyó su borrador a un grupo. Hablaron de cómo mejorar la carta. Ramón añadió más detalles que podrían interesarle a su tío. Fíjate en lo que hizo Ramón para corregir su carta.

Lo que hacen los buenos escritores

 Verifica que tu carta tenga las cinco partes. ¿Hay alguna parte que necesitas añadir?

 Fíjate si tu carta sigue tu plan. Si es necesario, añádele detalles.

Borrador

Querido tío Pablo:

Te quiero contar sobre la semana que pasé en el campamento. Nadamos todos los días. El jueves fuimos de caminata con otros chicos de mi cabaña. Lo mejor del campamento fue conocer a Andy. El último día me prometió que iba a escribir una carta. me divertí mucho en el campamento.

martes (añadido) *El viernes hicimos una fogata muy grande.* (añadido)

tu sobrino

Ramón

Marcas editoriales

 Añadir

 Cambiar

 Quitar

Ahora te toca a ti

Lee tu carta a un grupo. Hablen sobre cómo se podría mejorar. Usa *Lo que hacen los buenos escritores* y las *Marcas editoriales*.

Corregir

Ramón volvió a leer su carta para ver si tenía errores. ¿Por qué hizo ramón esos cambios?

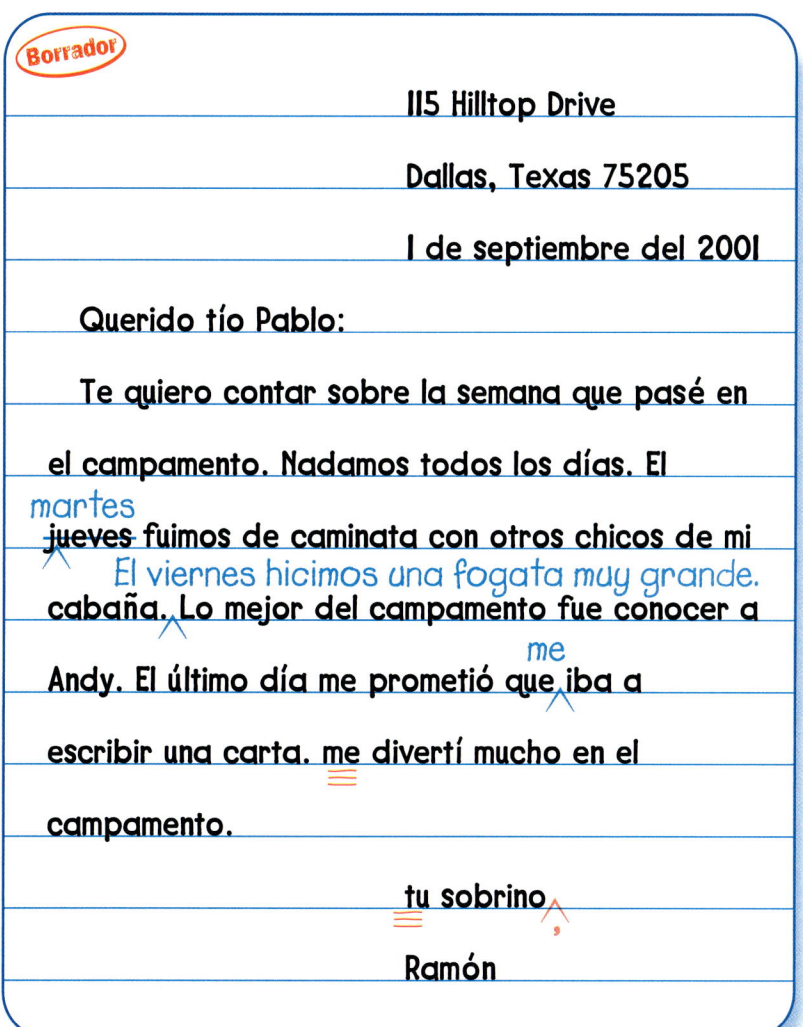

Borrador

115 Hilltop Drive

Dallas, Texas 75205

1 de septiembre del 2001

Querido tío Pablo:

Te quiero contar sobre la semana que pasé en el campamento. Nadamos todos los días. El ~~jueves~~ *martes* fuimos de caminata con otros chicos de mi cabaña. *El viernes hicimos una fogata muy grande.* Lo mejor del campamento fue conocer a Andy. El último día *me* prometió que iba a escribir una carta. me divertí mucho en el campamento.

tu sobrino,

Ramón

Lo que hacen los buenos escritores

 Verifica que usaste los nombres y los pronombres correctamente.

 Fíjate si hay dos puntos en el saludo y coma en el cierre.

 Fíjate si el encabezamiento, el saludo y el cierre están escritos con mayúscula.

Marcas editoriales

 Añadir

 Cambiar

 Usar mayúscula

 Corregir la ortografía.

Ahora te toca a ti

Ahora lee la carta una vez más. Usa *Lo que hacen los buenos escritores* y las *Marcas editoriales* para arreglar los errores.

Imprime tu borrador y marca los errores. Después corrígelo en la computadora y vuélvelo a imprimir.

Escribir una carta

Publicar

Ramón escribió la versión final de su carta. Mandó dibujos con la carta.

Ahora te toca a ti

Escribe una carta bien escrita en una hoja de papel limpia. Recuerda poner todos los cambios. Si quieres, usa una computadora. A continuación hay algunas ideas para que tu carta sea más divertida.

- **Haz tu propio papel de escribir.**
  Decóralo con dibujos, figuritas o sellos de goma. Después escribe tu carta.

- **Envía una carta por correo electrónico**
  Si tu escuela tiene correo electrónico, puedes enviar la carta usando tu computadora. Pon la carta en un documento. Encuentra la dirección del correo electrónico de la persona a la cual le estás escribiendo. Después envíale una carta por correo electrónico a esa persona.

Coloca tu carta terminada en tu Portafolio.

Escuchar y hablar

Presentaciones

Cuando juntas a dos personas que no se conocen, les dices cómo se llama cada una, o sea, las **presentas**.

Consejos para presentar a dos personas

- Cuando presentas un niño a un adulto, habla primero al adulto.

Sta. Lola, le presento a Diego.

Diego, te presento a la Sta. Lola.

- Cuando presentas a dos amigos, no importa el orden en que los presentas.

Consejos para cuando te presentan

- Presta atención al nombre de la otra persona. Usa su nombre cuando le hables.
- Cuando te presentan a alguien, puedes decir "Mucho gusto".

Unidad 2
Repaso de gramática
páginas 98–139

Personas, animales, lugares y cosas páginas 98–99

Escribe cada oración. Subraya cada nombre que nombra a una persona, lugar o cosa.

1. Mi familia se muda de la cuidad.
2. Nuestra casa nueva está junto a un gran lago.
3. Los hombres de la mudanza están descargando él camión.
4. Mi hermano está desempacando sus juegos.

Nombres masculinos y femeninos páginas 100–101

Indica si la palabra subrayada es un nombre masculino o femenino.

5. La <u>casa</u> de al lado es amarilla.
6. En ella vive mi <u>amigo</u> Mario.
7. Mario tiene un <u>mapa</u> de Tejas.
8. Junto a la casa hay un gran <u>árbol</u>.

Nombres en plural páginas 108–109

Haz un círculo alrededor de la palabra que completa la oración correctamente.

9. Desempaqué dos (cajas, cajaes) de libros.
10. Mi mamá guardó los platos (azuls azules).
11. El jardín tiene muchas (flors, flores).
12. Mi vecina canta muchas (canciones, canciónes).

Personas, lugares y animales páginas 126–127
**Escribe correctamente el nombre propio entre ( ).
Después escribe si es persona, lugar o animal.**

13. Nuestro vecino (joaquín olivera) tiene un bote.

14. Nos llevó al (lago nadir).

15. Nuestro perro (mancha) saltó al agua.

Nombres de días festivos páginas 128–129
Escribe correctamente cada nombre propio.

16. Nuestra familia se mudó al sur para pascuas.

17. Tengo ganas de que llegue navidad.

18. El próximo lunes es el día del trabajo.

19. No hay clases el 4 de julio.

Usa los pronombres personales páginas 136–137
Escribe el pronombre para la palabra entre ( ).

20. (Nuestra tía) vive a cinco millas de la escuela.

21. (Mi hermano Jimmy) está en segundo grado.

22. (Ana y Susana) todavía no van a la escuela.

23. (Mi mamá y mi papá) son maestros.

Nosotros y nosotras páginas 138–139
Reemplaza las palabras subrayadas en cada oración por el pronombre que corresponda.

24. <u>Mi papá y yo</u> fuimos a mi nueva escuela.

25. <u>Marisa y yo</u> estamos en la misma clase.

26. <u>A mi hermano y a mí</u> nos gusta la gramática.

27. <u>Mi amiga y yo</u> ayudamos a decorar el salón de clase.

Unidad 2
Conclusión

Escribir sobre otras materias

Estudios sociales

¿Qué leen los estudiantes?

¿Qué leen los niños de tu escuela cuando quieren leer? Averígualo con tus compañeros. Después ayuda al bibliotecario a pensar qué libros comprará.

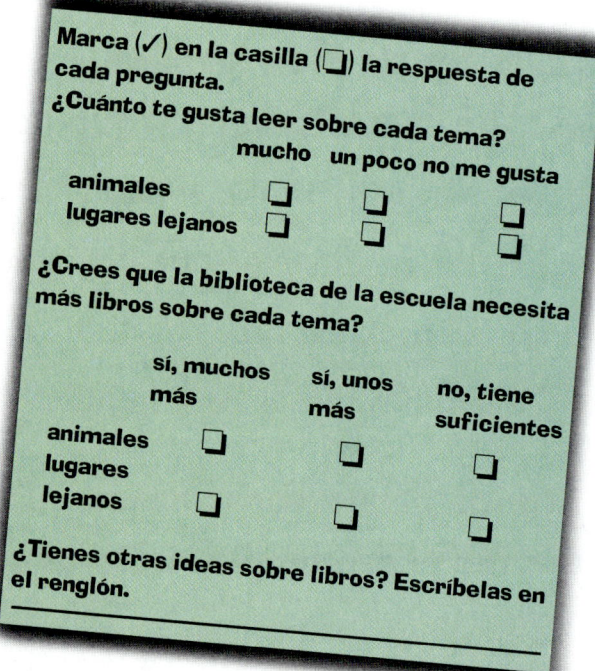

Planifica tu investigación

- Decide a quiénes harás preguntas. ¿Quieres información sobre un solo grado o sobre toda la escuela?

- Piensa en preguntas que puedes hacer sobre los libros que les gusta leer a los niños.

- ¿Qué información quiere obtener tu bibliotecario sobre los gustos de los niños? Haz una lista de sus ideas.

- Haz un formulario con tus preguntas. Asegúrate que sean fáciles de responder. Deja espacio en el formulario para que también los niños escriban sus ideas sobre otros libros.

Obtén información y organízala

- Pide a todos los niños que llenen el formulario con las preguntas.

- Toma apuntes para recordar sus respuestas.

- Piensa una buena manera de mostrar al bibliotecario las respuestas.

- Cuenta las respuestas de cada pregunta. Usa esos números para hacer una gráfica de barras en tu computadora.

- Haz una lista de las otras ideas que tuvieron los niños. Después escribe oraciones que expresen las ideas principales de lo que averiguaste.

Presenta tu información al bibliotecario

- Habla lenta y claramente. Usa las gráficas de barras y lo que escribiste para presentarle la información.

- Responde las preguntas que te haga.

Libros de lectura

Cómo se hace un libro
por Aliki
No ficción
Este libro dice cómo hacer un libro, desde cómo escribirlo hasta cómo ilustrarlo.
Libro sobresaliente en Artes del lenguaje, elección para niños

¡Entérate!
por Gail Gibbons
No ficción
Entérate de cómo las bibliotecas ayudan a las personas a encontrar los libros y la información que necesitan.
Autora premiada

Repaso acumulativo
Unidad 1–2

Oraciones páginas 24–29

Escribe cada grupo de palabras en un orden que tenga sentido. Empieza y termina correctamente cada oración.

1. mañana el cumpleaños es de amy
2. ken comprarle un regalo quiere
3. a la tienda él va
4. tienda la libros niños tiene para

Partes que nombran y partes que dicen páginas 36–37

Escribe cada oración. Encierra en un círculo la parte nombra. Subraya la parte que dice.

5. Amy y Ken leen libros sobre animales.
6. Ken elige un libro sobre perros.
7. El libro tiene muchas ilustraciones.
8. La bibliotecaria pone el libro en una bolsa.

Tipos de oraciones páginas 54–55, 64–65

Cambia cada oración por el tipo de oración que aparece entre ( ). Escribe la nueva oración.

9. Te gustan los libros sobre animales. *(pregunta)*
10. ¿Puedes leer este libro? *(mandato)*
11. Este dibujo es fantástico. *(exclamación)*
12. Se parece a tu perro. *(pregunta)*

Unidad 2: Nombres

Nombres páginas 96–97, 124–125

Escribe cada oración. Subraya cada nombre. Después escribe si es una persona, un lugar, un animal o una cosa.

13. Nuestra <u>familia</u> se va al campo.

14. Mi <u>mamá</u> nos ayuda a poner nuestra ropa en la <u>maleta</u>.

15. <u>Papá</u> pone nuestra <u>maleta</u> en el coche.

16. Nuestro <u>perro</u> y <u>gato</u> también vienen.

Nombres femeninos y masculinos páginas 100–101

Indica si los nombres subrayados son femeninos o masculinos.

17. María tiene las llaves del coche en la <u>mano</u>.

18. Papá consulta el <u>mapa</u> para ir al campo.

19. Por el camino cantamos una <u>canción</u> muy divertida.

Usa los pronombres personales páginas 136–137

Escribe un pronombre para las palabras subrayadas.

20. <u>Mamá y papá</u> se turnan para manejar.

21. Mi <u>hermano</u> Tony señala el lago.

22. <u>Teresa y Azucena</u> están en la silla de atrás.

23. Mi <u>hermana</u> tiene muchas ganas de llegar.

Nosotros, nosotras páginas 138–139

Escribe el pronombre correcto entre ( ) para completar cada oración.

24. (Nosotros, ellos) corrimos a la orilla del lago.

25. (Nosotros, ellas) sabemos nadar.

Unidad 3

Gramática
- Verbos

Escritura
- Diálogo
- Cuento

CAPÍTULO 13	Verbos en tiempo presente	170
CAPÍTULO 14	Verbos en tiempo pasado	180
CAPÍTULO 15	Escribir un diálogo	190
CAPÍTULO 16	Verbos *ser* y *estar*	198
CAPÍTULO 17	Verbo *tener*	208
CAPÍTULO 18	Escribir un cuento	218

CAPÍTULO 13
Verbos en tiempo presente

¿Qué es un verbo?

Lee el poema.

~En camino~

¿Cómo vamos a caminar hoy?
¿Cómo la rana salta? ¿Cómo el caracol se arrastra?
¿Cómo la ardilla corre con su cola chistosa?

¿Cómo la mariposa aletea? ¿Cómo la gallina picotea?
¿Cómo la tortuga que estira su largo cuello?

¿Cómo la potrilla que trota?
¿Cómo el mono que en los árboles rebota?

¿Cómo el cangrejo se escabuye? ¿Cómo el canguro huye?
¿Cómo el camello que anda moviendo su joroba?

También podríamos tratar una forma nueva:
caminar por la calle con nuestros dos pies.

por Eve Merriam

El poder de las palabras

aletear

Muestra o di las maneras en que puedes caminar. Después escribe palabras que digan otras maneras en que te puedes mover.

Un **verbo** habla sobre una acción.

Salto como una rana.

Me **arrastro** como un caracol.

Escribe un verbo y un animal en cada oración para añadirle líneas al poema.

¿Galopar como un caballo?

¿_____ como un _____?
¿_____ como un _____?
¿_____ como un _____?
¿_____ como un _____?
¿_____ como un _____?

Verbos en tiempo presente

Los pronombres y los verbos

Las terminaciones de los verbos concuerdan con los pronombres. Los verbos **ar**, **er** e **ir** se conjugan así:

	saltar	**correr**	**vivir**
yo	salt**o**	corr**o**	viv**o**
tú	salt**as**	corr**es**	viv**es**
él, ella, usted	salt**a**	corr**e**	viv**e**
nosotros nosotras	salt**amos**	corr**emos**	viv**imos**
ellos, ellas, ustedes	salt**an**	corr**en**	viv**en**

Práctica dirigida

Escribe el verbo correcto.

1. Él (lleva, llevan) un sombrero.
2. Mimí (comes, come) dulces.
3. Lola (salen, sale) de su jaula.
4. Fido (ladra, ladro) mucho.
5. Juán (cuidan, cuida) a sus animales.

Recuerda Los terminaciones de los verbos concuerdan con los pronombres.

Práctica individual

Elige el verbo correcto para completar cada oración.

6. El Sr. y la Sra. Bing (entrena, entrenan) animales.

7. Nosotros (damos, dan) un conejo a las niñas.

8. Las niñas (agradece, agradecen) el conejo a la Sra. Bing.

9. Los animales (ayuda, ayudan) a las personas.

10. Tú (abres, abren) la puerta.

Elige el pronombre que vaya con el verbo. Escribe la nueva oración.

11. (Nosotros, Ellos) juegan con el perro.

12. (Ellas, Yo) juegan con el perro.

13. (Tú, Él) trae el diario a Clara.

14. (Ellos, Él) tienen un gato blanco.

15. (Ella, Ellas) compran helados.

Conexión con la escritura

Usa palabras exactas Haz un dibujo de los animales que hay en una tienda de mascotas. Escribe oraciones y usa verbos para decir exactamente qué están haciendo los animales.

Usa tu computadora para escribir e imprimir las oraciones.

Verbos en tiempo presente

La gramática y la escritura

Combina las oraciones con verbos

A veces las partes que nombran en dos oraciones son iguales. Puedes unir las oraciones usando **y** para que tu escritura sea más fácil de leer y entender.

Molly mira el arbusto.
Molly ve un pájaro.
Molly mira el arbusto y ve un pájaro.

Práctica dirigida

Usa *y* para unir las dos oraciones. Escribe la nueva oración.

1. El guardabosques maneja un jeep.
   El guardabosque mira si hay animales.

2. Nosotros recorremos el bosque.
   Vemos muchas ardillas.

3. Las ardillas llevan nueces.
   Las ardillas trepan los árboles.

4. Nosotros encontramos huellas de ciervos.
   Vemos dos ciervos.

> **Recuerda** Cuando las partes que nombran de dos oraciones son las mismas, puedes unir las oraciones usando *y*.

Práctica individual

**Usa *y* para unir las dos oraciones.
Escribe la nueva oración.**

5. Carlos cepilla los caballos.
   Carlos limpia el establo.

6. Pablo lava los perros.
   Pablo les recorta las uñas.

7. Los veterinarios curan los animales enfermos.
   Los veterinarios chequean los animales sanos.

8. Tanya cuida las abejas.
   Tanya recoge la miel.

9. Los guardabosques ayudan a los animales silvestres. Los guardabosques cuidan el bosque.

10. Algunos científicos estudian el océano.
    Algunos científicos aprenden sobre los peces.

Conexión con la escritura

Revisar Elige algo que hayas escrito en tu Portafolio. Busca los sujetos en tus oraciones. ¿Qué oraciones podrías combinar? Repasa tu escritura.

Usa tu computadora para combinar tus oraciones.

Verbos en tiempo presente

Práctica adicional

Escribe el verbo de cada oración.

1. Mia llama a sus dos gatos.
2. Pedro come todo el tiempo.
3. Pablo descansa casi todo el día.
4. Los dos gatos corren por la casa.

Escribe el verbo entre ( ) para completar cada oración. Cambia la terminación del verbo como corresponda.

5. Mia y Paquito (bañar) a los gatos.
6. Mia (dejar) que Paquito juege.
7. Paco (tocar) los gatos suavemente.
8. Yo (comer) mi merienda.

Une las dos oraciones usando y.

9. El gato maúlla. El gato salta en la falda de Mia.
10. Barney salta. Barney empuja una pelota.

Juego lingüístico

Saca un verbo

- Juega con un compañero.
- Por turnos, tiren dos dados.
- Sumen los números y escojan el verbo correspondiente.
- Usen el verbo en una oración.
- Por cada verbo que usen correctamente obtienen un punto.
- El primero que tenga cinco puntos, gana.

cepillar 2	
abrazar 3	mirar 4
comer 5	enseñar 6
peinar 7	escribir 8
bailar 9	entrenar 10
correr 11	repartir 12

Conexión con la escritura

Lista de cosas para hacer Una lista de cosas para hacer te ayuda a recordar lo que tienes que hacer. Haz una lista de las cosas que tienes que hacer. Comienza cada oración de la lista con un verbo.

Cosas que tengo que hacer
- Hablar con la Sra. Ralph sobre la exposición de arte.
- Jugar fútbol a las 3:30.
- Ver a mamá en su oficina a las 5:00
- Ordenar mis libros antes de cenar.

Verbos en tiempo presente

Repaso del capítulo STANDARDIZED TEST PREP

Elige la respuesta correcta para cada palabra subrayada.

1. El Dr. Jackson <u>trabaja</u> en un hospital de animales.
   a. trabajan
   b. trabajas
   c. Está correcta

2. Yo <u>llevas</u> a Pelusa a revisarlo.
   a. llevo
   b. llevan
   c. Está correcta.

3. El doctor y la enfermera le <u>abre</u> la boca.
   a. abro
   b. abren
   c. Está correcta.

4. Después Pelusa se <u>subimos</u> a una silla.
   a. sube
   b. subo
   c. Está correcta.

Usa *y* para unir las dos oraciones. Escribe la nueva oración.

5. María le da un hueso a Gus. María lo lleva a caminar.

6. Gus está contento. Gus mueve la cola.

Para más actividades con verbos, visita nuestra página web
www.hartcourtschool.com

Vocabulario

Sinónimos de verbos

Un **sinónimo** es una palabra que quiere decir lo mismo o casi lo mismo que otra. Tu escritura será más interesante si usas sinónimos de algunos verbos.

Ellos **caminan** por el lago.
Ellos **pasean** por el lago.
Ellos **andan** por el lago.

Práctica

Escribe un sinónimo de cada verbo subrayado. Después vuelve a escribir la oración.

1. Una osa y sus ositos van al lago.
2. La osa agarra un pez.
3. Los ositos la miran.
4. Los osos suben a una roca.
5. Después comen todo el pescado.

CAPÍTULO 14
Verbos en tiempo pasado

Los verbos que hablan del pasado

Lee el poema.

Paquito

Sembré una semilla
para verla crecer,
me senté en una silla
y esperé hasta el amanecer.

Como la plantita no salía
cansado me dormí.
Pasaron varios días
y de pronto mamá exclamó,
¡Paquito tu semilla germinó!

por Sara Morales

El poder de las palabras

germinar

Piensa en algo que hiciste. Tal vez sembraste una semilla o hiciste una artesanía. Muestra o explica lo que ocurrió. Luego escribe verbos que digan lo que pasó.

> Un **verbo** puede indicar una acción que ocurrió en el pasado.
>
> La semana pasada **jugué** en el parque.
> Ayer **regué** la planta.

Escribe en cada oración un verbo que hable del pasado.

La primavera pasada yo _____ semillas.

Yo _____ la tierra.

Yo _____ todas las malezas.

Todos los días yo _____ las semillas.

Por fin una planta _____.

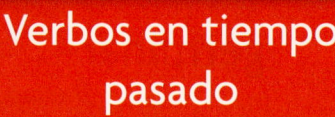

Verbos en tiempo pasado

Más sobre el tiempo pasado

Hay que cambiar la terminación de los verbos para indicar tiempo pasado.

	cant**ar**	com**er**
Yo	cant**é**	com**í**
Tú	cant**aste**	com**iste**
Él, ella, usted	cant**ó**	com**ió**
Nosotros	cant**amos**	com**imos**
Ellos, ellas, ustedes	cant**aron**	com**ieron**

Práctica dirigida

Cambia los verbos el pasado.

1. Ayer nosotros _____ por una montaña. (caminar)

2. Por la mañana yo ____ cereal. (comer)

3. Mis padres (ellos) _____ mi mochila. (empacar)

4. Mi amigo John (él) _____ el camino conmigo. (recorrer)

5. Nosotros _____ toda la tarde. (trepar)

Recuerda Hay que cambiar la conjugación de los verbos para que indiquen tiempo pasado.

Práctica individual

Cambia el verbo para que hable del pasado.

6. Ned _____ sobre las rocas. (saltar)
7. Sara _____ flores. (cortar)
8. Ellos _____ hojas del suelo. (recoger)
9. Nosotros _____ cerca del río. (comer)
10. Yo _____ una hora. (descansar)
11. Ned _____ en el río. (pescar)
12. Él _____ un pez. (sacar)
13. Ned lo _____ de vuelta al agua. (tirar)
14. Ned y Sara _____ una piedra. (mover)
15. Todos _____ a casa por la tarde. (volver)

Conexión con la escritura

Una anotación en tu diario Piensa en alguna caminata que diste. Dibuja lo que hiciste y escribe una oración sobre cada dibujo. Usa verbos que muestren que las cosas ocurrieron en el pasado.

Guarda tu trabajo en la computadora. Puedes añadir detalles más adelante.

Verbos en tiempo pasado La gramática y la escritura

Verbos que terminan en *ir*

Los verbos que terminan en **ir** se conjugan así en el pasado.

	sal**ir**
Yo	sal**í**
Tú	sal**iste**
Él, ella, usted	sal**ió**
Nosotros	sa**limos**
Ellos, ellas, ustedes	sal**ieron**

Práctica dirigida

Cambia el verbo entre ( ) al tiempo pasado.

1. Mi familia _____ ir a acampar. (decidir)

2. Nosotros _____ un sitio fabuloso. (descubrir)

3. Papá _____ la comida. (repartir)

4. Mis hermanos _____ los marshmallows. (dividir)

5. Yo me _____ muchísimo. (divertir)

> **Recuerda** Para que un verbo hable sobre lo que ocurrió en el pasado, debes cambiarle la terminación.

Práctica individual

Cambia el verbo entre ( ) al tiempo pasado.

6. Nosotros _____ al jardín. (salir)

7. Papá _____ la ventana. (abrir)

8. El pájaro _____ un gusano entre sus crías. (repartir)

9. Paco _____ al árbol. (subir)

10. Mamá _____ que tomara fotos. (permitir)

11. Mis amigos se _____ en el jardín. (reunir)

12. Mamá _____ semillas en la grama. (esparcir)

13. Yo _____ en mi diario. (escribir)

14. Por fin el pájaro _____ del nido. (partir)

15. Esto _____ el verano pasado. (ocurrir)

Conexión con la escritura

Repaso Busca una historia en tu Carpeta de escritura y revisa los verbos en el pasado para verificar que los escribiste correctamente.

Destaca los verbos en tiempo pasado que estén incorrectos usando el *mouse* de tu computadora.

Verbos en tiempo pasado

Práctica adicional

Lee cada oración. Cambia el verbo que está entre ( ) para que hable sobre el pasado.

1. Anoche _____. (nevar)
2. Nosotros _____ nuestras mochilas. (recoger)
3. Papá _____ la carpa. (abrir)

Cambia el verbo que está entre ( ) para que hable sobre el pasado.

4. Ted _____ los copos de nieve. (mirar)
5. Mamá _____ el chocolate caliente. (preparar)
6. Papá _____ cuentos. (contar)

Cambia el verbo que está entre ( ) para que hable sobre el pasado.

7. Kendra _____ los cuentos. (grabar)
8. Ella y Ted _____ los títulos. (escribir)
9. Después, Ted _____ por la nieve. (caminar)
10. Kendra _____ ir con él. (prometer)

Juego lingüístico

Actúa el pasado
- Piensa en algo que hiciste la semana pasada.
- Actúalo para un compañero.
- Haz que tu compañero adivine lo que hiciste y que lo diga usando verbos en tiempo pasado.
- Después haz que tu compañero actúe algo para que tú lo adivines.

Conexión con la escritura

Escribe una carta Escribe una carta a un amigo. Dile a tu amigo lo que hiciste el fin de semana pasado. Recuerda escribir los verbos en tiempo pasado. Utiliza la siguiente carta como modelo.

> 62 Sea Drive
>
> Orlando, Florida 32887
>
> 5 de marzo del 2000
>
> Querido Sam:
>
> El sábado limpié mi habitación. Después ayudé a mi papá a arreglar mi bicicleta. Más tarde toda la familia miró una película muy buena. ¿Qué hiciste tú el fin de semana?
>
> Saludos para todos.
>
> Tito

Verbos en tiempo pasado

Repaso del capítulo STANDARDIZED TEST PREP

Elige la oración que hable sobre algo que ocurrió en el pasado.

1. Jane disfruta su caminata.
   a. Jane disfrutó su caminata.
   b. Jane disfruté su caminata.
   c. Está correcta.

2. Ella caminó por el bosque.
   a. Ella camina por el bosque.
   b. Ella caminaron por el bosque.
   c. Está correcta.

3. Jane ve un ciervo.
   a. Jane vio un ciervo.
   b. Jane ví un ciervo.
   c. Está correcta.

4. Ella encontró un conejo.
   a. Ella encontré un conejo.
   b. Ella encontraste un conejo.
   c. Está correcta.

5. Sus amigos corren con ella.
   a. Sus amigos corrieron con ella.
   b. Sus amigos corrimos con ella.
   c. Está correcta.

6. Ellos suben una loma.
   a. Ellos subió una loma.
   b. Ellos subieron una loma.
   c. Está correcta.

Para más actividades con verbos en tiempo pasado visita nuestra página web en
www.harcourtschool.com

Destrezas de estudio

Cómo usar un diccionario

Las palabras en un diccionario se llaman **vocablos**. Los vocablos van en orden alfabético. Si una palabra tiene más de dos significados, cada significado está numerado. A veces se da una oración de ejemplo para aclarar más el significado.

vocablo — significado — oración de ejemplo

coche 1. Automóvil: **Fuimos a Nueva York en coche 2.** Carrito de bebé: **Sacamos al bebé a pasear en coche.**

Práctica

Usa el diccionario para responder las preguntas.

1. ¿Cuál es el primer significado de la palabra *coche*?

2. ¿Cuál es el segundo significado?

3. ¿Qué vocablo vendría después de **coche:** *cantar*, *cuna* o *cinta*?

4. ¿Cuál es la oración de ejemplo para el primer significado de *coche*?

5. Escribe tu propia oración de ejemplo para el segundo significado de *coche*.

CAPÍTULO 15
Escribir un diálogo

El arte de escribir

El uso del guión

Muchos cuentos tienen un diálogo. En un **diálogo** se escriben las palabras exactas que los personajes se dicen. El diálogo ayuda al lector a entender mejor cómo son los personajes.

En un diálogo, las palabras exactas de un personaje se escriben entre **guiones** (—). En la oración se escribe la palabra *dijo* o *gritó* para indicar cómo dijo la palabra el personaje.

Lee el siguiente diálogo. ¿De qué manera te ayudan las palabras de los personajes a saber cómo son ellos?

La máquina voladora

de George y Martha

por James Marshall

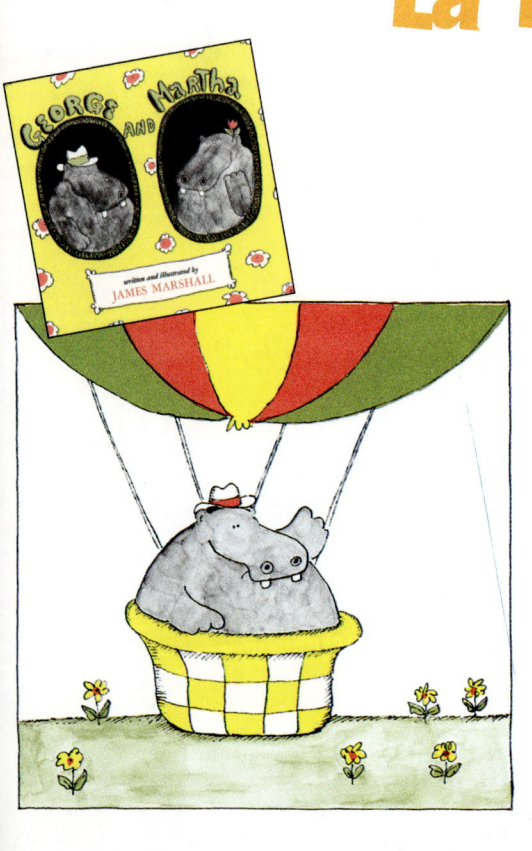

—¡Voy a ser el primero de mi especie en volar! —dijo George.

—Entonces, ¿por qué no estás volando? —le preguntó Martha.

—A mí me parece que todavía estás en el suelo.

—Tienes razón, —dijo George—. Me parece que no estoy yendo a ninguna parte. —¡Ay, no! —gritó George.

—Todo está bien, —dijo Martha.

190

> **El poder de las palabras**
>
> especie

—Tal vez el cesto es demasiado pesado, —dijo Martha.

—Sí, —dijo George—, creo que tienes razón otra vez. Tal vez si me bajo, el cesto será más liviano.

—¡Ay, no! —gritó George—, ¿qué hice? ¡Mi máquina voladora se escapó!

—No importa, —dijo Martha—, prefiero tenerte aquí abajo conmigo

Lee el diálogo en voz alta con un compañero como si fueran George y Martha. Lean solamente las palabras exactas de los personajes.

Piénsalo

1. ¿Qué siente George por Martha, y Martha por George? ¿Cómo lo sabes?
2. ¿Cómo puedes decir quién está hablando en este diálogo?

Escribir un diálogo

El arte de escribir

El uso del guión

El diálogo ayuda al lector a saber cómo son los personajes y lo que sienten. Los guiones muestran exactamente dónde empiezan y dónde terminan las palabras que dice la persona que habla. Los verbos exactos, como *gritó*, dan más detalles sobre lo que sienten los personajes. Los escritores quieren que sus personajes suenen como personas reales; por eso emplean palabras que la gente usa todos los días.

A. ¿Qué palabras usarías para demostrar los siguientes sentimientos? Escribe una oración para decir tus palabras exactas. Sigue el ejemplo.

1. dolorido —¡Ay, eso arde!—
2. contento
3. triste
4. enfadado
5. sorprendido
6. asustado

B. Escribe un verbo exacto para cada oración en la parte A que exprese cómo lo dirías. Usa el Banco de palabras o tu Diccionario de sinónimos para ayudarte.

—¡Ay, eso arde! —grité.

Banco de palabras

pregunté	susurré
grité	lloré
exclamé	chillé
llamé	reí

C. Lee el párrafo a continuación. Después escribe oraciones para este párrafo en forma de diálogo. Hemos empezado un diálogo para que te sirva de guía.

A Ray se le quedó la cola atrapada en la puerta. Pidió ayuda a Miriam. Ella pensó que lo mejor sería abrir la puerta. Miriam abrió la puerta para que Ray pudiera sacar la cola. Después le preguntó si la cola le dolía menos. Ray dijo que sí y agradeció a Miriam su ayuda.

> —¡Ay! —gritó Ray.
> —¿Qué te pasa? —preguntó Miriam.

Pensar y escribir

Reflexiona ¿Qué te ayudó a escribir un diálogo del párrafo? Escribe tus ideas y compártelas con un grupo de compañeros.

Escribir un diálogo

El arte de escribir

Practica el arte de escribir

Lee el diálogo que escribió un estudiante de segundo grado. Piensa cómo el diálogo muestra los sentimientos del personaje.

La adivinanza

—¡Qué lindo día! —dijo Carlos sonriendo—. El sol brilla. Los pajaritos cantan.

—Eso me hace pensar en una adivinanza —dijo Miguel.

—¡Oh, no! —se quejó Carlos—. ¡Otra de tus adivinanzas!

—Tres pájaros parados en una cerca —dijo Miguel.

—Ahora, ¿cuál es la diferencia entre *aquí* y *allí*?

Mira el modelo

1. ¿Cómo se sienten Carlos y Miguel en las diferentes partes del diálogo? ¿Cómo lo sabes? ¿Qué palabras indican lo que sienten los personajes?

2. ¿Cuándo te has sentido como se sienten los personajes? ¿Crees que el escritor también se ha sentido así? ¿Por qué?

Ahora te toca a ti

Escribe un diálogo para tus compañeros sobre dos personajes y algo gracioso que les pasó.

Antes de escribir y hacer el borrador

PASO 1 Desarrolla tus ideas

Piensa en dos personajes interesantes. ¿Cómo son? ¿Qué problema pueden tener?

PASO 2 Haz una lluvia de ideas sobre lo que los personajes se dicen entre sí.

Haz dibujos de tus personajes. Piensa cómo se sienten. Escribe las palabras que dirían.

PASO 3 Escribe tu borrador.

Usa *Lo que hacen los buenos escritores* para ayudarte. Incluye diálogo que le ayuda al lector a entender cómo es cada personaje.

Lo que hacen los buenos escritores

 Piensa para quiénes escribes y por qué.

 Sigue tu plan.

Manual del estudiante
Usa tu Libro de sinónimos para encontrar palabras que usarás en el diálogo.

Escribir un diálogo

El arte de escribir

Edita tu diálogo

Lee tu diálogo con un compañero o un grupo de compañeros. Habla sobre cómo podrías mejorarlo. Usa la lista de verificación y las Marcas editoriales para corregirlo.

 Mi diálogo emplea lenguaje común y muestra lo que sienten los personajes.

 Mi diálogo emplea guiones.

 Los guiones están escritos correctamente.

Marcas editoriales	
	Cambiar
	Quitar
	Usar mayúscula
	Añadir una coma
	Añadir guiones

Comparte con otros

Reúnete con un compañero o un grupo pequeño de compañeros y comparte tu diálogo. Léelo en voz alta. Usa tu voz para mostrar cómo se diría un diálogo.

Caligrafía

Uso correcto de márgenes y espacios entre palabras y oraciones.

Sigue estos consejos. Asegúrate de dejar suficiente espacio entre palabras y oraciones.

- Empieza a escribir a la derecha de la línea roja, pero deja un espacio del ancho de un lápiz.

- El espacio entre las palabras y las oraciones debe ser del ancho de un lápiz.

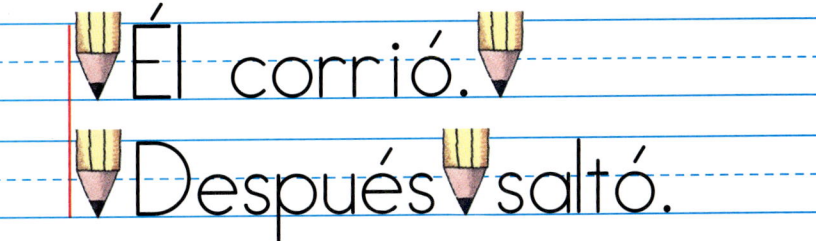

Escribe las siguientes oraciones con tu mejor letra. Sigue los consejos para dejar suficiente espacio.

Kim habló con papá.

Kim contó un cuento.

A papá le gustó.

CAPÍTULO 16

Verbos *ser* y *estar*

Los verbos *ser* y *estar*

Lee el poema.

Estoy corriendo en círculos

Estoy corriendo en círculos
mis pies están cansados,
mi cabeza
gira
gira,
como nunca ha girado.
Estoy
mareada
mareada
mareada.
¡Ay! Aún no canto victoria,
porque todavía estoy atrapada
girando
girando
en una puerta giratoria.

      Jack Prelutsky

Usa las palabras *estoy*, *está* y *están* para decir lo que pasa en el poema y lo que podría ocurrir después.

El poder de las palabras

girar

> Algunos verbos no muestran acción. Describen algo o a alguien.
>
> **Estoy** muy mareado.
> Ella **está** cansada de girar.
> Mis pies **están** adoloridos.

Escribe cómo te sentirías si estuvieras girando y girando en círculos.

Estoy harto de dar vueltas
　　girando
　　girando
　　girando.

Estoy _____
　　_____
　　_____
　　_____.

Mi cabeza me está _____.

Mis pies están _____.

¡Estoy listo para parar!

199

Verbos *ser* y *estar*

Los verbos *ser* y *estar* en tiempo presente

Ciertos verbos muestran cómo es alguien o algo. El verbo **ser** dice cómo es algo o alguien siempre o casi siempre. El verbo **estar** dice cómo es algo o alguien temporalmente o indica lugar.

Yo **soy** alto. Yo **estoy** triste.

	Ser	Estar
yo	soy	estoy
él, ella, usted	es	está
ellos, ellas, ustedes	son	están

Práctica dirigida

Elige el verbo correcto para completar cada oración.

1. Yo (soy, estoy) afuera con mi primo.
2. El tiempo hoy (es, está) muy soleado.
3. Los patos del lago (son, están) blancos.
4. Me siento alegre cuando el sol (es, está) brillante.
5. Mi primo (es, está) un niño muy alegre.

> **Recuerda** El verbo *ser* dice cómo es una persona o cosa siempre o casi siempre. El verbo *estar* dice cómo es una persona o cosa temporalmente o indica lugar.

Práctica individual

Usa el verbo correcto para completar cada oración.

6. Dos ranas (son, están) junto al charco.
7. Una rana (es, estoy) verde.
8. Peter y Virginia (son, están) en el agua.
9. Los peces en el charco (están, son) rojos y amarillos.
10. Yo (estoy, soy) en un bote con mi tía Sue.
11. Mi tía Sue (es, está) maestra.
12. (Soy, Estoy) al lado de mi tía Sue.
13. Ella (está, es) aquí para enseñarme sobre los animales.
14. Algunos patos (son, están) cerca del bote.
15. (Estoy, Están) contento de aprender sobre los patos.

Conexión con la escritura

Escribe sobre ti mismo Haz un dibujo de ti mismo y de algunos de tus compañeros de clase. Después escribe oraciones que digan cómo son o están. Fíjate si estás empleando los verbos **ser** y **estar** correctamente.

Puedes escoger diferentes tipos y estilos de letras para escribir e imprimir tus oraciones.

Verbos *ser* y *estar* — La gramática y la escritura

Los verbos *ser* y *estar* en tiempo pasado

Algunas formas del verbo *ser* en tiempo pasado son **era** y **eran**. Algunas formas de *estar* son **estaba** y **estaban**. El bebé **era** casi siempre juicioso pero **estaba** con hambre.

	Ser	Estar
yo	era	estaba
él, ella, usted	era	estaba
ellos, ellas, ustedes	eran	estaban

Práctica dirigida

Escribe el verbo entre () correctamente.

1. Yo _____ en la playa. (estar)
2. Mi toalla _____ tibia. (estar)
3. El agua _____ fría. (estar)
4. Las olas _____ grandes. (ser)
5. Las dunas _____ pequeñas. (ser)

202

> **Recuerda** El verbo *ser* habla de algo más permanente que el verbo *estar*. *Estar* también indica lugar.

Práctica individual

Escribe el verbo en tiempo pasado.

6. La playa _____ limpia. (estar)
7. El mar _____ azul. (estar)
8. Mis padres _____ conmigo. (estar)
9. El animal en la arena _____ un cangrejo. (ser)
10. Algunos cangrejos _____ rojos. (ser)
11. Un pez _____ cerca. (estar)
12. Las pinzas de los cangrejos _____ grandes. (ser)
13. La arena _____ caliente. (estar)
14. Los niños _____ hermanos. (ser)
15. Ustedes _____ debajo de una sombrilla. (estar)

Conexión con la escritura

Usa los verbos correctos Imagina que fuiste a la playa el verano pasado. Escribe oraciones sobre lo que viste allí. Usa correctamente los verbos **ser** y **estar** en tiempo pasado.

Cambia *está* y *es* por *estaba* y *era*. Para ello ve a **Edit** en el menú y escoge **Replace**.

Verbos *ser* y *estar*

Práctica adicional

Elige *son*, *están*, *está* o *estoy* para completar cada oración.

1. Los pájaros _____ de muchos colores.
2. _____ en la playa.
3. Éste _____ hambriento.
4. ¡Yo también _____ hambriento!

Escribe *estaba* o *estaban* para completar cada oración.

5. Mis padres _____ recostados sobre una manta.
6. Mamá _____ dormida.
7. El cangrejo _____ junto a su pie.

Lee cada oración. Escribe el verbo correcto para completarla.

soy	estoy	estaba	estaban	están

8. _____ cansado.
9. El mar _____ lleno de olas.
10. Ahora todos _____ de vuelta en casa.

Juego lingüístico

Habla sobre las fotografías

- Trae dos fotografías de ti mismo, o haz dos dibujos. Una debe mostrarte cómo eres ahora y la otra debe mostrarte cuando eras bebé.
- Muestra una fotografía y habla sobre ti mismo. Después habla sobre la otra fotografía.
- Usa los verbos correctamente.

Conexión con la escritura

Escribe una descripción Piensa en una persona o animal que conoces bien. Escribe oraciones que indiquen cómo es esa persona o ese animal. Verifica que hayas usado correctamente los verbos *ser* y *estar*.

Tigre, mi gato

Mi gato se llama Tigre. Tigre es blanco y negro. Sus ojos son amarillos, y su nariz es rosada. Sus garras son afiladas. Tigre era gracioso cuando era un gatito. Ahora es un gato grande.

Verbos *ser* y *estar*

Repaso del capítulo STANDARDIZED TEST PREP

Elige la mejor respuesta para cada palabra subrayada.

1. Mi bolso rojo <u>está</u> lleno.
   a. están
   b. es
   c. Está correcta

2. <u>Soy</u> listo para salir.
   a. Estoy
   b. Son
   c. Está correcta

3. Mis dos hermanos también <u>está</u> listos.
   a. estoy
   b. están
   c. Está correcta

4. El año pasado no <u>están</u> listos para salir a tiempo.
   a. estuvieron
   b. estaba
   c. Está correcta

5. Mi padre <u>era</u> enfadado.
   a. estaba
   b. estaban
   c. Está correcta

6. El tren <u>era</u> muy largo.
   a. estaba
   b. eran
   c. Está correcta

7. Mi casa <u>eran</u> muy pequeña.
   a. era
   b. estaba
   c. Está correcta

8. Viajar en tren <u>es</u> divertido.
   a. estabamos
   b. eran
   c. Está correcta

Para más actividades con verbos, visita nuestra página web en:
www.harcourtschool.com

Destrezas de estudio

Cómo hacer una prueba

Muchas escuelas hacen pruebas del idioma. Aquí ves las partes de una prueba.

instrucciones — **Elige la mejor respuesta para cada palabra subrayada.**

palabra importante

1. Muchas conchas <u>eran</u> rosadas.

   a. es   b. era   c. Está correcta

respuestas

Sigue estas sugerencias.
- Lee o escucha todas las instrucciones.
- Planifica tu tiempo. Contesta lo fácil primero. Luego contesta lo difícil.
- Busca las palabras importantes en la pregunta. Esto te ayudará a encontrar la respuesta correcta.
- Lee todas las respuestas posibles. Entonces elege la mejor.

Práctica

Lee cada oración. Escribe *Cierto* si lo que dice es verdad. Escribe *Falso* si es falso.

1. Antes de comenzar una prueba, debes leer todas las instrucciones.
2. Las instrucciones explican cómo hacer la prueba.
3. Debes contestar las preguntas difíciles primero.
4. Debes leer todas las respuestas antes de elegir una.

CAPÍTULO 17

Verbo *tener*

El verbo *tener*

Lee el poema.

Si tuvieras . . .

El gato tiene cuatro
El pájaro tiene dos.
Si la culebra las tuviera,
¿qué podría hacer?

El gusano no tiene ningunas.
La abeja tiene dos.
Su tú las tuvieras,
¿qué podrías hacer?

Los delfines las tienen.
Las ballenas también.
Si nosotros las tuviéramos,
¿qué podríamos hacer?

por Kathryn Corbett

El poder de las palabras

ajustar

Piensa en un animal que te gusta. Habla sobre las cosas que tiene el animal y que tú no tienes. ¿Qué puede hacer el animal con esas cosas?

Algunos verbos no muestran acción. Muestran que algo le pertenece a alguien.

Ella **tiene** un libro sobre elefantes.

Yo **tuve** un conejo.

Nosotros **tenemos** dos gatos.

Escribe sobre otro animal para añadirle líneas al poema.

Si tuvieras _____ en lugar de

_____ podrías _____.

Si tuvieras _____ donde tienes

_____ podrías _____.

Si tuvieras _____ en el medio de

_____ podrías _____.

¿Galopar como un caballo?

¿_____ como _____?

¿_____ como _____?

¿_____ como _____?

¿_____ como _____?

¿_____ como _____?

Formas del verbo *tener*

El verbo *tener* en tiempo presente.

Las formas del verbo **tener** que hablan sobre lo que pasa ahora cambian de acuerdo al sujeto.

Sujeto	Ahora
yo	tengo
tú	tienes
él, ella, usted	tiene
nosotros(as)	tenemos
ellos, ellas, ustedes	tienen

Práctica dirigida

Escribe *tenemos*, *tiene*, *tienen* para completar la oración.

1. Nosotros _____ una serpiente.

2. Pat _____ ahora una caja para la serpiente.

3. La mayoría de las serpientes _____ la lengua puntiaguda.

4. Juan y Mario _____ una tortuga en una caja.

5. Ustedes _____ comida para la tortuga.

> **Recuerda** Los formas del verbo tener en tiempo presente cambian de acuerdo al sujeto.

Práctica individual

Escribe las formas correctas del verbo tener.

6. Marta y yo _____ muchos animales.
7. Ella _____ canarios amarillos.
8. Los conejos _____ piel blanca.
9. Ustedes también _____ conejos.
10. Yo _____ dos jaulas.
11. Nosotras _____ mucho trabajo.
12. Tú _____ el conejo más grande.
13. José _____ el más pequeño.
14. Ustedes _____ un gato.
15. Nosotros _____ una pecera.

Conexión con la escritura

Escribe información Dibuja un animal que tienes o que te gustaría tener en tu casa. Escribe lo que sabes sobre el animal y habla sobre el lugar donde vive. Usa el verbo tener correctamente.

Usa un programa de dibujo en una computadora para hacer un dibujo de tu animal favorito.

Formas del verbo *tener*
La gramática y la escritura

El verbo *tener* en tiempo pasado.

Las formas del verbo tener que hablan del pasado son diferentes a las que hablan de lo que pasa ahora.

Sujeto	En el pasado
yo	tuve
tú	tuviste
él, ella, usted	tuvo
nosotros(as)	tuvimos
ellos, ellas, ustedes	tuvieron

Práctica dirigida

Cambia la forma del verbo tener del presente al pasado.

1. Tami <u>tiene</u> una clase de natación.
2. Yo <u>tengo</u> deseos de nadar.
3. Ustedes <u>tienen</u> clase de natación.
4. Tami <u>tiene</u> una máscara.
5. Sus amigos <u>tienen</u> que irse.

Recuerda Elige la forma del verbo *tener* que concuerde con el sujeto de la oración.

Práctica individual

Decide si el verbo está usado correctamente. Escribe correctamente las oraciones incorrectas.

6. El océano tiene muchos animales.
7. Ahora tuve fotos del océano.
8. Ahora tuviste tiempo para mirarlas.
9. El delfín en la foto tiene dientes pequeños.
10. Ese pez tiene rayas.
11. Antes ustedes tienen una pecera.
12. El año pasado tengo cinco peces.
13. Ahora mi pecera tiene sólo tres peces.
14. El pez estrella tiene cinco brazos.
15. Yo tiene que limpiar mi pecera hoy.

Conexión con la escritura

Revisar Elige algo que has escrito en tu Portafolio. Fíjate si usaste las formas del verbo *tener* correctamente. Corrige las oraciones que tengan errores.

Utiliza el corrector de gramática de tu computadora para ver en qué oraciones usaste alguna forma del verbo *tener* incorrectamente.

Formas del verbo *tener*

Práctica adicional

Escribe la forma correcta del verbo *tener* para completar cada oración.

1. Nosotros _____ un charco cerca de nuestra casa.
2. Hoy el charco _____ ranas.
3. Las ranas _____ cuatro patas.
4. Tú _____ pulmones para respirar aire como las ranas.
5. Hace dos meses las ranas _____ renacuajos en el charco.
6. Ayer Paco _____ que sacar una rana del charco.

Decide si el verbo *tener* está usado correctamente. Escribe correctamente las oraciones que están mal.

7. El charco tenemos muchas piedras.
8. Las piedras tiene salamandras encima.
9. Vi una salamandra que tiene manchas.
10. El verano pasado el charco siempre tuvo muchos animales.

Juego lingüístico

¿Cuántos tengo?

- Juega este juego con otros jugadores.
- El primer jugador esconde unas fichas en el puño. Después les pregunta a los demás jugadores "¿Cuántas tengo?"
- El jugador que adivine lo más aprroximado esconde las fichas.
- Después que todos los jugadores hayan tenido un turno, hablen sobre el número de fichas que *tuvieron*. ¿Quién *tuvo* más? ¿Quién *tuvo* menos? Verifica que uses correctamente el verbo *tener* en el pasado.

Conexión con la escritura

Cuenta lo que ocurrió a lo largo del tiempo. Cuenta lo que ocurrió a lo largo de tu vida. Usa este ejemplo como un modelo.

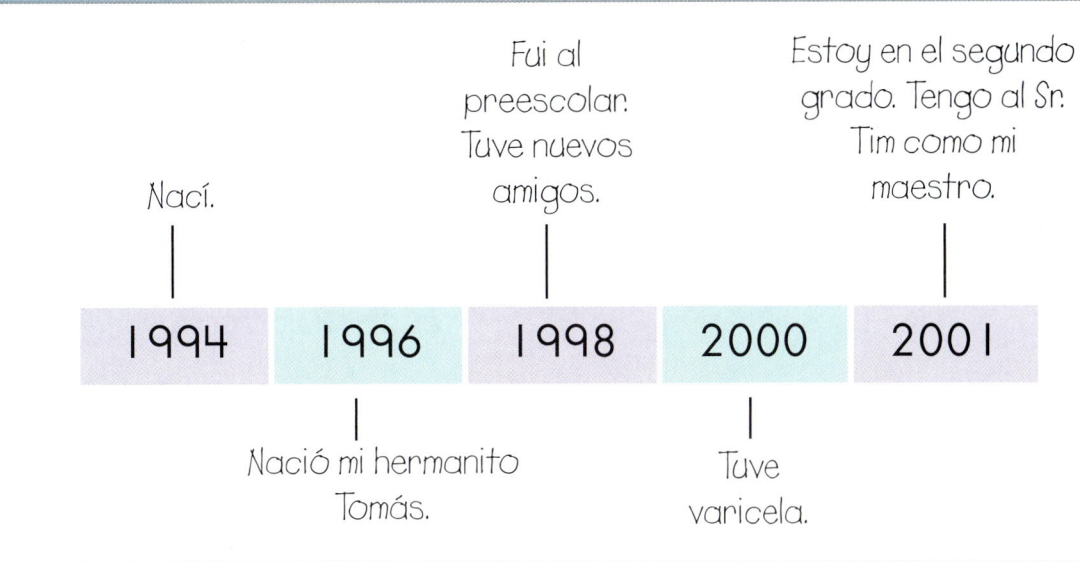

Formas del verbo *tener*

Repaso del capítulo

STANDARDIZED TEST PREP

Elige la mejor respuesta para cada palabra subrayada.

1. Hoy la lechuza <u>tiene</u> el ala lastimada.
   a. tuvo
   b. tienen
   c. Está correcta.

2. Las alas <u>tiene</u> tierra.
   a. tienen
   b. tuvo tenía
   c. Está correcta.

3. Ahora la lechuza <u>tuvo</u> el ala limpia y sana.
   a. tiene
   b. tuvieron
   c. Está correcta.

4. El año pasado nosotros <u>tenemos</u> otros animales en el refugio.
   a. tuvimos
   b. tienen
   c. Está correcta.

5. Este año los animales <u>tiene</u> un buen veterinario.
   a. tienen
   b. tenemos
   c. Está correcta.

6. Hoy el veterinario <u>tiene</u> mucho trabajo.
   a. tuvieron
   b. tienes
   c. Está correcta.

Para más actividades con el verbo tener visita nusetra página web:
www.harcourtschool.com

Tecnología

Cómo corregir en una computadora

El programa de procesamiento de palabras te ayuda a revisar y corregir tus escritos. Puedes usarlo para copiar palabras o para moverlas de una parte del documento a otra. Para mover palabras tienes que destacarlas primero. Usa **Cut** o **Copy** para copiarlas, luego **Paste** para pegarlas en otro lugar.

Práctica

Escribe estas notas en tu computadora. Luego mueve las palabras para que queden en mejor orden. Agrega números y otras palabras que necesites.

Notas

más alto, más grande, cuerpo crece, cambia
más fuerte, más pesado
adulto   niño
adolescente   bebé
personas crecen, cambian

Documento 1

1. El cuerpo crece y cambia.
   - Se pone más alto y más grande
   -

2. Las personas crecen y cambian.
   - bebé
   -
   -
   -

CAPÍTULO 18
Escribir un cuento

¿Qué hace que un cuento sea bueno? La mayoría de los buenos cuentos tiene personajes bien definidos, un problema interesante que resolver y un buen final. Piensa en estas ideas a medida que leas este cuento.

Selección premiado por los niños

Dos oseznos glotones

adaptado del folklore húngaro
por Mirra Ginsburg
ilustrado por José Aruego y Ariane Dewey

—Tengo sed, —dijo uno de ellos.

—Yo tengo más sed, —dijo el otro.

El poder de las palabras

criatura

Pusieron la cabeza en el agua y bebieron.

—Tú bebiste más, —gritó uno, y bebió más.

—Ahora tú bebiste más, —gritó el otro, y bebió más. Así que bebieron y bebieron y sus barriguitas crecieron y crecieron, hasta que una rana asomó la cabeza del agua y se rió.

—¡Mira esos oseznos barrigones! Si beben más, estallarán!

Los oseznos se sentaron en la hierba y se miraron las barriguitas.

—Me duele la barriga!, —dijo uno.

—A mí me duele más, —dijo el otro.
Lloraron y lloraron hasta que se durmieron.

Por la mañana se despertaron sintiéndose mejor y siguieron su viaje.

—Tengo hambre, —dijo uno.

—Yo tengo más hambre, —dijo el otro.

De repente vieron un gran queso redondo a la vera del camino. Querían dividirlo, pero no sabían cómo cortarlo en partes iguales. Cada uno temía que el otro recibiera el pedazo más grande.

Discutieron y gruñeron y empezaron a pelear, hasta que llegó una zorra.

—¿Por qué están discutiendo? —preguntó el astuto animal a los oseznos.

—No sabemos cómo dividir el queso para que los dos tengamos partes iguales.

—Eso es fácil, —dijo la zorra—. Yo les ayudaré. Tomó el queso y lo partió en dos. Lo cortó de manera tal que un pedazo era más grande que el otro, y los oseznos gritaron: —¡Ése es más grande!

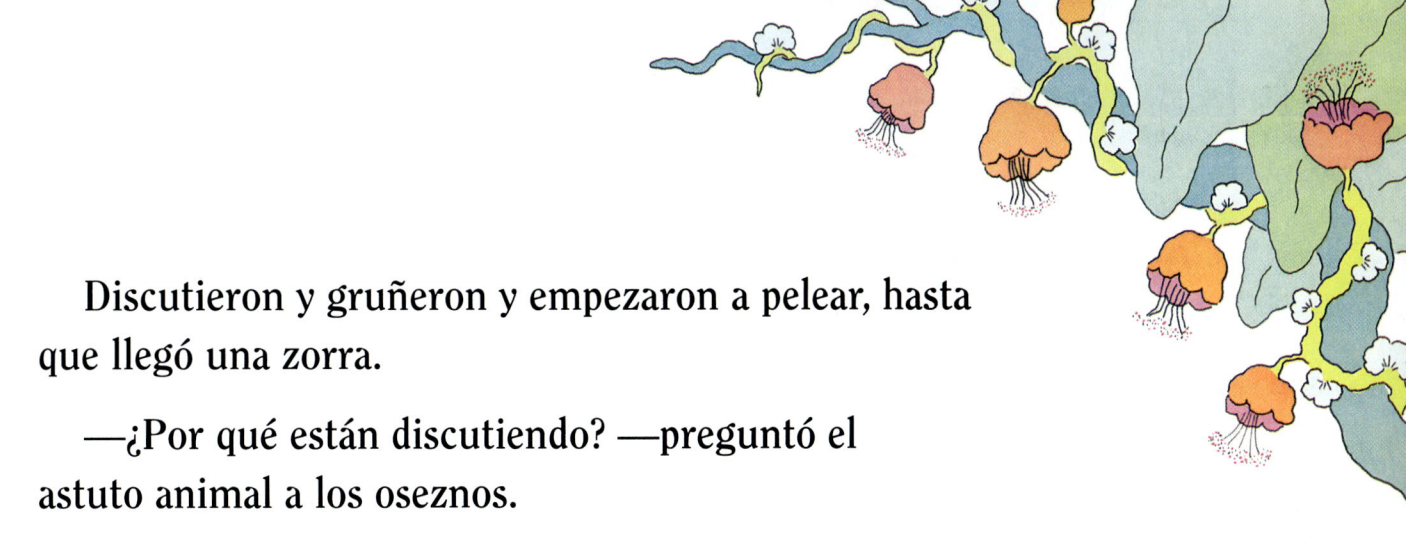

—No se preocupen, sé lo que hay que hacer. Dio un gran mordisco al pedazo más grande.

—¡Ahora ese es más grande!

—¡Tengan paciencia! Dio un mordisco al segundo pedazo.

—¡Ahora éste es más grande!

—Esperen, esperen, —dijo la zorra con la boca llena de queso—. Dentro de un momento serán iguales. Dio otro mordisco y luego otro.

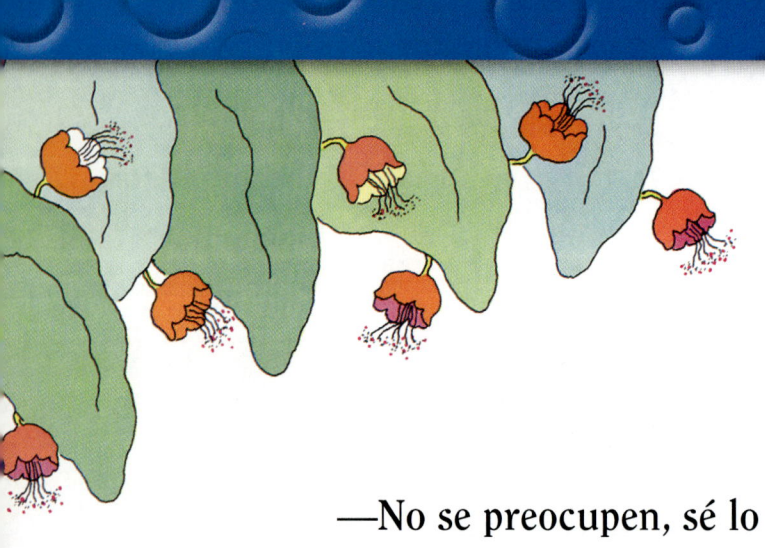

Los oseznos apuntaban sus naricillas negras del pedazo más grande al más pequeño y del más pequeño al más grande.

—¡Ahora éste es más grande!

—¡Ahora éste es más grande!

La zorra siguió dividiendo el queso hasta que no pudo comer más.

—Ahora, ¡que les aproveche, amigos! —Y levantando la cola, se alejó muy satisfecha.

Lo único que quedaba del gran queso redondo eran dos migajas . . .

¡pero eran iguales!

Piénsalo

1. ¿Qué parte del cuento te gustó más?

   Léesela a un compañero.

2. ¿Por qué bebieron tanta agua los oseznos? ¿Cómo lo sabes? ¿Por qué al final la zorra se comió todo el queso?

La lectura y la escritura

Partes de un cuento

Un buen cuento tiene un **principio**, una parte **media** y un **final**.

Las personas o los animales del cuento son sus **personajes**.

El **escenario** es el lugar y el tiempo en que sucede el cuento.

En una hoja de papel, completa el bosquejo del cuento Dos oseznos golosos.

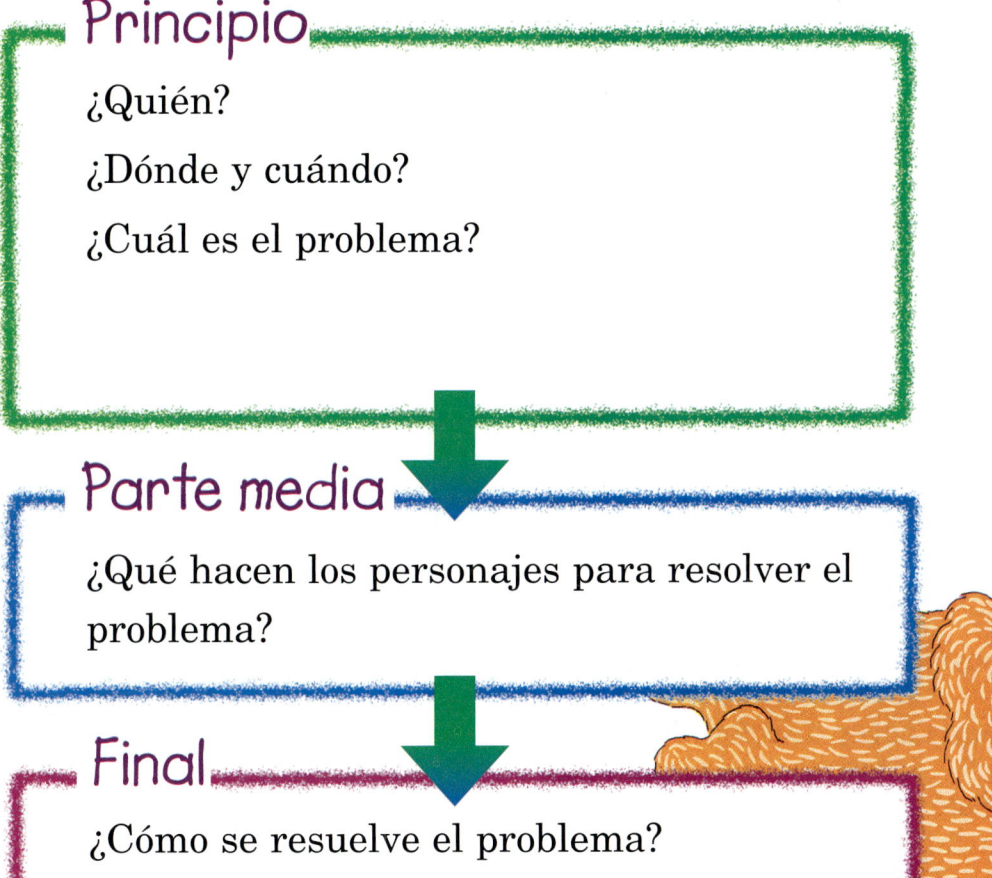

Principio
- ¿Quién?
- ¿Dónde y cuándo?
- ¿Cuál es el problema?

Parte media
- ¿Qué hacen los personajes para resolver el problema?

Final
- ¿Cómo se resuelve el problema?

La lectura y la escritura

Modelo de un estudiante

A Pam le gustó leer el cuento sobre los dos oseznos. Ella también escribió un cuento. Lee el cuento de Pam y piensa en sus partes.

El hueso de Clancy
Por Pam Jones

Al despertar una mañana, Clancy vio que había un hueso grande y apetitoso en su tazón. Rápidamente hizo un hueco en la tierra y enterró el hueso. Más tarde ese mismo día, Clancy fue a buscar su hueso. Cuando llegó allí, vio que había desaparecido. ¡Su amiga Nancy estaba mordisqueando su hueso!

Clancy dijo: —¡Grrr! Devuélveme mi hueso.
—Tironeó una punta del hueso.
Nancy dijo: —¡Grrr! Es mi hueso. ¡Yo lo encontré!
—Ella tiró de la otra punta del hueso.

Clancy y Nancy tiraron y tiraron hasta que se cansaron. Clancy y Nancy decidieron que nunca se volverían a pelear por un hueso.

El título da una idea del tema del cuento.

El principio dice cuáles son los personajes del cuento y cuál es el problema

La parte media dice la manera en que los personajes tratan de resolver el problema.

El final dice cómo se resolvió el problema.

El diálogo ayuda a mostrar cómo son los personajes.

Mira el modelo

1. ¿Cuál es el título del cuento de Pam?
2. ¿Cuáles son los personajes principales?
3. ¿Cuál es el problema?
4. ¿Quién es el otro personaje importante en el cuento? ¿Cómo ayuda a resolver el problema?
5. ¿Qué deciden hacer Clancy y Nancy al final del cuento?

El arte de escribir

Citas que muestran los sentimientos.

Pam empleó el diálogo para mostrarte cómo son los personajes. Encuentra el diálogo en el cuento de Pam.

- ¿Qué dice Clancy?
- ¿Qué dice Nancy?
- ¿Por qué crees que los perros gruñen?
- ¿Cómo se sienten?
- ¿De qué manera sus palabras te muestran estas cosas?

CAPÍTULO 18
Escribir un cuento

Taller de escritura

Antes de escribir

Antes de escribir su cuento, Pam hizo una lista de personajes y de los problemas que podrían tener. Luego escribió y dibujó sus ideas.

Pam pensó en sus compañeros, que serían los lectores de su cuento. Sabe que les gustan los perros, así que decidió escribir sobre perros peleando por un hueso. Después rellenó este bosquejo del cuento para poner sus ideas en orden.

Principio

¿Quién? dos perros

¿Cuándo y dónde? ahora, en un jardín

¿Cuál es el problema? Los dos perros quieren mordisquear el hueso.

Parte media

¿Qué hacen los personajes para resolver el problema?

Los dos tiran del hueso sin soltarlo.

Final

¿Cómo se resuelve el problema?

Viene un perro más grande y les roba el hueso.

Ah*o*ra te toca a ti

PASO 1 **Piensa en ideas para un cuento**

Haz una lista de personajes interesantes y de los problemas que pueden tener. Escribe o dibuja las ideas para el cuento.

PASO 2 **Elige una idea para un cuento**

Elige un personaje interesante y un problema.

PASO 3 **Rellena un bosquejo del cuento.**

Lo que hacen los buenos escritores

✓ Recuerda para quién escribe y por qué.

✓ Haz un plan.

Principio
¿Quién?
¿Cuándo y dónde?
¿Cuál es el problema?

Parte Media
¿Qué hacen los personajes para resolver el problema?

Final
¿Cómo se resuelve el problema?.

Escribir un cuento

Hacer el borrador

Pam usó las ideas en el bosquejo de su cuento para escribir el primer borrador. Un primer borrador es el primer intento. Ella escribió rápidamente para que no se le escapara ninguna idea. Pódia arreglar los errores después.

Borrador

El hueso de Clancy

Al despertar, Clancy vio que había un hueso grande y apetitoso en su tazón. Rápidamente hizo un hueco en la tierra y enterró el hueso. Clancy fue a buscar su hueso. Cuando llegó allí vio que había desaparecido. Su amiga estaba mordisqueando su hueso.

Clancy dijo: ¡Grrr! Devuélveme mi hueso. Tironeó una punta del hueso.

Clancy y Nancy tiraron y tiraron hasta que se cansaron. Después, vino un perro grande

Mira cómo el cuento de Pam sigue hasta ahora el bosquejo de su cuento. ¿Qué otra cosa podría escribir Pam?

Lo que hacen los buenos escritores

 Recuerda para quién escribes y por qué.

 No te preocupes por los errores cuando escribas. Los puedes arreglar después.

Principio

¿Quién? dos perros

¿Cuándo y dónde? ahora, en un jardín

¿Cuál es el problema? los dos perros quieren mordisquear el hueso.

Parte media

¿Qué hacen los personajes para resolver el problema? Los dos tironean del hueso sin soltarlo.

Final

¿Cómo se resuelve en problema? Viene un perro más grande y les roba el hueso.

Ahora te toca a ti

Usa tu bosquejo y *Lo que hacen los buenos escritores* para escribir un borrador de tu cuento.

Escribe tu borrador en una computadora. Arregla los errores después.

Escribir un cuento

Revisar

Pam leyó su borrador a unos compañeros. Hablaron de cómo mejorarlo. Fíjate cómo Pam decidió revisar su cuento.

 **El hueso de Clancy**

Al despertar, Clancy vio que había un hueso grande y apetitoso en su tazón. Rápidamente hizo un hueco en la tierra y enterró el hueso. Clancy fue a buscar su hueso. Cuando llegó allí vio que había desaparecido. ¡Su amiga estaba mordisqueando su hueso!

Clancy dijo: ¡Grrr! Devuélveme mi hueso. Tironeó una punta del hueso.
Nancy dijo: —¡Grrr! Es mi hueso. ¡Yo lo encontré! Ella tiró de la otra punta del hueso.
Clancy y Nancy tiraron y tiraron hasta que se cansaron. Después vino un perro grande y peleador y se robó el hhueso. Clancy y nancy decidieron que nunca se volverían a pelear por un hueso

(inserts: *una mañana*; *Más tarde ese día*; *Nancy*)

Lo que hacen los buenos escritores

 Fíjate si tu cuento está claro. ¿Necesitas añadir detalles?

 Usa verbos de acción que sean interesantes

Marcas editoriales

 Añadir

 Cambiar

 Quitar

Ahora te toca a ti

Lee tu cuento a un grupito de compañeros. Hablen de cómo se podría mejorar. Usa las Marcas editoriales para hacer los cambios.

Corregir

Pam volvió a leer su cuento para ver si tenía errores. ¿Por qué crees que hizo los cambios en rojo?

Borrador

El hueso de Clancy

   una mañana
Al despertar, Clancy vio que había un hueso grande y apetitoso en su tazón. Rápidamente hizo un hueco en la tierra y enterró el hueso. *Más tarde ese día* Clancy fue a buscar su hueso. Cuando llegó allí vio que había desaparecido. ¡Su amiga *Nancy* estaba mordisqueando su hueso!

— Clancy dijo: ¡Grrr! Devuélveme mi hueso.

— Tironeó una punta del hueso. *Nancy dijo: ¡Grrr! Es mi hueso. ¡Yo lo encontré! Ella tiró de la otra punta del hueso.*

Clancy y Nancy tiraron y tiraron hasta que se cansaron. Después vino un perro grande y peleador y se robó el ~~hhueso~~ **hueso**. Clancy y nancy decidieron que nunca se volverían a pelear por un hueso.

Lo que hacen los buenos escritores

 Usa las terminaciones de los verbos correctamente.

 Mira que todas las oraciones empiecen con mayúscula y terminen con punto.

 Verifica tu ortografía.

Marcas editoriales

= Usar mayúscula

⊙ Añadir un punto

◯ Corregir la ortografía

— Añadir un guión largo

Ah🙂ra te toca a ti

Vuelve a leer tu cuento. Usa *Lo que hacen los buenos escritores* y las *Marcas editoriales* para corregir los errores.

Puedes revisar y corregir tu borrador en una computadora.

Escribir un cuento

Publicar

Pam escribió un borrador final de su cuento. Después añadió dibujos y convirtió su cuento en un librito para compartirlo con sus compañeros.

Ahora te toca a ti

Vuelve a escribir tu cuento claramente en una hoja de papel en blanco. Haz los cambios necesarios. Si lo deseas, usa una computadora. Aquí hay algunas ideas divertidas de publicación para que tu cuento sea más especial.

- **Haz un libro con una forma especial**

    Escribe tu cuento en un papel recortado con la forma de los personajes del cuento.

- **Haz un cuento doblado en tres partes.**

    Dobla una hoja grande de papel en tres partes. Escribe el principio, la parte media y el final en las tres partes. Haz un dibujo para cada parte.

Pon tu cuento terminado en tu Portofolio.

Escuchar y hablar

Cuenta un cuento

Un buen cuento se puede escribir pero muchos se pueden contar. Piensa cómo podrías contarles un cuento a otros. Prueba una de estas ideas.

Ideas para contar un cuento

- Haz un títere de cada personaje. Usa los títeres para actuar el cuento.

- Usa accesorios y trajes para que los eventos y los personajes del cuento tengan más vida.

- Usa diferentes voces para los distintos personajes.

Es importante escuchar con atención cuando alguien cuenta un cuento. Practica estos consejos.

Consejos para escuchar

- Escucha para saber cuál es el problema que el personaje está tratando de resolver. Piensa en el principio, en el medio y el final.

- Presta atención a los detalles. Los detalles te ayudan a entender lo que está sucediendo.

Unidad 3
Repaso de gramática
páginas 172–173

Los pronombres y los verbos páginas 172–173

Escribe el verbo correcto para completar cada oración.

1. En nuestra laguna (vive, viven) muchos animales.
2. Nuestro perro (persiguen, persigue) a las ranas.
3. Sin embargo, nunca las (agarran, agarra).

Combina las oraciones con verbos páginas 174–175

Combina las oraciones usando y. Escribe la nueva oración.

4. Ben se sienta en un tronco.
   Ben observa a la tortuga.

5. La tortuga hace un hoyo.
   La tortuga pone huevos.

Los verbos en tiempo pasado páginas 182–183

Vuelve a escribir las oraciones. Cambia el verbo terminado en *ar* o *er* para que hable sobre el pasado.

6. Ben camina alrededor del charco.
7. Yo me trepo a una gran roca.
8. Ben y yo pescamos.
9. Tiramos el pescado de vuelta al agua.

Verbos que terminan en *ir* páginas 184–185

Escribe el verbo entre ( ) para que hable sobre el pasado.

10. Anoche todos nosotros (salir) a caminar por el bosque.
11. Los dinosaurios (vivir) hace millones de años atrás.
12. Una ardilla (salir) de su cueva.

Verbos *ser* y *estar* en el presente páginas 200–201
Escribe el verbo correcto para completar cada oración.

13. Algunas serpientes (son, están) peligrosas.

14. Esa serpiente (es, está) peligrosa.

15. Ben no (es, está) asustado ahora.

Verbos *ser* y *estar* en el pasado páginas 202–203
Fíjate en el verbo entre ( ). Escríbelo correctamente.

16. El sábado pasado yo _____ en el lago. (estar)

17. El agua _____ tibia. (estar)

18. Cuando _____ pequeño no me gustaba nadar. (ser)

El presente y el pasado del verbo *tener* páginas 210–211
Escribe la forma y e tiempo verbal de tener para completar cada oración.

19. Yo _____ una caña de pescar.

20. Ella también _____ una caña de pescar.

21. ¿_____ tú y tus amigos cañas de pescar?

Concordancia páginas 212–213
Decide si el verbo está usado correctamente en cada oración. Si no, corrígelo.

22. Hoy nuestra laguna tienen muchos pájaros.

23. Este año tiene sólo un pato.

24. El año pasado tenemos un invierno muy frío.

Unidad 3
Conclusión
Escribir sobre otras materias

Ciencias

Observación del tiempo

¿Cómo es el tiempo en el lugar donde vives? ¿Cómo cambia cada día? Observa el tiempo y da un informe meteorológico con tus compañeros.

Establece una estación meteorológica

- Busca un buen lugar para tu estación.
- Obtén un termómetro. Haz un pluviómetro y una veleta para medir la lluvia y el viento.

Observa y junta información sobre el tiempo

- Sal todos los días a la misma hora.
- Mira el cielo. ¿Está nublado, soleado o ambos a la vez?
- ¿Qué temperatura hace? Lee el termómetro para averiguarlo.
- Determina en qué dirección sopla el viento. Usa la veleta.
- Mira el pluviómetro. ¿Ha llovido o nevado? ¿Cuánto?
- Apunta tus observaciones meteorológicas en un cuaderno.

Haz un informe meteorológico todos los días

- Usa tus apuntes para preparar un informe meteorológico todos los días.

- Habla con tus compañeros sobre el tiempo. Mira los informes meteorológicos en la televisión para obtener ideas.

- Escribe un informe meteorológico para ponerlo en la clase. Ilustra tu informe. Si lo deseas, usa tu computadora.

- Usa el correo electrónico para enviar informes meteorológicos a los maestros, a los padres y a otras personas en el lugar donde vives.

Libros de lectura

Palabras sobre el tiempo y su significado
por Gail Gibbons
No ficción
Este libro presenta términos sobre el tiempo, como temperatura, tormenta eléctrica y humedad.
Autora premiada

Siente el viento
Por Arthur Dorros
No ficción
Averigua cómo el viento afecta a la Tierra y cómo lo usamos para nuestro beneficio.
Libro científico sobresaliente

Unidad 4

Gramática
- Adjetivos

Escritura
- Poema
- Párrafo descriptivo

CAPÍTULO 19	Adjetivos	242
CAPÍTULO 20	Más sobre adjetivos	252
CAPÍTULO 21	Escribir un poema	262
CAPÍTULO 22	Adjetivos de tamaño y número	270
CAPÍTULO 23	Expresiones comparativas	280
CAPÍTULO 24	Escribir un párrafo descriptivo	290

Copos de nieve

Los copos de nieve son como plumas,
pero más pequeños.
Los copos de nieve son como pedacitos de
jabón, pero más húmedos.
Los copos de nieve son como gotas de lluvia,
pero más fríos.
Los copos de nieve son como papel picado,
pero más helados.
Los copos de nieve son estrellitas
que caen silenciosamente por la noche.

CAPÍTULO 19
Adjetivos

¿Qué es un adjetivo?

Lee este párrafo del libro La Caperucita Roja.

La Caperucita Roja

vuelto a contar e ilustrado por

Había una vez una casa pequeña situada junto a un oscuro bosque de árboles frondosos. En la casa vivía una niña bonita llamada Caperucita Roja. Era buena y respetuosa y todos la querían mucho.

El poder de las palabras

considerado

Di cómo es Caperucita Roja. Después escribe palabras que describan su ropa o su casa.

> Un **adjetivo** dice cómo es un nombre. El adjetivo casi siempre se escribe después del nombre que describe.
>
> Caperucita Roja vive en una casa **pequeña**.
> La casa está situada junto a un **oscuro** bosque.

Escribe un adjetivo que describa a cada nombre subrayado.

1. Caperucita Roja tiene un <u>cesto</u> lleno de comida.
2. La comida es para su <u>abuelita</u>.
3. Caperucita Roja camina por el <u>bosque</u>.
4. Recoge <u>flores</u> por el camino.
5. ¿Por qué está el <u>lobo</u> escondido detrás de un árbol?

Adjetivos

Adjetivos en plural

El adjetivo cambia su terminación si acompaña a un nombre en plural. Añade una **s** a los adjetivos que terminan en vocal para convertirlos en plural. Añade **es** a los que terminan en una consonante.

Ella tiene dos gato**s** cariñoso**s**.
A mi mamá le gustan las blusa**s** azul**es**.

Práctica dirigida

Elige un adjetivo que complete cada oración correctamente. Escribe la nueva oración.

| grande | roja | grises | amarillo | torcida |

1. La niña de la caperuza _____ vive aquí.
2. ¿Ves los gatos _____?
3. El gato tiene la cola _____.
4. El gato se sienta en una piedra _____.
5. Un pajarito _____ se burla del gato.

> **Recuerda** Los adjetivos en plural acompañan a un nombre en plural.

Práctica individual

Elige un adjetivo de la casilla para completar cada oración.

amarillo	blanca	gris	negros	verde
alargada	redondos	derechos	planas	azules

6. Mira estas flores _____.

7. Esa flor tiene pétalos _____.

8. Su centro es _____.

9. ¡Mira qué _____ son los tallos!

10. Cada hoja es _____.

11. Las hojas también son _____.

12. Veo una ardilla _____.

13. Está en el pasto _____.

14. ¿Ves la piel _____ que tiene en la barriguita?

15. ¡Qué _____ son sus ojos!

Conexión con la escritura

Escribe una descripción Dibuja una mariposa. Después escribe un párrafo describiéndola. Usa adjetivos para describir su color y su forma.

Puedes usar tu computadora para dibujar la mariposa y colorearla.

Adjetivos

La gramática y la escritura

Escribe oraciones largas

Los adjetivos pueden hacer más interesante tu escritura. Éstos dan más información sobre los nombres. Usa adjetivos para crear mejores imágenes con tus palabras.

Veo una serpiente en esa roca.

Veo una serpiente **negra** en esa **gran** roca **plana**.

Práctica dirigida

Añade adjetivos para describir los nombres en cada oración. Escribe la nueva oración.

1. Me pongo la chaqueta con los bolsillos.
2. Papá y yo caminamos hasta el estanque.
3. Vimos flores en el agua.
4. Miré las hojas.
5. Peces nadaban cerca de las flores.

> **Recuerda** Añade adjetivos para hacer más interesante tu escritura.

Práctica independiente

Añade adjetivos para describir los nombres en cada oración. Escribe la nueva oración.

6. Me paré en una roca.
7. Di miguitas de pan a los patos.
8. Papá vio una tortuga en el pasto.
9. Tenía marcas en el caparazón.
10. Una vez vi una serpiente aquí.
11. ¿Todas las serpientes tienen colmillos?
12. Papá vio una araña.
13. Había una mosca en su telaraña.
14. ¡Después una mariposa se me posó en el hombro!
15. Tenía puntos en las alas.

Conexión con la escritura

Revisar Mira tu Portafolio y elige algo que hayas escrito. Busca los nombres en tus oraciones y añádeles adjetivos para hacer más interesantes las oraciones.

Usa tu computadora para revisar lo que escribiste.

Adjetivos

Práctica adicional

Escribe el adjetivo en cada oración.

1. ¡Qué hermoso día es hoy!
2. Ben sale a dar una larga caminata.
3. Se pone sus botas viejas.
4. El camino es angosto.

Elige un adjetivo de la casilla para completar cada oración.

largo	amarillas	redonda	negro
derecha	marrón	plana	anaranjadas

5. Benito salta en un montón de hojas _____.
6. Benito ve una pequeña roca _____.
7. Levanta la roca con un palo _____.
8. Benito encuentra un insecto _____.

En cada oración, añade adjetivos para describir el nombre. Escribe la nueva oración.

9. Benito ve un ciervo.
10. Tiene manchas.

Juego lingüístico

Sendero de adjetivos

- Trabaja con tres compañeros. Siéntense en un círculo.
- Di una oración sobre un animal y pon un adjetivo en tu oración.
- La próxima persona añade un adjetivo y dice la nueva oración.
- Sigan en el círculo hasta que todos hayan añadido un adjetivo. Cuando hayan terminado, escriban toda la oración.

Utilicen las siguientes oraciones para empezar. No olviden el adjetivo.
Vi una rana _____.
¡Mira la _____ serpiente!
Él tiene un perro _____.

Conexión con la escritura

El juego de las adivinanzas Piensa en algo y haz una lista de adjetivos para decir el color y la forma de lo que pensaste. Después usa adjetivos para escribir una adivinanza en un lado de una tarjeta. Léele la adivinanza a uno de tus compañeros.

Puedo ser de cualquier color. Tengo mangas. Soy de tela. ¿Qué soy?

Una camisa

Adjetivos

Repaso del capítulo — STANDARDIZED TEST PREP

Elige la respuesta que muestra el adjetivo.

1. Los niños observaron una araña marrón.
   a. observaron
   b. niños
   c. marrón

2. El cuerpo de la araña es redondo.
   a. cuerpo
   b. redondo
   c. araña

3. La araña tiene colmillos puntiagudos.
   a. puntiagudos
   b. colmillos
   c. tiene

4. La telaraña parece estar hecha de hilos blancos.
   a. telaraña
   b. hilos
   c. blancos

5. Un insecto verde está atrapado en la telaraña.
   a. verde
   b. insecto
   c. atrapado

6. Retuerce su pequeño cuerpo para soltarse.
   a. soltarse
   b. pequeño
   c. retuerce

Añade adjetivos a la oración. Escríbela de nuevo.

7. Una araña hace una telaraña.

8. La araña tiene patas.

Para más actividades con adjetivos visita nuestra página web:
www.harcourtschool.com

Vocabulario

Cómo usar un libro de sinónimos

Un **libro de sinónimos** es una lista de palabras en orden alfabético. Cada palabra en el libro de sinónimos se llama vocablo. El libro trae sinónimos para cada **vocablo**. Un **sinónimo** es una palabra que significa lo mismo, o casi lo mismo, que otra. A veces el libro de sinónimos también trae **antónimos**, o sea palabras opuestas que significan lo contrario.

Práctica

Usa el libro de sinónimos al final de tu libro para responder a cada pregunta.

1. ¿En qué página encuentras el vocablo *lindo*?
2. La palabra *lindo* ¿viene antes o después de *largo*?
3. ¿Qué palabras significan casi lo mismo que *lindo*?
4. ¿Qué palabras tienen el significado opuesto a *lindo*?
5. ¿Qué vocablo viene después de *lindo*?

CAPÍTULO 20
Más sobre los adjetivos

Adjetivos femeninos y masculinos

Lee el poema.

Un día de verano

El gato amarillo
y la gata amarilla
se cobijan bajo la sombra
de una sombrilla.

La niña buena
y el niño bueno
relatan cuentos
de un lindo cielo.

El oso hormiguero
y la osa hormiguera
buscan su cena
alrededor de una higuera.

La abeja zumbona
y el abejorro zumbón
bailan contentos
encima de una flor.

Laura Eastment

El poder de las palabras

crujiente

¿Cuáles son algunos de los adjetivos que emplea la poetisa en "Un día de verano"?

> Los adjetivos pueden ser femeninos o masculinos. Dependen del género del nombre. Si el nombre es femenino, el adjetivo es femenino. Si el nombre es masculino, el adjetivo es masculino.
>
> El gato amarillo.
> La gata amarilla.
>
> La niña buena.
> El niño bueno.

Cambia el género en las siguientes frases.

Juan es bueno.

El perro es negro.

El gato blanco se tomó toda la leche.

La niña es estudiosa.

Más sobre los adjetivos

Apócope

Algunos adjetivos cambian de terminación cuando van delante del nombre. Esto se llama **apócope**.

libro **grande** ⟶ **gran** libro

perro **bueno** ⟶ **buen** perro

Práctica dirigida

Vuelve a escribir la oración.
Pon el adjetivo delante del nombre.

Ejemplo:
  Papá me regaló un libro grande.
  Papá me regaló un gran libro.

1. Es un libro bueno.

2. Papá está contento porque soy un alumno bueno.

3. Es por eso que papá me hizo ese regalo grande.

4. Tuve una sorpresa grande.

5. Y también una alegría grande.

> **Recuerda** Si el nombre es femenino, el adjetivo es femenino. Si el nombre es masculino, el adjetivo es masculino.

Práctica individual

Completa cada oración con una palabra de la casilla. Indica el género del adjetivo que usaste escribiendo una F o una M.

| frescas | silencioso | fresco | duro | crujiente |
| resbalosas | amarilla | amargo | pegajosas | sabroso |

6. Los guardabosques caminan por rocas _____.

7. Una roca cae y asusta a un conejo _____.

8. Ellos encuentran una planta de sabor _____.

9. La planta tiene bayas y hojas _____.

10. Los guardabosques recogen fresas _____.

11. Ponen la fruta en una bolsa de tela _____.

12. En casa la ponen en un lugar _____.

Conexión con la escritura

Escribe una descripción Piensa en una fruta que te guste y dibújala. Después escribe tres oraciones que digan a qué sabe, cómo huele o cómo se siente al tacto y cómo suena cuando la comes.

Puedes usar una computadora para escribir e imprimir tus oraciones.

Más sobre los adjetivos

La gramática y la escritura

Usa los sinónimos en la escritura

Algunos sinónimos son adjetivos. Un **sinónimo** es una palabra que significa lo mismo, o casi lo mismo, que otra palabra.

Los pájaros del bosque son **bellos**.

Los pájaros del bosque son **bonitos**.

Elige sinónimos para expresar exactamente lo que quieres decir.

Me gusta comer fresas **buenas**.

Comí fresas **sabrosas**.

Práctica dirigida

Elige el adjetivo más exacto para completar cada oración.

1. El tiempo (malo, tormentoso) se termina.
2. El agua cae de las nubes (enormes, grandes).
3. Me siento en un tronco (mojado, empapado).
4. Mi papá me da un emparedado (bueno, delicioso).
5. El emparedado es (rico, bueno).

> **Recuerda** Algunos sinónimos son adjetivos. Elige sinónimos para expresar exactamente lo que quieres decir.

Práctica individual

Elige el adjetivo más exacto para completar cada oración.

6. Mi papá me da fresas (dulces, ricas).
7. El agua está (fría, helada).
8. Recojo una hoja (sedosa, suave).
9. Sopla un viento (caliente, cálido).
10. Nuevamente caen gotas (grandes, enormes).
11. Patino en una roca (resbaladiza, mojada).
12. Mi pie toca una cosa (blanda, peluda).
13. Es una ardillita (simpática, buena).
14. La ardillita hace un ruido (chillón, fuerte).
15. Después se esconde debajo de una raíz (áspera, rugosa).

Conexión con la escritura

Repaso Elige algo que hayas escrito en tu portafolio. Fíjate qué adjetivos puedes reemplazar con sinónimos más exactos.

Usa el diccionario de sinónimos de tu computadora para buscar más sinónimos.

Más sobre los adjetivos

Práctica adicional

Cambia el género en cada oración.

1. <u>El conejo negro</u> tiene piel suave.

2. <u>El gato gordo</u> juega por la mañana.

3. <u>El perro juguetón</u> corre por el bosque.

4. Tengo cinco <u>perritos peludos</u>.

5. Alicia tiene <u>un loro gracioso</u>.

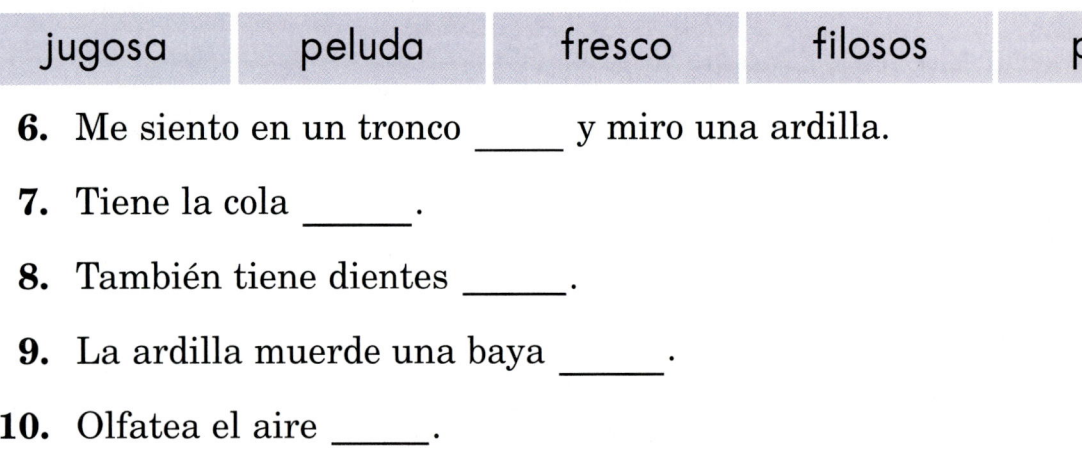

Elige una palabra de la casilla para completar cada oración. Indica M o F.

jugosa	peluda	fresco	filosos	plano

6. Me siento en un tronco _____ y miro una ardilla.

7. Tiene la cola _____.

8. También tiene dientes _____.

9. La ardilla muerde una baya _____.

10. Olfatea el aire _____.

Elige el sinónimo más exacto.

11. Como una manzana (fresca, jugosa).

12. Un animal hace un ruido (grande, fuerte).

13. El animal quiere mi (linda, hermosa) manzana.

14. Tiene piel (negra, oscura).

15. Le doy un pedazo de mi manzana (rica, deliciosa).

Juego lingüístico

Pistas sobre comidas

- Toma turnos con un compañero. Piensa en una comida que te guste y di su género, pero no su nombre.
- Di a tu compañero cómo se ve o se siente al tacto, qué sabor tiene, cómo huele y cómo suena cuando la comes.
- Después de que tu compañero adivine la comida, deberá elegir una comida del género opuesto.

Conexión con la escritura

Escribe un poema sobre una fruta

Piensa en una fruta de género femenino que te guste. Escribe un poema usando adjetivos que digan cómo se ve o se siente al tacto, qué sabor tiene, cómo huele y cómo suena al comerla. Copia tu poema en un papel con la forma de la fruta que hayas elegido.

Manzanas

Me gustan las manzanas grandes, rojas y jugosas.

¡Qué crujiente es esta manzana!

¡Las manzanas son deliciosas!

Más sobre los adjetivos

Repaso del capítulo STANDARDIZED TEST PREP

Elige el mejor sinónimo para el adjetivo subrayado.

1. Por la tarde cantamos una canción <u>alegre</u>.
   a. lenta
   b. cómica
   c. triste
   d. larga

2. Nosotros corrimos debajo de un árbol <u>grande</u>.
   a. frondoso
   b. seco
   c. alto
   d. hueco

3. De repente empezó a caer una lluvia <u>fría</u>.
   a. helada
   b. cálida
   c. ruidosa
   d. molesta

4. La ardilla <u>roja</u> se escondió en un tronco.
   a. azul
   b. rojiza
   c. verde
   d. negra

5. El chocolate estaba <u>rico</u>.
   a. frío
   b. tranquilo
   c. aburrido
   d. apetitoso

6. Oímos un <u>gran</u> trueno.
   a. fuerte
   b. sabroso
   c. caliente
   d. crujiente

Para más actividades con adjetivos, visita nuestra página web
www.harcourtschool.com

Vocabulario

Antónimos

> Los **antónimos** son palabras que tienen significado opuesto.
>
> La fogata es **caliente**.
> No es **fría**.
>
> *Caliente* y *frío* son antónimos.

Práctica

Escribe un antónimo de la casilla para cada adjetivo subrayado.

Antónimos					
seco	húmedo	pesado	liviano	agrio	dulce
buen	mal	pequeño	grande	cálido	fresco

1. En el bosque vi un árbol <u>pequeño</u>.
2. Aprendí sobre una planta que crece en lugares <u>secos</u>.
3. A esta planta le gusta el clima <u>cálido</u>.
4. En la primavera sus flores tienen un <u>buen</u> olor.
5. Luego, en el verano, dan una fruta <u>agria</u>.

CAPÍTULO 21

Escribir un poema

El arte de escribir

Usa palabras pintorescas

Algunos poemas tienen palabras que riman y otros no. Muchos tienen un **ritmo** que hace que sea divertido leerlos y oírlos.

Muchos poemas "pintan" imágenes con palabras pintorescas. Las **palabras pintorescas** dicen cómo algo se ve o se siente al tacto, qué sabor tiene, cómo huele o cómo suena.

El siguiente poema tiene rima. Cuáles palabras te dicen cómo es una ardilla.

Atareada

Atareada ardillita,
Atareada ardillita.
Corre y salta en un
loco remolino.
Nada la detiene
en su camino
sólo una bellota
sabrosa y grandota.
Atareada ardillita.

por Phyllis Halloran
Ilustración de Eric Carle

El poder de las palabras

remolino

Ahora lee este poema que no rima. ¿Cuáles son algunas de las palabras pintorescas? ¿Cómo pintan una imagen con palabras?

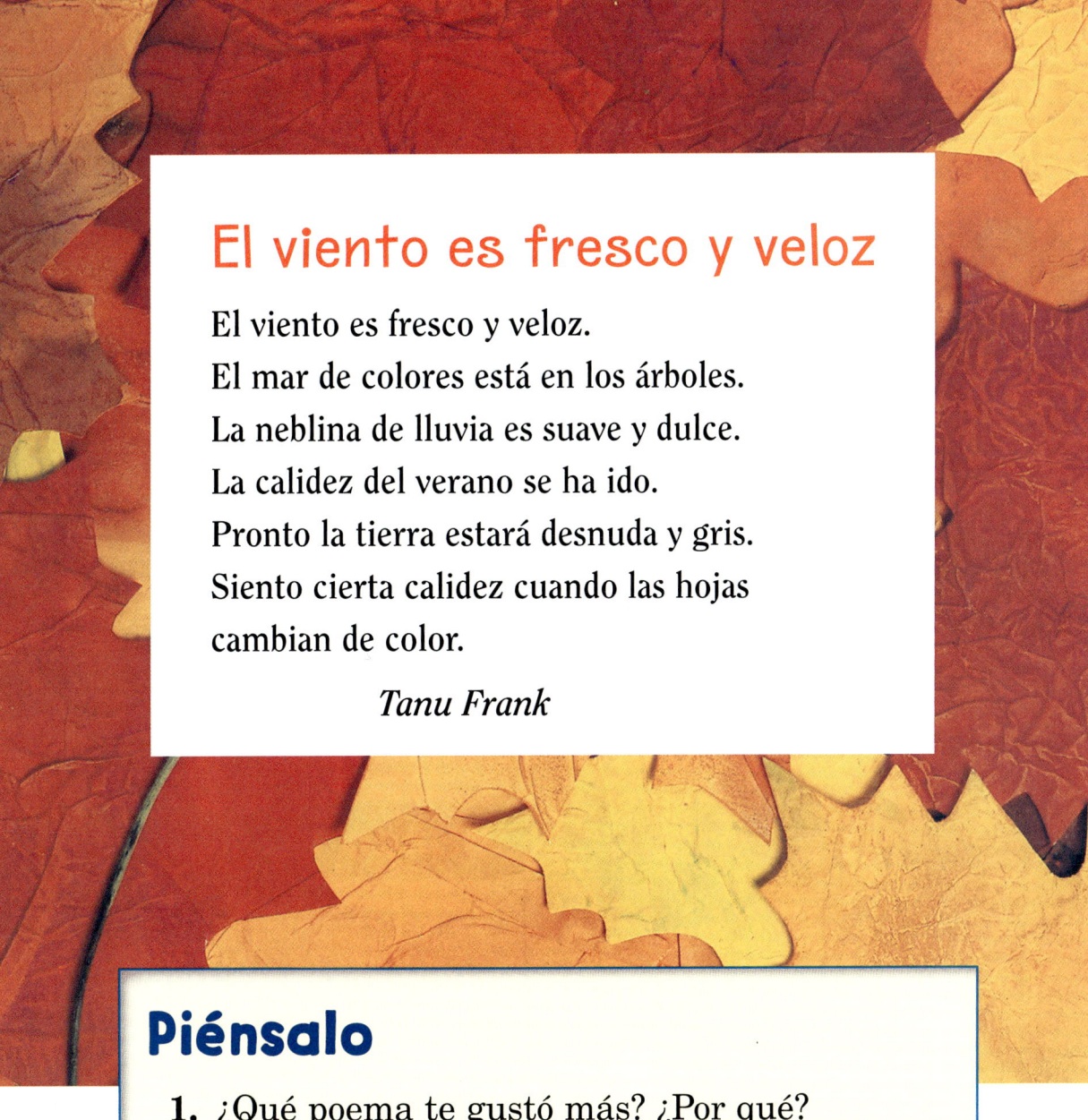

El viento es fresco y veloz

El viento es fresco y veloz.
El mar de colores está en los árboles.
La neblina de lluvia es suave y dulce.
La calidez del verano se ha ido.
Pronto la tierra estará desnuda y gris.
Siento cierta calidez cuando las hojas cambian de color.

Tanu Frank

Piénsalo

1. ¿Qué poema te gustó más? ¿Por qué?
2. ¿En qué se parece el poema de esta página al poema "Atareada"? ¿En qué se diferencia?

Escribir un poema	**El arte de escribir**

Usa palabras pintorescas

Las palabras pintorescas ayudan al lector a saber cómo es algo. Algunas de estas palabras son adjetivos y otras son verbos de acción.

Atareada ardillita   (adjetivo)

corre, salta   (verbos de acción)

en un **loco** remolino.   (adjetivo)

El escritor podría haber dicho que la ardilla corre rápidamente. La expresión *loco remolino* es más pintoresca o más interesante. Ayuda a imaginar exactamente cómo se mueve la ardilla.

A. Escribe dos palabras pintorescas que describan cada palabra a continuación. Usa el Banco de palabras o los sinónimos en la página 494 para ayudarte.

1. perro
2. piel
3. camina
4. cola
5. juego
6. día
7. fruta
8. comida

Banco de palabras

pegajosa	aburrido
esponjosa	amistoso
perezoso	serio
cansador	soñoliento
jugosa	juguetón

B. Escribe una palabra pintoresca para completar cada oración en este poema que no rima.

Mi Luna

Mi perra 1._____ se llama Luna.

Ella tiene piel 2._____.

Mueve su cola 3._____ cuando me ve.

A Luna le encanta jugar juegos 4._____.

Tiene una mirada 5._____ en los ojos.

A Luna le 6._____ cuando le rasco la barriga.

La comida 7._____ también pone contenta a Luna.

A ella y a mí nos gustan las caminatas 8._____.

Luna 9._____ por el pasto.

Tenemos muchos días 10._____ juntas.

Pensar y escribir

Reflexiona Di qué te ayudó a pensar en palabras pintorescas. Escribe tus ideas. Comparte tus ideas con un grupo pequeño de compañeros.

Escribir un poema

El arte de escribir

Practica el arte de escribir

Lee este poema. Piensa en cómo las palabras subrayadas pintan una imagen de palabras.

Conejita peludita

Tengo una conejita <u>peludita</u>,

come zanahorias <u>tiernitas</u>.

Es blanca con una mancha <u>negra</u>,

¡mi conejita siempre me <u>alegra</u>!

Le gusta <u>mover</u> su naricita <u>rosa</u>.

Durante el día hace muchas cosas.

¡A veces le froto la barriguita <u>sedosa</u>!

¡Mi conejita es amorosa!

Molly, de 7 años

— palabras pintorescas
— palabras que riman

Mira el modelo

1. ¿Qué línea pinta la mejor imagen? ¿Por qué?
2. ¿Qué notas sobre las palabras negra y alegra? ¿Por qué hacen que el poema sea divertido de leer?

Ahora te toca a ti

Escribe un poema para tus compañeros que hable sobre un animal o un lugar en la naturaleza.

Antes de escribir y hacer un borrador

PASO 1 Desarrolla tus ideas.

Hazte estas preguntas.

- ¿Qué le gusta leer a mi público?
- ¿Quiero que mi poema rime?
- ¿Cómo puedo usar palabras pintorescas?

PASO 2 Haz una lluvia de ideas de palabras pintorescas.

Haz una red y escribe palabras pintorescas que hablen sobre tu tema.

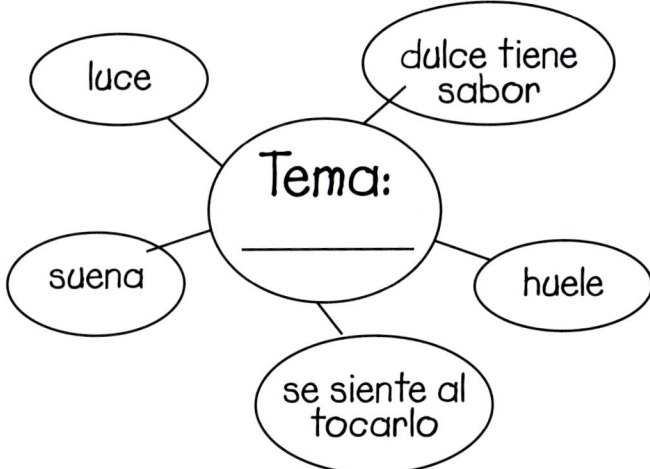

Lo que hacen los buenos escritores

✓ Recuerda para quiénes escribes y por qué.

✓ Planifica tus ideas.

PASO 3 Escribe tu borrador.

Usa tu red y Lo que hacen los buenos escritores para escribir un borrador de tu poema.

Manual del alumno

Usa tu libro de sinónimos para encontrar palabras pintorescas.

267

| Escribir un poema | **El arte de escribir** |

Edita tu poema

Comparte tu borrador con algunos de tus compañeros. Hablen sobre cómo puedes mejorar tu poema. Usa la lista de verificación y las Marcas editoriales para ayudarte a corregir tu poema.

Marcas editoriales
Añadir
Cambiar
Quitar
Usar mayúscula
Añadir un punto
⬭ Verificar la ortografía

 En mi poema uso palabras pintorescas. Las palabras pintorescas indican al lector cómo es el tema.

 Mi poema tiene un título.

Comparte con otros

Reúnete con un compañero o con un grupo pequeño de compañeros. Comparte tu poema. Léelo en voz alta.

Caligrafía

Haz las letras del tamaño correcto.

Sigue estos consejos.
- Las letras altas tocan la línea de arriba.
- Las letras con cola cuelgan bajo la línea base.
- Las letras bajas tocan la línea del medio.

correcto	incorrecto
cepillo	cepillo

Escribe estas letras correctamente siguiendo los consejos. Usa los modelos de caligrafía de la página 490 para ayudarte.

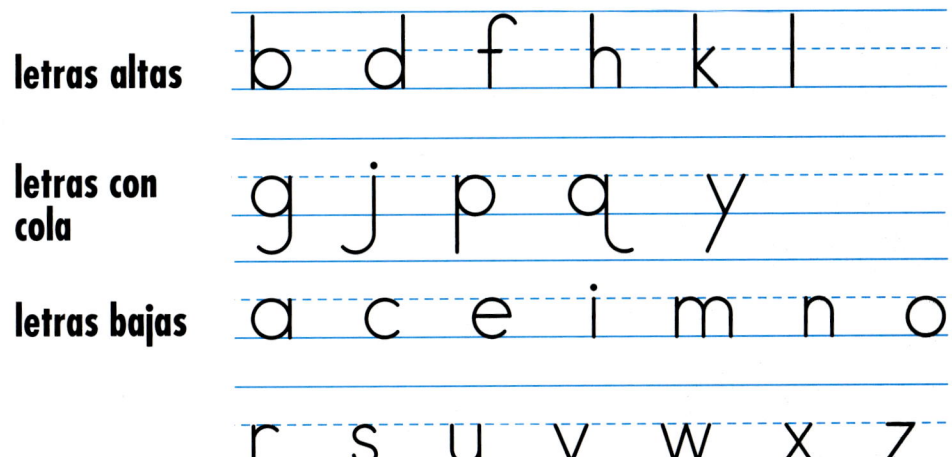

letras altas b d f h k l

letras con cola g j p q y

letras bajas a c e i m n o
r s u v w x z

CAPÍTULO 22

Adjetivos de tamaño y número

Adjetivos que indican tamaño y número

Lee el poema.

La vaca

Hay una vaca en la montaña,
dice un refrán popular,
tiene cuatro patas y ocho dedos
con los que puede caminar.
Por detrás, en su espalda,
le cuelga un rabo al final.
Por el frente, de su cuello
sobresale una cabeza colosal.

Rimas tradicionales chinas

ilustración de Ed Young

El poder de las palabras

infinito

Con un compañero, haz una lista de las palabras del poema que dicen cómo luce la vaca. Después habla acerca de un animal que te guste. Descríbelo. Habla de su tamaño, sus patas, sus orejas o sus alas.

> Algunos adjetivos hablan del tamaño.
>
> Vi una vaca **grande** y un ternero **pequeño**.
>
> Algunos adjetivos hablan del número.
>
> La vaca tiene **cuatro** patas y **dos** orejas.

Piensa en un animal. Escribe su nombre en la primera línea de este nuevo poema. Después escribe adjetivos que indiquen tamaño y número.

Hay una _____ en la montaña.

Tiene _____ patas y _____ dedos.

Por detrás, de su espalda_____,

sale un rabo _____.

Por el frente, de su cuello _____,

sobresale la cabeza _____

que tiene _____ orejas y _____ojos.

Adjetivos de tamaño y número

Adjetivos que indican cantidad

> Algunos adjetivos como los números indican cantidad.
>
> Los **cuatro** niños quieren desayunar.
>
> También puedes indicar cantidad con palabras como ***pocos***, ***unos*** o ***muchos***.
>
> Papá hizo **muchos** panqueques.

Práctica dirigida

Escribe el adjetivo que indica cantidad.

1. Cindy y Pablo traen una bolsa de harina.
2. Ponen dos tazas de azúcar en un tazón.
3. Pongo unas cucharadas de agua.
4. Jeff añade tres huevos.
5. Papá mezcla la masa durante diez segundos.

Recuerda

Algunos adjetivos indican cantidad.

Práctica individual

Escribe el adjetivo que indique cantidad.

6. Mis dos hermanos le dan la sartén a Dan.

7. Dan pone cuatro gotas de aceite en la sartén.

8. Después pone unas cucharadas de masa.

9. Es suficiente para un panqueque.

10. Tarda siete minutos en cocinarse.

11. Hace muchos más.

12. Le da tres panqueques a cada persona.

13. Mamá corta cuatro naranjas en gajos.

14. Pone unos gajos en cada plato.

15. El desayuno estará listo en diez minutos.

Conexión con la escritura

Práctica de escritura: El menú del desayuno

Imagina que harás el desayuno para tu familia. Piensa en cuántas personas hay en tu familia. Haz una lista de lo que necesitas. Usa adjetivos para indicar cantidad.

- cuatro huevos
- cuatro tostadas
- unas salchichas
- mucha mermelada

Usa la computadora para hacer la lista.

Adjetivos de tamaño y número

La gramática y la escritura

Los artículos

El, *la*, *los* y *las* son adjetivos especiales que también se llaman artículos. Los artículos concuerdan con los nombres en género y número.

	masculino	femenino
singular	**el** maestro	**la** maestra
plural	**los** maestros	**las** maestras

Práctica dirigida

Escribe *el*, *la*, *los* o *las* en cada oración.

1. ___ cohetes espaciales vuelan muy rápido.

2. Hicimos un cohete espacial con ___ caja.

3. Pusimos ___ ventanas a los lados de la caja.

4. A ___ astronautas les gustaría mucho nuestro cohete.

5. ¡Yo soy ___ astronauta de este cohete!

Recuerda *El, la, los* y *las* son adjetivos especiales llamados artículos. Concuerdan con los nombres en género y número.

Práctica individual

Escribe *el, la, los* o *las* para completar cada oración.

6. Uso ___ cepillo de dientes como micrófono.
7. ___ sombrero anaranjado será mi casco.
8. Pienso en ___ cajas de zapatos.
9. Éstas sirven para ___ asientos.
10. Mi monopatín será ___ ruedas de mi nave.
11. Oigo el ruido de ___ motores.
12. ___ nave llega al espacio en poco tiempo.
13. Veo ___ planetas.
14. ___ vista es maravillosa.
15. ___ viajes imaginarios son divertidos.

Conexión con la escritura

Revisar Elige algo que hayas escrito de tu Portafolio. Fíjate si has usado los artículos correctamente.

Usa tu computadora para corregir tus oraciones.

Adjetivos de tamaño y número

Práctica adicional

Escribe un adjetivo o un artículo de la casilla para completar cada oración.

> pequeños
> alto
> tres
> cuatro
> la

1. Cayeron _____ copos de nieve en el jardín.
2. Cayeron _____ pulgadas de nieve.
3. Jenny hizo _____ bolas de nieve.
4. Apuntó hacia el árbol ___ en la colina.
5. ___ segunda bola que tiró dio en el árbol.

Escribe el adjetivo que indica cantidad.

6. Jenny encontró muchas piedras para su hombre de nieve.
7. Usó algunas piedras como botones.
8. Muchas piedritas redondas formaron los ojos.
9. Unas piedritas formaron la boca.
10. Hizo la nariz con una zanahoria.

Escribe el artículo para completar la oración

11. Gabriela encontró ___ trineo viejo de su mamá.
12. Ella tuvo ____ idea de salir con el trineo.
13. Su mamá la ayudó a subir ____ colina.
14. Jenny bajó en ___ trineo de Gabriela.
15. Fue ___ primera vez que montó en trineo.

Juego lingüístico

Los primeros doce días de escuela

Toma turnos con un compañero para inventar y añadir letras a esta canción.

- **Empieza así:**
  El *primer* día de escuela, mi compañero me dio *un* lápiz amarillo bien afilado.

- **Completa el final de la *segunda* oración:**
  El *segundo* día de clase mi compañero me dio *dos* ___.

- Sigue hasta que hayas inventado oraciones para doce días de escuela.

Conexión con la escritura

Lista de materiales Piensa en algo que sepas hacer. Después piensa en las cosas que necesitas para hacerlo. Haz una lista de lo que necesitas. Aquí tienes un ejemplo:

Máscara de papel
- un plato de papel
- tijeras
- un lápiz
- algunos marcadores y lápices de colores
- un hilo para atarla

Adjetivos de tamaño y número

Repaso del capítulo STANDARDIZED TEST PREP

Elige la palabra que mejor complete la oración.

1. _____ nieve es buena para hacer un fuerte.
   a. Alguna
   b. La
   c. Una

2. _____ amigos me ayudan a hacer el fuerte.
   a. Unos
   b. El
   c. Grandes

3. Yuri trae _____ pala.
   a. muchas
   b. una
   c. el

4. Hacemos _____ pilas de nieve.
   a. dos
   b. una
   c. gran

5. _____ personas ponen más nieve.
   a. Tres
   b. Grande
   c. Una

6. El fuerte es _____.
   a. alto
   b. dos
   c. un

Para más actividades con adjetivos, visita nuestra página web
www.harcourtschool.com

278

Tecnología

Cómo usar un corrector de palabras

Puedes usar el corrector de palabras de tu computadora para corregir errores de ortografía. El corrector te ofrece varias opciones de palabras que pueden corregir el error. Haz un clic en la palabra correcta, y la computadora corregirá el error por ti.

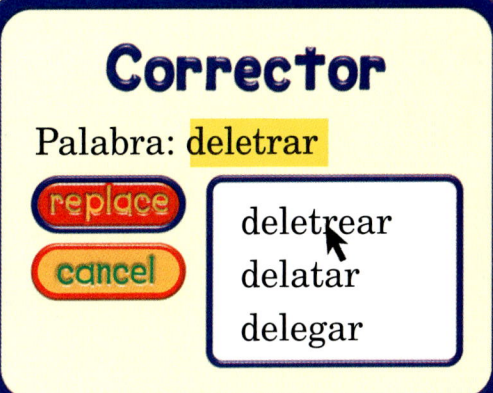

Práctica

Lee cada oración. Hay un error subrayado. Elige la palabra correcta entre () para corregir el error. Puedes usar tu computadora para verificar.

1. Puedes escribir una historie. (historia, istoria, historía)

2. Escribe sobre las nuves y la lluvia. (nuvis, nubes, mubes)

3. No te olvides de usar ranas y pezes. (peses, pezez, peces)

4. Nombra a tus personages. (personajes, personagues, personaxes)

5. Haz un divugo también. (dibugo, dibujo, divujo)

CAPÍTULO 23

Expresiones comparativas

Palabras que comparan

Lee el poema.

UNA LLUVIA INESPERADA

Mi abrigo es más grande
que el de mi amigo Jorgito,
y mis guantes más pequeños
que los guantes de Panchito.

Mi sombrilla es más bonita
que la sombrilla de Lola,
y mi capa es menos larga
que la capa de Carola.

Pero hoy salí sin nada,
¡y mi ropa es la más mojada!

Olga Duque

El poder de las palabras

inesperado

Conversa con un grupo acerca de los diferentes tipos de clima. ¿En qué se parecen? ¿En qué se diferencian? Usa expresiones comparativas: tan frío como, más lluvioso que o menos caliente que.

> Puedes usar adjetivos para **comparar**.
>
> La primavera es **tan divertida como** el verano.
>
> Una tormenta es **más fuerte que** una llovizna.
>
> La lluvia es **menos fría que** la nieve.

Escribe un adjetivo para completar cada expresión comparativa.

Mi bufanda es **más** ___ **que** la tuya.

Mis botas de agua son **menos** ___ **que** ésas.

Mi suéter es **tan** ___ **como** el de Mario.

Mi gorro es **más** ___ **que** el de mi hermano.

Mis lentes de sol son **más** ___ **que** los de mi papá.

Expresiones comparativas

Comparación entre dos o más cosas

Para comparar dos cosas se usan las expresiones comparativas **tan...como, más...que** o **menos...que.**

Ana es **tan inteligente como** Juan.

Para comparar una cosa con el resto usamos **el/la/lo/los/las más** o **menos.**

Ese libro es **el más** interesante.

Práctica dirigida

Escribe la expresión correcta entre ( ).

1. La feria científica es (más grande, la más grande) de todas.

2. Tina hizo su tarea (más pronto, el más pronto) que Jaime.

3. La piscina de María es (más profunda, la más profunda) que la de Juan.

4. El mapa de José es (más pequeño, el más pequeño) que el de Carlos.

5. Ese bote es (menos ruidoso, el menos ruidoso) de todos.

Recuerda Para comparar dos cosas usa *más . . . que, menos . . . que* o *tan . . . como*. Para comprar una cosa con el resto usa *el/la/lo/los/las más* o *menos*.

Práctica dirigida

Escribe la expresión comparativa correcta entre ( ).

6. El hermano de Rita es (el más guapo, más guapo) de todos.

7. Las mariposas de tu colección son (menos coloridas que, las menos coloridas que) las mías.

8. Mi colección es (más nueva, la más nueva) de todas.

9. Mario se ve (tan viejo como, el más viejo que) su hermano.

10. Es (el más pequeño, más pequeño) de los tres.

11. El papel reciclado de Sandra es (más fuerte, tan fuerte) que el cartón.

12. Pero el papel es (menos fuerte, el menos fuerte) que el cartón.

Conexión con la escritura

Expresiones comparativas Piensa en tres cosas que puedes encontrar afuera. Dibújalas y escribe oraciones que las comparen. Usa expresiones comparativas.

Usa tu computadora para escribir y revisar tus oraciones.

Expresiones comparativas

La gramática y la escritura

Escribe para comparar

Puedes usar expresiones comparativas para mostrar diferencias. Esto les dará a tus lectores una idea clara de las cosas que estás comparando.

Los niños están buscando piedras **grandes**.

Ben encontró una piedra **más grande que** la de Juan.

Sara encontró **la más grande** de todas.

Práctica dirigida

Lee cada oración. Luego escribe la expresión comparativa correcta para completar la segunda oración.

1. Casi todas las piedras son **lisas**.

    Mis piedras son _____ las de Jeff.

2. Algunas piedras son **oscuras**.

    La piedra de Samuel es _____ de todas.

3. Jack y Lisa encontraron piedras **pequeñas**.

    La piedra de Lisa es _____ la de Jack.

4. María, Tania y Rick encontraron piedras **redondas**.

    La piedra de Tania es _____.

> **Recuerda** Para comparar dos cosas usa *más . . . que, menos . . . que* o *tan . . . como*. Para comparar una cosa con el resto usa *el/la/lo/los/las más* o *menos*.

Práctica individual

Lee cada oración. Luego completa la segunda frase con la expresión correcta.

5. La maestra tuvo una idea **brillante** para las piedras.

   La clase tuvo una idea _____.

6. Todos habían formado **pequeños** animalitos de piedras.

   ¿Quién hizo _____ de todos?

7. Daniel le hizo una cola demasiado **corta** a su animal.

   Ana hizo una cola _____ que Daniel.

8. Beth, Lisa y Alfonso pintaron ojos **brillantes**.

   Mi animalito tiene _____ de todos.

9. Eduardo le puso orejas **largas** a su animalito.

   El de María tenía orejas _____.

10. Ted y Lisa pintaron rayas **gruesas**.

    Ted pintó rayas _____.

Conexión con la escritura

Escribir y revisar Pinta tres animales de piedras que te gustaría hacer. Escribe oraciones para compararlos.

Usa la computadora para revisar la ortografía.

Expresiones comparativas

Práctica adicional

Encierra en un círculo las expresiones comparativas que acompañan el adjetivo.

1. Ese árbol es tan frondoso como el de mi patio.
2. El árbol de Ana es más alto que mi árbol.
3. Este árbol tiene el tronco tan grueso como aquél.
4. El manzano es más viejo que el naranjo.

Escribe la forma correcta de la expresión entre ( ) para completar cada oración.

5. Lisa pintó (más alto, el más alto) de todos los edificios.
6. Luis dibujó (la menos roja, menos roja) de todas las flores.
7. Éste es (menos profundo, el menos profundo) de todos los lagos.
8. Los leones son (los más fieros, más fieros) de todos los animales.
9. Mario vio la estrella (más brillante, la más brillante) de todas.
10. Nosotros vimos a varios niños (más contentos, contentos) que jugaban a la pelota.

Juego lingüístico

Crea un cuento en grupo

- Escribe cada adjetivo en una tarjeta. Después, haz una pila con las tarjetas.
- Corta otras tarjetas a la mitad. Escribe expresiones comparativas como: *tan . . . como, más . . . que, menos . . . que, el más, la más, lo más*. Haz otra pila con estas tarjetas.
- Túrnate con otros jugadores. El primer jugador toma una tarjeta de cada pila. Luego, forma una oración donde combina el adjetivo con la expresión comparativa.
- El próximo jugador toma dos tarjetas y forma otra oración para añadir al cuento.

ruidoso	pequeño
largo	corto
alto	alto
profundo	suave
dulce	oscuro
fuerte	inteligente

Conexión con la escritura

Informe de compradores

Recorta dos anuncios de diferentes juguetes o ropa que comprarías. Compáralos. ¿Cuál de ellos es más barato? ¿Cuál es más grande? Di cuál es el mejor y por qué piensas eso. Escribe un informe como éste.

> Yo quiero un osito nuevo. Vi dos ositos en el catálogo. El osito marrón tiene brazos menos largos, ojos más brillantes y es tan suave como el osito azul. También es más barato. El osito marrón es más lindo.

Expresiones comparativas

Repaso del capítulo STANDARDIZED TEST PREP

Escoge la palabra correcta para completar cada oración.

1. La pelota de fútbol es _____ que la de béisbol.
   a. grande
   b. más grande
   c. la más grande

2. El caballo es _____ que el buey.
   a. fuerte
   b. menos fuerte
   c. el menos fuerte

3. De todos los animales, yo prefiero _____ .
   a. juguetón
   b. tan juguetones
   c. los más juguetones

4. La rosa es _____ como una mariposa.
   a. tan linda
   b. muy linda
   c. la más linda

5. ¿Es esta rama _____ que aquella otra?
   a. muy gruesa
   b. la más gruesa
   c. más gruesa

6. Mi papá es _____ .
   a. alto
   b. el más alto
   c. más alto

Para más actividades con expresiones comparativas y superlativas, visita nuestra página web
www.harcourtschool.com

Destrezas de estudio

Pictografías y gráficas de barras

Las gráficas nos ayudan a comparar cosas. Una **pictografía** usa ilustraciones para mostrar cuántos hay. La **leyenda** dice qué cantidad representa cada ilustración.

Una **gráfica de barras** muestra cantidad.

Pictografía

Libros leídos en octubre					
Tomás	📖	📖	📖	📖	
Ana	📖	📖	📖		
Sam	📖	📖	📖	📖	📖
Eva	📖	📖	📖	📖	
Leyenda 📖 = 1 libro					

Gráfica de barras

Libros leídos en octubre					
Tomás					
Ana					
Sam					
Eva					
	1	2	3	4	5

Práctica

Usa las gráficas para responder a las preguntas.

1. ¿Qué muestran ambas gráficas?
2. ¿Cuántos niños aparecen en cada gráfica?
3. ¿Cuántos libros leyó Sam?
4. ¿Quién leyó el menor número de libros?
5. ¿Qué gráfica te parece más fácil de leer? ¿Por qué?

CAPÍTULO 24

Escribir un párrafo descriptivo

Una buena descripción dice cómo las cosas se ven, suenan, huelen, saben y se sienten al tacto. Piensa acerca de las palabras que usa este escritor para describir.

¡Pingüinos!
por Gail Gibbons

Autora e ilustradora premiada

Aquí vienen los pingüinos, derechitos y altos. Caminan balanceándose, pero aún así lucen majestuosos y dignos.

El poder de las palabras

elegante

Las plumas del pingüino son pequeñas y tiesas. Éstas forman una capa impermeable y cálida. En los lugares muy fríos, los pingüinos tienen además otra capa adicional de plumas suaves. Ellos también tienen capas gruesas de grasa que los mantienen calientes.

Algunas clases de pingüinos

Hay diecisiete clases diferentes de pingüinos. El más pequeño es el pingüino azul. Mide alrededor de un pie de altura (30 centímetros). El más grande de todos es el pingüino emperador, que tiene casi cuatro pies de altura (120 centímetros).

Todos los pingüinos tienen la espalda gris-azulosa y la barriga blanca. Los diferentes diseños alrededor de su cuello y cabeza son los que los hacen lucir diferentes. Algunos tienen manchas coloridas. Otros tienen crestas de brillantes colores. Básicamente, todos tienen la misma forma de cuerpo y las mismas características.

Los pingüinos son pájaros, pero ellos perdieron su habilidad de volar hace millones de años. Con el paso de los años comenzaron a pasar más tiempo en las aguas heladas, cazando en busca de alimentos. Entonces, sus alas se transformaron en rígidas y poderosas aletas para nadar.

Los pingüinos tienen cuerpos suaves y lisos que se deslizan fácilmente por el agua. Son excelentes nadadores y buceadores. Los más grandes pueden nadar a más de 25 millas (40 kilómetros) por hora. El pingüino emperador se zambulle más profundo que cualquier otro pájaro, hasta unos 1,500 pies (450 metros).

Todos los pingüinos se encuentran en el hemisferio sur.

Hoy en día, los pingüinos están en peligro. Ahora hay leyes para protegerlos. La gente está trabajando unida para ayudar a los pingüinos a sobrevivir en el mundo moderno.

Piénsalo

1. ¿Cómo se ve la mayoría de los pingüinos? Cuenta cómo se ven cuando caminan y nadan.

2. ¿Qué fue lo más sorprendente que aprendiste acerca de los pingüinos?

La lectura y la escritura

Partes de un parráfo descriptivo

El parráfo descriptivo dice cómo son las cosas. Éste usa palabras que dicen cómo las cosas se ven, suenan, se sienten al tacto, saben y huelen. Estas palabras dan una buena imagen verbal.

Como todos los buenos párrafos, un párrafo descriptivo tiene una oración que presenta la idea principal y oraciones que ofrecen detalles.

Lee el parráfo de la página 291. Úsalo para completar esta red de palabras en una hoja de papel aparte.

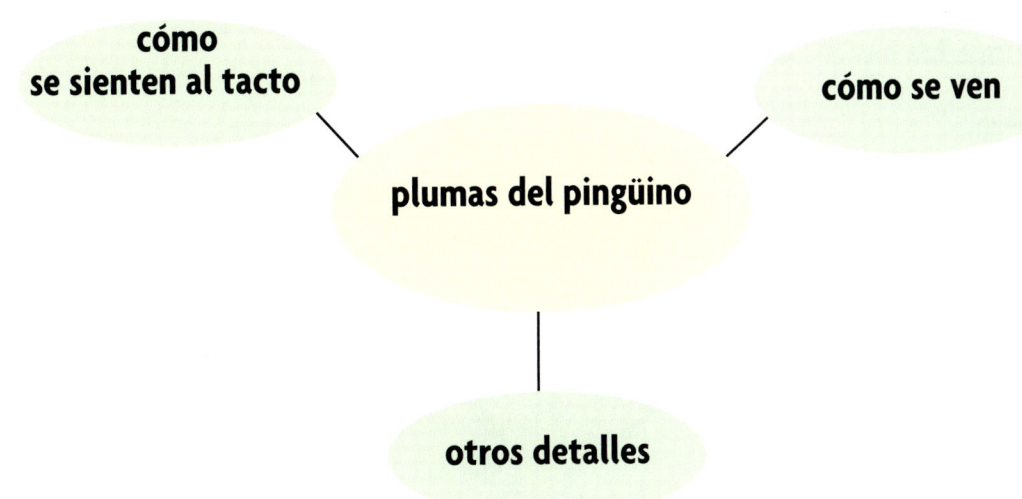

La lectura y la escritura

Modelo de un estudiante

A Sumi le gusta leer acerca de los pingüinos. Ella decide escribir su propio párrafo sobre gatos. Lee el párrafo para encontrar las partes importantes.

Gatos

Los gatos son animales simpáticos en muchos sentidos. Tienen la piel muy suave y sedosa. Su piel puede ser gris, negra, blanca, anaranjada o incluso moteada. Los gatos huelen mejor que muchos otros animales porque se lamen ellos mismos para mantenerse limpios. Los gatos pueden además emitir diferentes sonidos. Pueden decir *miau* cuando tienen hambre o cuando quieren que los mimen. Cuando están contentos, ronronean.

El **título** dice a qué se refiere el párrafo.

La **idea principal** dice a qué se refiere el párrafo.

Los **detalles** dan ejemplos que explican la idea prinicipal.

Mira el modelo

1. ¿Cuál es el título del párrafo de Sumi? ¿Por qué crees que ella escogió ese título?

2. ¿Cuál es el tema del párrafo de Sumi?

3. ¿Cuál es la idea principal del párrafo?

4. ¿Qué dice Sumi sobre cómo se ven los gatos? ¿Qué dice acerca de cómo huelen?

5. ¿Qué crees que Sumi siente hacia los gatos? ¿Por qué crees eso?

El arte de escribir

Usa palabras vividas

Sumi quería que su párrafo dijera lo más posible acerca de los gatos. Ella usó palabras vívidas para mostrar a sus lectores exactamente por qué a ella le gustan los gatos. Encuentra las partes más vívidas del párrafo.

- ¿Qué palabras usa Sumi para describir el pelaje del gato?

- ¿Qué palabras usa Sumi para describir los ruidos que hacen los gatos? ¿Qué hacen los gatos cuando están contentos?

Taller de escritura

CAPÍTULO 24 — Escribir un parráfo descriptivo

Antes de escribir

Sumi aprendió mucho leyendo acerca de los pingüinos. Antes de escribir un parráfo que describe a un animal, hizo una lista de animales y dibujó a cada uno.

Luego, ella habló con algunos de sus compañeros acerca de la lista. Descubrió que a ellos les gustaban mucho los gatos. A Sumi también le gustan los gatos.

Sumi buscó en libros sobre gatos para obtener más ideas. Ella escribió palabras en esta red para describir a los gatos.

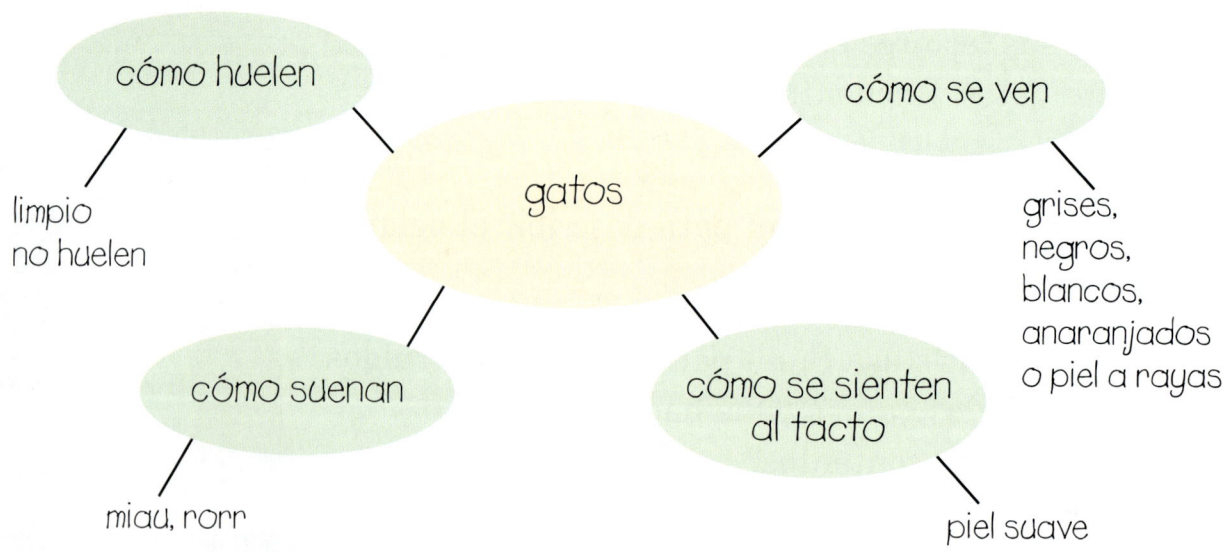

300

Ahora te toca a ti

PASO 1 **Piensa en temas para tu parráfo.**

Haz una lista de las cosas que te gustaría describir. Dibuja o escribe tus ideas.

PASO 2 **Escoge un tema.**

Habla de tu lista con tus compañeros. Escoge una idea que les resulte interesante tanto a ti como a ellos.

PASO 3 **Completa una red de palabras.**

Busca en libros y en otras fuentes para encontrar más ideas e información. Luego escribe palabras que describan tu tema.

Lo que hacen los buenos escritores

✓ Piensa para quién estás escribiendo y por qué.

✓ Planea tu escritura.

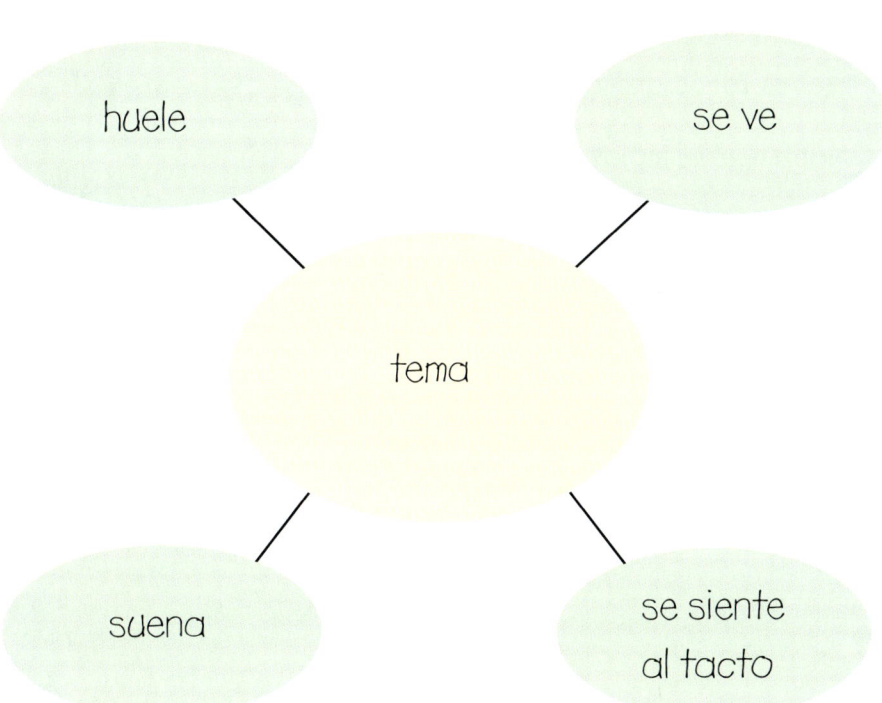

Escribir un párrafo descriptivo

Hacer el borrador

Sumi usó los detalles de su red de palabras para escribir su borrador. Ella no se preocupó de los errores porque sabía que luego podría hacer cambios.

Borrador

Los gatos

Los gatos son animales bellos. Ellos tienen la piel muy suave. Su piel puede ser gris, blanca, negra, naranja o hasta con rayas. Los gatos huelen que muchos otros animales porque ellos se lamen para mantenerse limpios. Los gatos pueden hacer diferentes ruidos. Ellos pueden maullar cuando tienen hambre o cuando quieren que los acaricien. Cuando están felices emiten un suave ruido.

Lee el primer borrador de Sumi. Mira su red de palabras. ¿Qué podría escribir después?

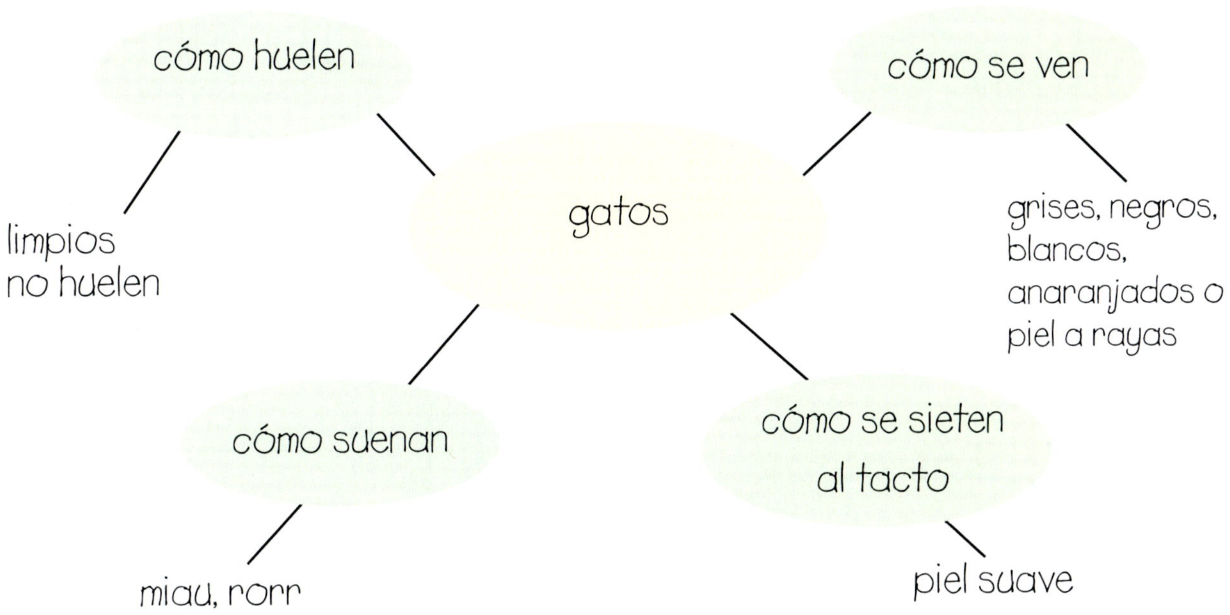

- cómo huelen
  - limpios no huelen
- gatos
- cómo se ven
  - grises, negros, blancos, anaranjados o piel a rayas
- cómo suenan
  - miau, rorr
- cómo se sieten al tacto
  - piel suave

Lo que hacen los buenos escritores

✓ Recuerda para quién estás escribiendo.

✓ Describe tu tema para que el lector pueda imaginárselo.

✓ Usa imágenes vívidas para describir tu tema claramente.

Ahora te toca a ti

Usa tu red de palabras y *Lo que hacen los buenos escritores* para escribir un borrador de tu párrafo descriptivo.

Puedes escribir tu borrador en una computadora.

Escribir un párrafo descriptivo

Revisar

Sumi compartió su borrador con algunos compañeros de clase. Ellos tuvieron algunas ideas sobre diferentes formas de mejorarlo. Lee las revisiones de Sumi.

Borrador

Los gatos

Los gatos son animales bellos_^ en muchos sentidos. Ellos tienen la piel sedosa. Su piel puede ser gris, negra, blanca, ~~naranja~~ anaranjada o hasta con rayas. Los gatos huelen mejor que otros animales, porque ellos se lamen para mantenerse limpios. Los gatos también pueden hacer diferentes ruidos. Ellos pueden maullar cuando tienen hambre o cuando quieren que los acaricien. Cuando están felices emiten un suave ronroneo. ~~ruido.~~

Lo que hacen los buenos escritores

✓ Usa adjetivos exactos para dar una buena imagen verbal.

✓ Usa palabras coloridas para dar más detalles.

Marcas editoriales

 Añadir

 Quitar

Ah⚈ra te toca a ti

Ahora comparte tu descripción con algunos compañeros. Pregúntales cómo la podrías mejorar. Usa *Lo que hacen los buenos escritores* y las *Marcas editoriales* para hacer los cambios.

304

Corregir

Sumi leyó su párrafo una vez más para revisar sus errores. Piensa por qué ella hizo los cambios en rojo.

Lo que hacen los buenos escritores

 Asegúrate de que cada oración tenga el signo de puntuación correcto.

 Fíjate en las palabras que comparan.

 Revisa tu ortografía.

 Recuerda dejar sangría.

Borrador

Los gatos

Los gatos son animales bellos. *en muchos sentidos* Ellos tienen la piel sedosa. Su piel puede ser gris, negra, blanca, ~~naranja~~ *anaranjada* o hasta con rayas. Los gatos huelen *mejor* que otros animales*,* porque ellos se lamen para mantenerse limpios. Los gatos *también* pueden hacer diferentes ruidos. Ellos pueden maullar cuando tienen hambre o cuando quieren que los acaricien. Cuando están felices emiten un suave *ronroneo*. ~~ruido.~~

Marcas editoriales

 Usar mayúscula

 Añadir una coma

 Corregir la ortografía.

Ahora te toca a ti

Lee otra vez tu párrafo. Usa *Lo que hacen los buenos escritores* y las *Marcas editoriales* para arreglar los errores.

Puedes arreglar los errores fácilmente en una computadora sin tener que escribir todo un párrafo de nuevo.

305

Escribir un párrafo descriptivo

Publicar

Sumi recortó el dibujo de un gato. Luego pegó la copia final de su párrafo al lado de la figura recortada del gato.

Ahora te toca a ti

Haz una copia en limpio de tu párrafo. Aquí tienes otras buenas ideas para publicar tu párrafo.

- **Convierte tu párrafo en un artículo de enciclopedia.**

    Escribe tu descripción en una computadora. Escríbele un encabezamiento. Incluye una imagen de tu tema. Haz que todo parezca como una página de enciclopedia.

- **Haz una exhibición sensorial**

    Pega tu párrafo sobre un pedazo de cartulina. Por el otro lado, dibuja una imagen de lo que describes. Añade materiales para mostrar cómo se siente al tacto. Haz una grabación de cómo suena lo que describes.

Añade tu párrafo final a tu Portafolio.

Escuchar y hablar

Anuncio

Cuando haces un anuncio, estás compartiendo información. Con un anuncio, tú informas a los demás sobre algo. Practica los siguientes consejos.

Cuando hagas un anuncio

- Haz un plan de lo que vas a anunciar. Apunta los detalles importantes, como *quién, qué, dónde, cuándo* y *por qué*.
- Primero expresa la idea principal de tu anuncio. Luego explica los detalles. Elige palabras que sean claras.
- Habla en voz alta y clara.
- Ayúdate con las manos para expresar tu mensaje.

Cuando escuches un anuncio

- Presta atención a todo el anuncio.
- Apunta los detalles importantes.
- Si no estás seguro de lo que escuchaste, haz un resumen breve de lo que comprendiste. Luego haz preguntas.

Unidad 4
Repaso de gramática
páginas 244–285

Adjetivos en plural páginas 244–245

Elige un adjetivo de la casilla para completar cada oración.

1. Estas manzanas son_____.
2. Son _____ como pelotas.
3. Esos tallos son muy _____.

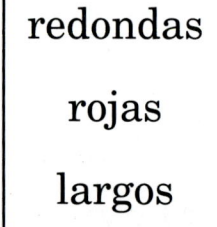

redondas

rojas

largos

Escribe oraciones interesantes páginas 246–247

Añade adjetivos para describir los nombres en las oraciones. Escribe las nuevas oraciones.

4. Veo una mariposa.
5. Tiene marcas en las alas.

Apócope páginas 254–255

Elige un adjetivo de la casilla para completar la oración.

buen

gran

6. Será reconocido como un _____ presidente.
7. Mi papá es un _____ cocinero.

Usa sinónimos en la escritura páginas 256–257

Elige el adjetivo más exacto para completar cada oración.

8. ¿Qué animal hace un ruido (chillón, fuerte)?
9. ¿Cuál deja una marca (mojada, pegajosa) en la tierra?

Adjetivos que indican cantidad páginas 272–273

Escribe el adjetivo que indica cantidad.

11. Recogí tres tazas de fresas.

12. Usamos dos tazas de bayas para hacer tartas.

13. Hicimos muchos bizcochos y un pastel pequeño.

Los artículos páginas 274–275

Escribe el, la, los o las para completar la oración.

14. Hice _____ pan dulce con harina.

15. Después le añadí _____ pasas de uva.

Expresiones que comparan páginas 282–283

Escribe la expresión comparativa correcta entre ( ) para completar cada oración.

16. La feria de mi escuela es (más grande, la más grande) que la de la escuela de mi hermano

17. Los premios son (mejores, los mejores) que los del año pasado.

Escribe para comparar páginas 284–285

Escribe la expresión que compara correcta entre ( ) para completar cada oración.

18. Lynn dibujó tres pájaros. El avestruz es (más grande, el más grande) que el papagayo.

19. La jirafa tiene el cuello (el más largo, más largo) que el avestruz.

Unidad 3
Conclusión

Escribir sobre otras materias

Lo viejo y lo nuevo

Hace mucho tiempo la gente se preguntaba el por qué de los hechos naturales. Para explicarlos inventaron cuentos populares. Lee sobre cómo la ciencia explica los mismos hechos. Después muestra en qué se parecen y en qué se diferencian los cuentos populares y la ciencia.

Busca y lee cuentos populares

- Busca cuentos populares en la biblioteca.

- Echa un vistazo a los cuentos populares y decide sobre qué cosas en la naturaleza quieres leer. Si lo deseas, puedes leer cuentos populares sobre un solo tema. Por ejemplo, muchos cuentos populares explican por qué son así los animales y por qué hacen ciertas cosas.

- Lee todos los cuentos que elijas. Después vuélvelos a leer y toma apuntes.

Busca y lee datos científicos

- Busca datos científicos sobre tu tema. Mira en la sección de consulta y de ciencias en tu biblioteca.

- Toma notas sobre los datos científicos que encuentres.

Muestra lo que has aprendido

- Haz una tabla que indique la manera en que los cuentos populares y los datos científicos son iguales y la manera en que son diferentes.

- Da una charla. Describe los datos en los cuentos populares y los datos científicos. Después explica cómo son iguales y cómo son diferentes. Usa ilustraciones para ayudarte.

- Representa los cuentos populares. Después di lo que realmente ocurre en la naturaleza.

Libros de lectura

¿Por qué el sol y la luna viven en el cielo?
por Elphinstone Dayrell
Cuento popular
Este cuento popular africano narra cómo el sol y la luna llegaron a estar en el cielo.
Galardón Caldecott

El árbol de bellotas y otros cuentos populares
por Anne Rockwell
Cuentos populares
Este libro tiene diez cuentos populares de distintas partes del mundo.
Autora premiada

Repaso acumulativo
Unidad 1–4

Unidad 1: Todo sobre las oraciones

Oraciones páginas 24–29; 36–37

Escribe cada grupo de palabras en un orden que forme una oración. Haz un círculo alrededor de la parte que nombra. Subraya la parte que dice.

1. parque al fue Jack
2. el parque su casa a junto está
3. él para se junta jugar con sus amigos

Tipos de oraciones páginas 54–55; 64–65

Cambia cada oración por el tipo de oración entre ( ). Escribe la nueva oración.

4. Esta es tu casa. *(pregunta)*
5. Tienes una habitación muy bonita. *(exclamación)*
6. Deberías hacer una fiesta. *(mandato)*
7. ¿Puedes invitar a tus amigos? *(afirmación)*

Unidad 2: Todo sobre los nombres

Nombres páginas 96–97; 124–125

Escribe cada oración. Subraya cada nombre. Escribe si es una persona, un lugar o una cosa.

8. ¿Hay un cartel en la esquina?
9. En el parque hay árboles y columpios.
10. Mi amiga vive en la cuadra.

Nombres femeninos y masculinos páginas 100–101

Indica si el nombre es femenino o masculino.

11. La <u>computadora</u> de Ana está en el escritorio.
12. Mi <u>perro</u> es blanco y negro.
13. El dormitorio de mi <u>hermana</u> es azul.
14. María es mi nueva <u>vecina</u>.

Usa los pronombres personales páginas 136–137

Escribe un pronombre para las palabras subrayadas.

15. <u>Mi hermana Amy</u> tiene dos perros.
16. <u>Los dos perros</u> juegan juntos.
17. <u>Mi hermano Jerry</u> los lleva al parque.

Unidad 3: Verbos

Pronombres y verbos páginas 172–173; 202–203

Escribe el verbo correcto en ( ).

18. Ella (teje, tejen) su suéter.
19. Yo (usas, uso) suéteres en invierno.
20. Ellas (practican, practicamos) varios deportes.
21. Tú (escribe, escribes) cartas.

Más sobre el tiempo pasado páginas 182–183

Vuelve a escribir cada oración. Cambia el verbo para que hable sobre el pasado.

22. Dahri camina por el parque.
23. Dos ardillas corren por una rama.
24. Unos ciervos saltan la pradera.

El verbo *tener* páginas 210–213

Escribe el verbo correcto.

25. Ayer yo _____ (tuve, tengo) tareas.

26. Mi amigo _____ (tiene, tengo) tareas ahora.

27. ¿(Tuviste, tienes) _____ tareas también?

Unidad 4: Todo sobre los adjetivos

Adjetivos páginas 244–245; 254–255; 272–273

Elige un adjetivo de la casilla para completar cada oración.

chillones fuerte dos duras lisa largas

28. Las arañas tienen patas _____.

29. Las serpientes tienen la piel _____.

30. Los pájaros tienen _____ alas.

31. Las tortugas tienen caparazones _____.

32. Los leones tienen un rugido _____.

33. Los ratones hacen ruidos _____.

Expresiones que comparan páginas 282–283

Escribe la expresión correcta.

34. Un elefante es (más grande, el más grande) que un caballo.

35. Las ballenas son (más grandes, las más grandes) de todos los animnales.

36. Las jirafas son (más altas, las más altas).

PRUEBAS ESTANDARIZADAS

El plural de los nombres páginas 106–107

Escribe el nombre correcto que indica más de uno.

38. Él puede cantar dos _____.

   a. cancións   **b.** canciones   **c.** canciónes

39. El agricultor tiene dos _____.

   a. bueyes   **b.** buey   **c.** bueys

40. Vi dos _____ corriendo.

   a. zorro   **b.** zorroes   **c.** zorros

41. Corrieron detrás de dos _____.

   a. roca   **b.** rocaes   **c.** rocas

Verbos *ser* y *estar* en el presente páginas 200–201

Elige el verbo correcto para cada oración y escríbelo en el espacio en blanco.

42. Yo _____ en el campo en agosto.

   a. estar   **b.** ser   **c.** estoy

43. Ese insecto _____ negro y amarillo.

   a. está   **b.** es   **c.** son

44. Las arañas no _____ insectos.

   a. es   **b.** están   **c.** son

45. La araña _____ en su tela.

   a. es   **b.** están   **c.** está

Unidad 5

Gramática
- Más sobre los verbos

Escritura
- Un párrafo con instrucciones

CAPÍTULO 25	Verbos *venir*, *poner* y *dar*	318
CAPÍTULO 26	Verbos *ir*, *hacer* y *ver*	328
CAPÍTULO 27	Escribir instrucciones	338
CAPÍTULO 28	Verbos auxiliares	346
CAPÍTULO 29	Adverbios	356
CAPÍTULO 30	Escribir un párrafo con instrucciones	366

Haz un móvil con fotografías

1. Consigue una percha, pinturas, lápices de cera, un perforador de papel, papel, goma de pegar, hilaza de lana y fotografías.

2. Pega las fotografías sobre papeles que tengan diferentes formas. Pinta o colorea los bordes.

3. Haz un agujero en la parte de arriba de cada fotografía.

4. Ata tus fotografías a la percha con hilaza de lana. ¡Cuelga tu móvil!

CAPÍTULO 25
Verbos *venir, poner y dar*

Los verbos *venir, poner* y *dar*

Lee el poema.

Ésta es mi roca

Ésta es mi roca
y aquí me pongo
a robar el secreto del sol;

ésta es mi roca
y aquí vengo antes que la noche
cubra el cielo;

ésta es mi roca,
y éste es el lugar
donde contemplo la noche frente a frente.
  por David McCord

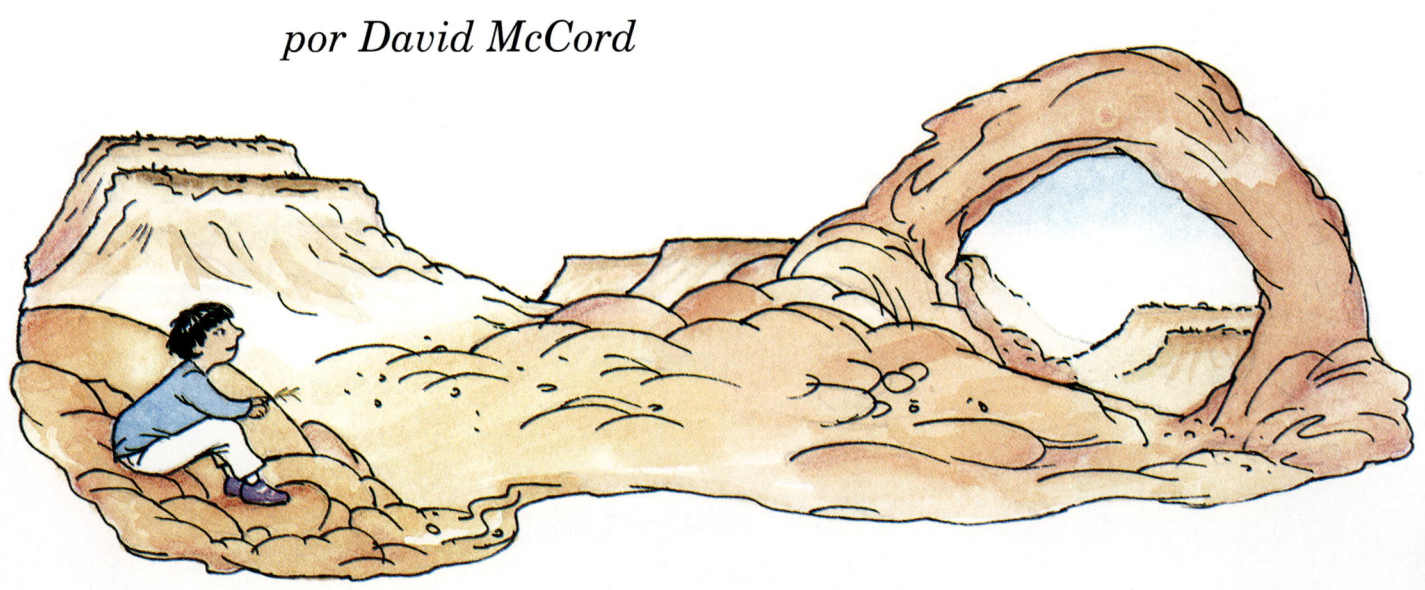

El poder de las palabras

contribución

Di por qué piensas que la roca es especial para el poeta. Luego habla con un compañero acerca de un lugar que sea especial para ti.

Los verbos regulares siguen un mismo patrón cuando se conjugan.

Los verbos **venir**, **poner y dar** son irregulares, es decir, no siguen el patrón.

Fíjate cómo se conjugan en tiempo presente y tiempo pasado.

yo vengo	yo vine
yo pongo	yo puse
yo doy	yo di

Escribe un poema como el que leíste. En la primera línea escribe el nombre de un lugar especial. Usa los verbos *venir*, *poner* y *dar* en algunas líneas.

Verbos *venir*, *poner* y *dar*

Usa los verbos *venir, poner* y *dar*

Tiempo presente de los verbos **venir, poner** y **dar.**

yo	vengo	pongo	doy
tú	vienes	pones	das
él, ella, usted	viene	pone	da
nosotros(as)	venimos	ponemos	damos
ellos, ellas, ustedes	vienen	ponen	dan

Tiempo pasado.

yo	vine	puse	di
tú	viniste	pusiste	diste
él, ella, usted	vino	puso	dio
nosotros(as)	vinimos	pusimos	dimos
ellos, ellas, ustedes	vinieron	pusieron	dieron

Práctica dirigida

Subraya el verbo correcto entre ( ).

1. Ayer me (pongo, puse) mi camisa verde.

2. El mes pasado mi mamá me (da, dio) dos juguetes.

3. Ella (viene, vino) al trabajo mañana después de su cita.

4. Ayer mi tía me (da, dio) un caramelo.

5. Ahora me (pongo, puse) los zapatos y corro.

> **Recuerda** Los verbos *venir, poner,* y *dar,* son irregulares. No siguen el patrón general.

Práctica independiente

Subraya el verbo correcto entre ( ).

6. La semana pasada me (puse, pongo) una camisa roja.
7. Ayer mi tío me (da, dio) una entrada gratis.
8. Ahora (vine, vengo) otra vez al museo con Carlos.
9. Carlos y yo nos (pusieron, pusimos) a buscar a mi tío.
10. Cuando lo encontré le (di, doy) un abrazo.
11. Nos (pusieron, pusimos) muy contentos.
12. La semana pasada mi tío (viene, vino) aquí a dibujar
13. El domingo pasado me (dio, da) sus dibujos.
14. Ahora me (da, dio) un lápiz y un papel.
15. Ahora él (viene, vino) conmigo para dibujar un dinosaurio.

Conexión con la escritura

Hablar de ahora o del pasado Piensa en un lugar interesante al que fuiste. Escribe unas pocas oraciones sobre ese lugar. Usa los verbos *venir, poner* y *dar* en presente y en pasado.

Para imprimir tus oraciones elige *Print* del menú que dice *File.*

Verbos *venir, poner y dar*

La gramática y la escritura

Combina oraciones

Puedes usar **y** para unir dos oraciones sobre un mismo tema.

La maestra arregló la mesa para la exposición de arte. Los niños pusieron sus pinturas en orden.

La maestra arregló la mesa para la exposición de arte **y** los niños pusieron sus pinturas en orden.

Práctica dirigida

Usa **y** para unir oraciones.

1. El reloj decía que eran las 9 de la mañana.

    La gente empezó a venir a nuestra exposición.

2. Estábamos en el museo.

    La gente vino a ver nuestras pinturas.

3. Mis padres entraron.

    Les mostré mis dibujos.

4. Nuestro maestro vino.

    Mis padres hablaron con él.

Recuerda Usa **y** para unir dos oraciones sobre un mismo tema.

Práctica independiente

Usa y para unir las oraciones.

5. Mi maestro habló sobre mi trabajo.
   Mi papá se lo agradeció.

6. Mi papá miró más pinturas.
   Mi mamá compró dos cuadros en la exposición.

7. Diego le mostró su cartel de dinosaurios a una niña.
   A ella le gustó mucho.

8. El director del museo vino a ver nuestra exposición.
   Corrí a saludarlo.

9. El director también es maestro.
   Estudio dibujo con él.

10. Vino mucha gente a la exposición.
    Estábamos muy orgullosos.

Conexión con la escritura

Revisar Mira tu Portafolio. ¿Dónde puedes unir oraciones? Cambia tu escritura uniendo oraciones para hacerla más interesante.

Para escribir una coma usando la computadora, aprieta la tecla .

Verbos *venir*, *poner* y *dar*

La gramática y la escritura

Práctica adicional

Subraya el verbo correcto entre ( ).

1. La semana pasada mi tío me (da, dio) unas entradas para el teatro.
2. Ahora, yo (vengo, vine) al teatro con mis padres.
3. Nos (pusimos, ponemos) a correr porque estábamos tarde.

Cambia el verbo en cada oración para que lo que pasa haya pasado ayer.

4. Venimos a la ciudad.
5. Corremos al teatro.
6. Ponemos las entradas en un sobre.

Usa *y* para unir las oraciones.

7. Mi tío actúa en una obra de teatro. Tengo muchas ganas de verlo actuar.
8. La obra es sobre animales. Mi tío hace de león.
9. Les pregunté a mis padres si podía ir. Compraron entradas.
10. Mi tío fue un gran león. Fue muy divertido observarlo.

Juego lingüístico

El tiempo de las oraciones

- Usa el juego de mesa a continuación.
- Toma turnos con un compañero. Tira un dado numerado.
- Encuentra el número en el juego que tenga el mismo número que salió en el dado. Haz una oración usando la pista *ayer* u *hoy* y el verbo.
- Sigue jugando hasta que todos los jugadores hayan usado cada palabra en una oración.

	venir	poner	dar
hoy	1	2	3
ayer	4	5	6

Conexión con la escritura

Haz una lista Escribe oraciones para hacer una lista de las cosas que le das a menudo a tus amigos y a tu familia. Luego haz una lista de cosas que te dieron ellos a ti en el pasado.

Doy tarjetas.
Doy abrazos

Susana me dio una tarjeta del Día de San Valentín.
Tomás me dio un libro.

Verbos *venir*, *poner* y *dar*

Repaso del capítulo STANDARDIZED TEST PREP

Elige la mejor respuesta para cada palabra subrayada.

1. Era el Día de Acción de Gracias <u>y,</u> todos estaban.
   a. Era el Día de Acción de Gracias y todos estaban.
   b. Era el Día de Acción de Gracias Y todos estaban.
   c. Correcta como está.

2. Mi prima Amy me dio un libro <u>Y</u> yo sonreí.
   a. Mi prima Amy me dio un libro, y yo sonreí.
   b. Mi prima Amy me dio un libro y yo sonreí.
   c. Correcta como está.

3. El año pasado ella <u>viene</u> a la cena de Acción de Gracias.
   a. viene
   b. vino
   c. Correcta como está.

4. Ella <u>viene</u> ahora para la cena de Año Nuevo.
   a. viene
   b. vino
   c. Correcta como está.

5. Yo le <u>di</u> a ella una tarjeta ahora
   a. doy
   b. dieron
   c. Correcta como está.

6. Ahora <u>dimos</u> gracias por todo.
   a. dimos
   b. damos
   c. Correcta como está.

 Si quieres hacer más actividades con los verbos, visita nuestra página web

www.harcourtschool.com

Destrezas de estudio

Cómo leer un periódico

Un periódico da las noticias. Cuenta lo que está sucediendo en el mundo y en tu ciudad. El periódico habla de muchos temas. También puede contar lo que está sucediendo en los deportes, en el arte y en el clima.

Visita de la clase a un museo

Par Bob Parker

Ayer la Sra. Soto se fue a Mapletown en autobús con los niños de su clase. Fueron al museo a conocer la nueva sala de los dinosaurios. El guía les habló de los fósiles y de cómo vivían los dinosaurios

Autor

El artículo dice *quién, qué, dónde, cuándo y por qué.*

El título de un artículo de periódico se llama *titular.*

Práctica

Usa el artículo del periódico para responder a las preguntas.

1. ¿De quién habla el artículo?
2. ¿Qué hicieron?
3. ¿Dónde queda el museo?
4. ¿Cuándo fueron allí?
5. ¿Por qué fueron al museo?

CAPÍTULO 26
Verbos *ir*, *hacer* y *ver*

Verbos *ir*, *hacer* y *ver*

Lee el poema.

Adónde fui

Subí a lo alto de la colina
y vi una cabra saltarina;
bajé cuesta abajo por el sendero
y vi un descuidado carnero;
fui hasta el mar que rugía
y vi un bote que se mecía;
fui hasta el árbol floreciente
y vi dos palomas durmientes.

de *El tesoro de Mamá Oca*
por Raymond Briggs

El poder de las palabras

descuidado

Lee otra vez el poema con un compañero. Después hablen del lugar adónde fue el poeta y de lo que vio.

> Los verbos **ir**, **hacer** y **ver** son irregulares. Su raíz cambia. En la forma de **yo** en el presente se escriben **voy**, **hago**, y **veo**.
>
> Yo **voy** a la playa.
>
> Yo **hago** una vuelta de carnero en la arena.
>
> Yo **veo** un bote en el agua.
>
> Cuando hablan del pasado se escriben **fui**, **hice** y **vi**.
>
> Yo **fui** al lago.
>
> Yo **hice** una pirueta en el agua.
>
> Yo **vi** dos ranas que saltaban.

Recuerda un lugar adónde hayas ido. Luego termina cada oración para añadir nuevas líneas al poema.

Yo fui al parque.

Allí vi a una ardilla corriendo.

Yo _____.

Allí yo _____.

Yo _____.

Allí _____.

Verbos *ir, hacer* y *ver*

Usa los verbos *ir, hacer y ver*

Para decir que hacen otras personas en el presente la conjugación de los verbos **ir**, **hacer** y **ver** es así:

	ir	hacer	ver
él, ella, usted	va	hace	ve
ellos, ellas, ustedes	van	hacen	ven

Para decir que hicieron en el pasado la conjugación es así:

él, ella, usted	fue	hizo	vio
ellos, ellas, ustedes	fueron	hicieron	vieron

Práctica dirigida

Elige el verbo correcto.

1. La semana pasada yo (voy, fui) a un concierto.
2. En el concierto él (ve, vio) a mi amiga Silvina.
3. Ahora ella (va, fue) a la clase de música.
4. Ayer ellos (hacen, hicieron) ejercicio.
5. Yo siempre (hago, hice) un buen trabajo.

Recuerda Los verbos *ir*, *hacer* y *ver* tienen formas irregulares.

Práctica individual

Elige el verbo correcto para terminar cada oración.

6. Ahora mismo mis padres (van, fueron) a una sala de conciertos.

7. Allí ellos (vieron, ven) a la orquesta.

8. Mi papá también (fue, va) el mes pasado.

9. La vez pasada yo (vi, veo) a un guitarrista.

10. Él (hizo, hace) cosas divertidas.

11. Después yo (vi, veo) que se paró en una silla.

12. Ahora el guitarrista (hace, hizo) gestos.

13. Él me (ve, vio) y me sonríe.

14. La vez pasada ustedes (van, fueron) detrás del escenario después del concierto.

15. Ahora ellos (ven, vieron) al guitarrista también.

Conexión con la escritura

Una experiencia emocionante Piensa en la primera vez que viste un espectáculo. Escribe oraciones sobre lo que *viste* e *hiciste*.

Usa la computadora para escribir tus oraciones. Guarda tu trabajo.

Verbos *ir*, *hacer* y *ver*

Uso y puntuación

Comas y dos puntos

Siempre debes escribir una **coma (,)** entre los nombres de una ciudad y de un estado.

Fuimos a **Dallas, Texas.**

Al escribir una carta o postal, menciona a la persona y luego escribe dos **puntos (:)**

Querido Martín:

Práctica dirigida

Escribe las comas y los dos puntos en esta postal.

1 de marzo del 2000
Querida Betty
Nos encanta la gran ciudad de Denver Colorado. Ayer fuimos a ver una obra de teatro. Fue muy divertida. El 3 de marzo vamos a ir a un concierto en Sedona Arizona.
    Tu amiga
    Rosa

Betty Baker
10 James Street
Ocean City Maryland 21842

Recuerda Escribe una **coma** (,) entre los nombres de una ciudad y de un estado. Usa **dos puntos** (:) después del encabezamiento de una carta.

Práctica individual

Escribe las comas y los dos puntos en esta postal.

6 de julio del 2001

Querida Terry

Me estoy divirtiendo mucho en mi viaje. Primero fuimos a Dallas Texas. Después fuimos a Austin Texas. Después mi papá manejó hasta Santa Fe Nuevo México y vimos un museo de arte. Volveré pronto. Muchos saludos para todos.
    Esteban

Terry Jordan
326 North Verde Street
(10) Tempe Arizona 85280

Conexión con la escritura

Oraciones sobre una visita Dibuja un lugar que visitaste. Después escribe una carta sobre el lugar a un amigo. Cuéntale lo que hiciste y lo que viste. Recuerda usar bien las *comas* y los *dos puntos*.

Algunos programas ponen la fecha automáticamente. Comprueba si lo tienes en tu computadora.

Verbos *ir*, *hacer* y *ver*

Práctica adicional

Elige el verbo correcto para terminar cada oración.

1. Mis padres (hacen, hice) cosas divertidas.
2. Ellos (vemos, ven) obras de teatro casi todos los meses.
3. El mes pasado (fui, voy) con ellos a ver una obra para niños.
4. (Vi, vimos) la cenicienta y me gustó mucho.
5. Los actores nos (hicieron, hacen) llorar mucho.

Vuelve a escribir las oraciones. Pon dos puntos y las comas donde corresponde.

6. Puedes ver muchos espectáculos en Nueva York Nueva York.
7. Dos de los actores vienen especialmente de Los Ángeles California.
8. Ahora mis padres y yo vamos a Tampa Florida.
9. Querido Ramón Espero verte pronto.
10. Nosotros vamos a San Diego California la próxima semana.

Juego lingüístico

Adivina adónde fui.

- Piensa en dos lugares que visitaste y en dos lugares que deseas visitar. Haz una tabla como ésta.
- Toma turnos con un compañero.
- Dale un punto a tu compañero si adivina el lugar.
- Sigan jugando hasta que los dos hayan adivinado todos los lugares.

Adónde fui.	Adónde quiero ir.
Fui al zoológico.	Quiero ir a Nueva York, Nueva York.
Fui a Chicago, Illinois.	Quiero ir al espacio en un cohete.

Conexión con la escritura

Escribe una tarjeta postal Escribe una tarjeta postal sobre una ciudad que te gusta. Usa bien la puntuación y los verbos.

22 de julio del 2001

Querida Anita:

    Fui a Santa Cruz, California. Salimos el 10 de julio del 2001. Vi a mi abuelo y a mi abuela. ¡Nos divertimos mucho!

    Sara

Anita Ortega
245 West Street
Nueva York, Nueva York 10019

Verbos *ir*, *hacer* y *ver*

Repaso del capítulo STANDARDIZED TEST PREP

Elige la mejor respuesta para las palabras subrayadas.

1. La semana pasada yo <u>vieron</u> una obra de teatro.

   a. vi
   b. ven
   c. veo
   d. Está correcta.

2. Los actores vinieron de <u>Danville, Virginia</u>.

   a. Danville virginia
   b. Danville, Virginia
   c. Danville, Virginia
   d. Está correcta.

3. Los actores <u>hicieron</u> un buen trabajo.

   a. hizo
   b. hiciste
   c. hice
   d. Está correcta.

4. Lorena no <u>voy</u> mucho al teatro.

   a. van
   b. vio
   c. va
   d. Está correcta.

5. Ellas <u>ve</u> esa obra todos los años.

   a. vio
   b. ven
   c. viste
   d. Está correcta.

6. Carla y Gerardo <u>fui</u> a ver la obra ayer.

   a. voy
   b. van
   c. fueron
   d. Está correcta.

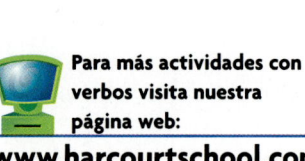
Para más actividades con verbos visita nuestra página web:
www.harcourtschool.com

Destrezas de estudio

Cómo usar un mapa

Un **mapa** muestra un lugar en una hoja de papel. Puede mostrar una ciudad, un estado o un país. Los mapas son demasiado pequeños para mostrar cómo se ven las cosas. En vez de ello, trae dibujitos. La **leyenda** del mapa dice qué significan los dibujitos.

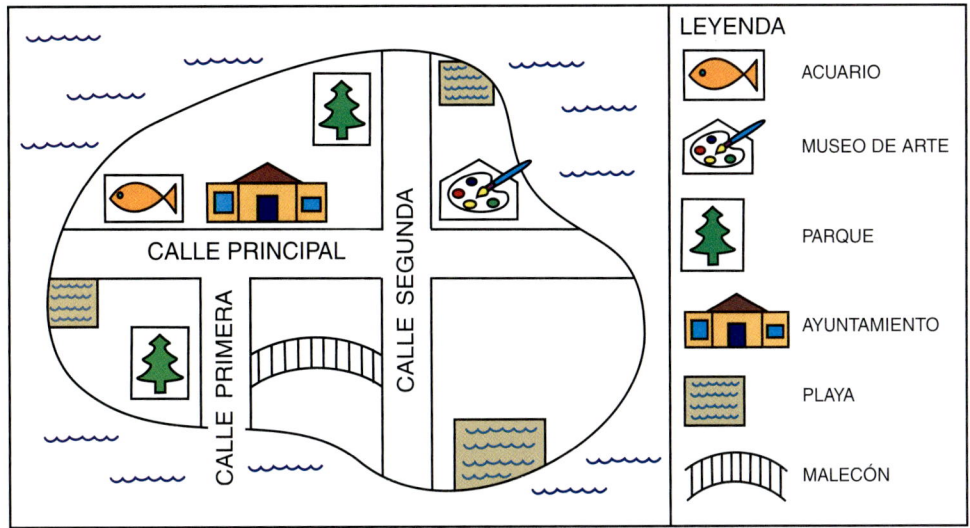

Práctica

Usa el mapa para responder a las preguntas.

1. ¿Cuántas playas hay?
2. ¿Cuántos parques hay?
3. ¿Dónde queda el malecón?
4. ¿Dónde queda el ayuntamiento?
5. ¿Por dónde irías para llegar del acuario al museo de arte?

CAPÍTULO 27
Escribir instrucciones

El arte de escribir

Usa palabras precisas

Las instrucciones indican los pasos para hacer o realizar algo. Los pasos se escriben como mandatos.

Lee las siguientes instrucciones. Fíjate en la manera en que el escritor usa palabras precisas para decir lo que hay que hacer.

de **Los bomberos**

por Robert Maas

Los bomberos demuestran cómo pa*rar, caer y rodar*. Esto es lo que debes hacer si tu ropa se incendia. **Parar:** Para donde estés, no corras. **Caer:** Tírate al piso. **Rodar:** Rueda en ambas direcciones, protegiéndote la cara con las manos, para sofocar las llamas.

El poder de las palabras

demostrar

Las instrucciones deben ser claras y fáciles de entender. Las **palabras precisas** indican al lector lo que debe hacer en cada paso. Al lector le debe resultar fácil formar una imagen mental de los pasos.

Lee estas instrucciones numeradas.

En caso de incendio

1. Formen fila en silencio.
2. Caminen rápidamente hacia la salida más cercana.
3. Salgan y escuchen las instrucciones.

Piénsalo

1. ¿Cómo se parecen y cómo se diferencian las dos instrucciones?
2. ¿Puedes formar una imagen mental de los pasos? Represéntalos y dibújalos?

Escribir instrucciones

El arte de escribir

Usa palabras precisas

Las palabras precisas ayudan al lector a seguir instrucciones correctamente. Cuando el escritor emplea palabras precisas, el lector puede formar una imagen mental de lo que tiene que hacer en cada paso.

Rodar: Rueda en ambas direcciones, protegiéndote la cara con las manos, para sofocar las llamas.

Si esta oración sólo dijera rodar, el lector no sabría exactamente lo que tiene que hacer y por qué. Esta oración indica al lector exactamente cómo rodar.

A. Vuelve a escribir las instrucciones a continuación. Usa palabras precisas. Si necesitas ayuda, usa el Banco de palabras.

1. Para hacer <u>algo</u>, tienes que hacer lo siguiente.
2. Busca <u>cosas</u>.
3. <u>Dobla</u> el papel por la mitad.
4. Escribe <u>algo</u> en ella.
5. <u>Termina</u> la tarjeta.

Banco de palabras
- **papel de colores**
- **adhesivos**
- **una tarjeta postal**
- **dobla**
- **marcadores**
- **decora**
- **un mensaje**

B. Usa palabras precisas para completar estas instrucciones sobre cómo enviar una carta.

Cómo enviar una carta

1. Pon la carta en un sobre.
2. _1._____ el sobre.
3. Escribe el nombre y el _2._____ de la persona a la que le envías la carta.
4. Escribe la dirección _3._____ .
5. Pon un sello postal en la esquina _4._____ del sobre.
6. Pon la carta en un _5._____ .

Pensar y escribir

Reflexiona Di qué te ayudó a pensar en palabras precisas. ¿Te hiciste una imagen mental antes de escribir? Escribe tus ideas. Comparte tus ideas con un grupo pequeño de compañeros.

Escribir instrucciones

El arte de escribir

Practica el arte de escribir

Lee estas instrucciones. Piensa en la manera en que las palabras precisas que están subrayadas ayudan al lector a saber exactamente lo que tiene que hacer.

Qué hacer cuando suena la campana

1. Hagan fila junto a la <u>puerta de entrada</u>.

   Párense <u>en orden alfabético, por apellido</u>.

2. Marchen <u>en fila india</u> hasta el salón de clases.

3. Siéntense en los <u>asientos que les asignaron</u>.

Mira el modelo

1. ¿Qué partes de estas instrucciones dan al lector la mejor idea de lo que tiene que hacer? ¿Por qué?

2. ¿Qué podría haber pasado si el escritor no hubiera utilizado palabras precisas?

Ahora te toca a ti

Escribe instrucciones para un nuevo estudiante sobre cómo hacer alguna cosa o actividad en tu escuela.

Antes de escribir y hacer el borrador

PASO 1 Desarrolla tus ideas.

Hazte las siguientes preguntas.

- ¿Qué es lo primero, lo segundo y lo último que hay que hacer?
- ¿Cuáles son las mejores palabras para indicar cómo hacer cada paso?

PASO 2 Piensa en palabras precisas.

Haz una tabla. Añádele palabras precisas para mostrar al lector lo que tiene que hacer.

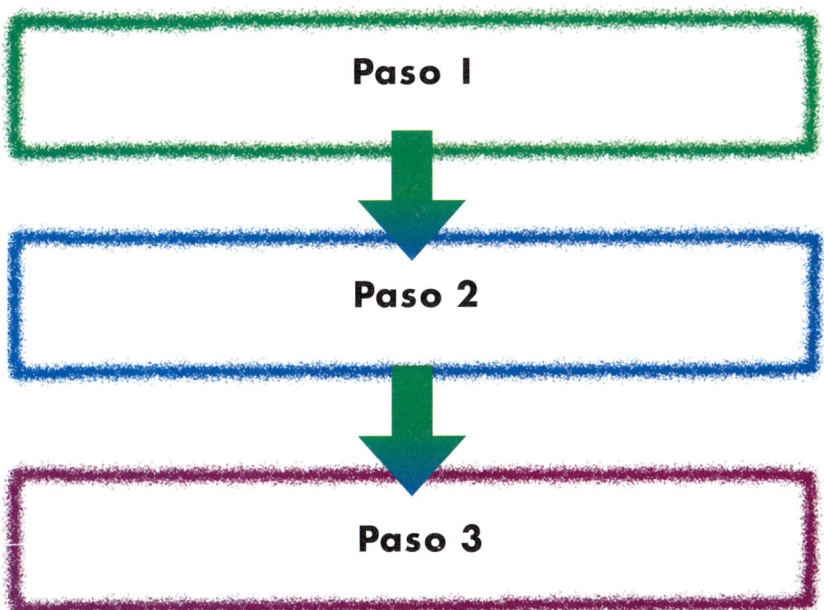

Lo que hacen los buenos escritores

✓ Recuerda decirles a tus lectores exactamente lo que tienen que hacer.

✓ Pon tus ideas en el orden correcto.

Manual del estudiante

Usa tu libro de sinónimos para ayudarte a pensar en palabras precisas.

PASO 3 Escribe tu borrador.

Usa tu tabla y *Lo que hacen los buenos escritores* para escribir un borrador de tus instrucciones.

343

| Escribir instrucciones | **El arte de escribir** |

Edita tus instrucciones

Comparte tu borrador con unos compañeros. Piensen entre todos cómo podrías mejorar tus instrucciones. Usa la lista de verificación y las Marcas editoriales para ayudarte a corregir tus instrucciones.

Marcas editoriales	
	Añadir
	Cambiar
	Quitar
=	Usar mayúscula
	Añadir un punto
	Corregir la ortografía.

 Mis instrucciones están en el orden correcto.

 Mis instrucciones usan palabras precisas, para que mi lector sepa lo que tiene que hacer.

Comparte con otros

Reúnete con un compañero o con un grupo pequeño. Lee tus instrucciones en voz alta. Haz que otros sigan tus instrucciones.

Caligrafía

Vuelve a trazar las letras correctamente

Sigue estos consejos para que tus letras estén bien formadas al trazarlas.

correcto   incorrecto

- ✓ Trata de no levantar el lápiz del papel.
- ✓ Vuelve a trazar por la misma línea.
- ✓ Haz estas letras derechas y no dejes espacios entre ellas.
- ✓ Has tus trazos parejos.

Escribe estas letras y palabras con tu mejor letra. Sigue los consejos para hacer los trazos correctamente.

B h m n r u

El muro blanco.

Mamá me da un bombón.

CAPÍTULO 28

Verbos auxiliares

¿Qué es un verbo auxiliar?

Lee la obra de teatro corta.

¿Quién pintó el mural?

Personajes:	pincel, pintura, lápiz
Hora:	por la noche
Lugar:	en la caja de útiles del artista

Pincel: Yo he pintado el mural en el muro.

Pintura: ¡Eso no es verdad! Lo he pintado yo. He cubierto la pared de hermosos colores.

Lápiz: Yo lo he empezado. He trazado las líneas de los dibujos.

Pintura: He llenado esas líneas con colores. El cepillo me ha ayudado, pero no ha pintado el mural.

Cepillo: ¿Y cómo habrías llegado al mural sin mí?

Lápiz: No discutamos. Creo que nos hemos olvidado de algunas cosas.

Cepillo y Pintura: ¿De qué?

Lápiz: El artista me ha guiado por el muro. Me ha mojado en la pintura y ha dado pinceladas para pintar. ¡El *artista* ha creado el mural!

El poder de las palabras

guiado

Lee la obra de teatro en voz alta con dos compañeros. Actúa cada acción.

> Un **verbo auxiliar** acompaña al verbo principal para hablar sobre una acción.
>
> El artista **ha** pintado la flor de color rojo.
> *Ha* es el verbo auxiliar.

Escribe un verbo auxiliar y un verbo principal para completar cada nueva línea de la obra de teatro.

Pincel: Primero el artista __ _____ la pintura.

Pintura: Después __ _____ las líneas con el lápiz.

Lápiz: Después __ _____ el pincel en la pintura.

Piensa en lo que podría pasar después. Trabaja con tus compañeros para añadir más líneas a la obra de teatro. Incluye verbos auxiliares.

Verbos auxiliares

Usa el verbo *haber*

Usa el verbo **haber** con otros verbos para mostrar una acción que ocurrió en el pasado.

- Usa el **singular** para una persona o cosa.

  Yo **he** trabajado mucho.
  Tú **has** lavado todo.
  Tim **ha** ayudado a su maestra.

- Usa el **plural** para más de una persona o cosa.

  Nosotros **hemos** limpiado la pizarra.
  Ustedes **han** recogido la basura.
  Todos los niños **han trabajado** mucho.

Práctica dirigida

Elige el verbo auxiliar correcto para completar cada oración.

1. Los niños (han, ha) limpiado la clase.
2. David (ha, he) recogido la basura.
3. El maestro les (ha, hemos) pedido que lo hagan.
4. Pedro y Virginia (ha, han) limpiado la pizarra.
5. Nosotros (han, hemos) lavado todo.

> **Recuerda** Usa el verbo *haber* con otros verbos para indicar una acción que ocurrió en el pasado.

Práctica individual

Elige el verbo auxiliar correcto para completar cada oración.

6. Los padres (han, ha) entrado a nuestra clase.

7. Nuestra maestra (ha, hemos) hablado con nuestros padres.

8. Pablo (ha, he) pedido cantar una canción.

9. Mi papá (ha, han) visto mi pupitre.

10. Mi papá y mi mamá se (han, hemos) parado junto a mi pupitre.

11. Mis padres (han, ha) escuchado la canción de Pablo.

12. Después (han, has) mirado mi pupitre.

Conexión con la escritura

Escribe un resumen Piensa en un cuento que te gusta. Escribe unas oraciones para decir lo que pasa en el cuento. Usa el verbo auxiliar *haber*.

Escribe el resumen en tu computadora. Guárdalo en un disquete. Ponle una etiqueta para que más tarde puedas encontrar tu documento.

Verbos auxiliares — La gramática y la escritura

No te vayas del tema

> Un párrafo es un grupo de oraciones que hablan sobre una **idea principal**. La primera oración de un párrafo a menudo contiene la idea principal. Las otras oraciones dan **detalles** sobre la idea principal.
>
> Pintar un dibujo toma tiempo. Primero piensas en lo que quieres pintar. Luego, haces varios dibujos con un lápiz. Después eliges el mejor dibujo y lo vuelves a dibujar en un buen papel. Finalmente, mezclas los colores y pintas el dibujo.

Práctica dirigida

Escribe el párrafo. Subraya la idea principal. Tacha la oración que no habla sobre la idea principal.

1. Puedes encontrar pinturas en muchos lugares . Las puedes ver en un museo o en una galería de arte. También puedes ir a una exposición de pinturas en un parque o en una escuela. Las rosas rojas son flores muy bellas. También hay pinturas en libros.

> **Recuerda** En un párrafo todas las oraciones deben dar más detalles sobre la idea principal.

Práctica individual

Escribe cada párrafo y subraya la idea principal. Tacha la oración que no habla sobre la idea principal.

2. Hice un títere que era un pingüino. Primero busqué felpa blanca y negra. También me gustan los patos. Usé la felpa para hacer el cuerpo. Después le añadí un pedazo de papel anaranjado para el pico y dos ojos de papel. Finalmente pegué felpa negra a cada lado para hacer las alas.

3. Me preparé muy bien para mi parte en la obra de teatro. Antes de la presentación aprendí mi papel. También ensayé muchas veces con mis compañeros. Aprendí a moverme en el escenario. Mi amigo hizo un títere que era un pingüino. El día de la obra estuve listo para actuar.

Conexión con la escritura

Revisar Elige un párrafo de tu portafolio. Verifica que todas las oraciones hablen sobre una idea principal. Tacha las oraciones que no hablen sobre la idea principal.

Si tienes la tecla `tab` en tu computadora, apriétala una vez para comenzar el párrafo en tu computadora.

Verbos auxiliares

Prática adicional

Copia cada oración y subraya el verbo auxiliar. Después haz un círculo alrededor del verbo al que ayuda.

1. Hemos decidido reciclar.
2. Nuestro maestro nos ha hablado sobre eso.
3. Hemos puesto tres botes de basura en la clase.

Elige el verbo auxiliar correcto para completar cada oración.

4. Los niños (ha, han) utilizado cosas viejas.
5. Laura y yo (hemos, han) limpiado latas usadas.
6. Ustedes las (he, han) usado para poner lápices.
7. Yoko (ha, has) visto una caja para sus figuritas.
8. Ella (ha, han) hecho una caja nueva con cajas de huevos vacías.
9. Los niños (han, he) ayudado a su escuela.

Escribe el párrafo y subraya la oración con la idea principal. Tacha las oraciones que no hablan sobre la idea principal.

10. El sábado pasado mi hermano y yo trabajamos en el parque. Pusimos semillas para los pájaros. Mi mamá lee a menudo. Limpiamos los canteros de flores.

Juego lingüístico

Calendario de verbos auxiliares

- **Escribe *he*, *has*, *ha*, *hemos* y *han* en cinco tiras de papel. Ponlas en una bolsa.**
- **Encuentra o dibuja un calendario que muestre la semana pasada.**
- **Túrnate con un compañero. Elige un verbo auxiliar. Habla de alguna cosa que hiciste la semana pasada.**
- **Sigan jugando hasta que los dos hayan dicho una oración para cada día de la semana.**

domingo	lunes	martes	miércoles	jueves	viernes	sábado

Conexión con la escritura

Tabla de trabajos Haz una lista de trabajos para ti y para tus compañeros. Muéstrasela al grupo. Decidan quién hará cada trabajo. Después cuelga la tabla de trabajos en algún lugar.

Tabla de trabajos

limpiar la pizarra	Jorge
regar las plantas	Tara
recoger la basura	Susana
limpiar la jaula del hámster	Chris

Verbos auxiliares

Repaso del capítulo

Elige la mejor respuesta para las palabras subrayadas.

1. Toda la semana el alcalde <u>ha caminado</u> por el parque.
   a. hemos caminado
   b. has caminado
   c. han caminado
   d. Está correcta.

2. Él vio que los niños <u>ha jugado</u> en un parque sucio.
   a. han jugado
   b. has jugado
   c. hemos jugado
   d. Está correcta.

3. El alcalde <u>he organizado</u> el "Día de Limpieza del Parque".
   a. ha organizado
   b. han organizado
   c. has organizado
   d. Está correcta.

4. Mis amigos <u>hemos limpiado</u> el parque todos los años.
   a. han limpiado
   b. has limpiado
   c. ha limpiado
   d. Está correcta.

5. Este año ellos <u>ha empezado</u> a limpiar el parque.
   a. ha empezado
   b. han empezado
   c. has empezado
   d. Está correcta.

6. El alcalde <u>han prometido</u> ayudarnos.
   a. hemos prometido
   b. has prometido
   c. ha prometido
   d. Está correcta.

Para más actividades con verbos auxiliares, visita nuestra página web en
www.harcourtschool.com

Tecnología

Cómo usar gráficas de computadoras

Puedes usar tu computadora para añadir gráficas, es decir piezas de arte, a tus escritos.

- **Usa diferentes tipos de letras.** La escritura es más divertida de leer cuando tiene diferentes tipos y colores.
- **Agrega dibujos a una historia.** Usa dibujos sacados de tu programa de procesamiento de textos; también puedes usar otro programa de dibujo. Agrega piezas de arte a tu historia para hacer un libro.
- **Agrega marcos y bordes.**
- **Agrega cuadros o gráficas a un informe.** Usa tu computadora para hacer gráficas. Muéstralas a medida que presentas tu informe a tus compañeros.

Práctica

1. Escoge algún escrito de tu Portafolio.
2. Agrega gráficas y publica tu escrito.

CAPÍTULO 29

Adverbios

¿Qué es un adverbio?

Lee el texto.

¿Quién ha estado durmiendo en mi plato de avena?

—¿Quién ha estado sentado en mi cama?
—dijo la mamá osa enfadada.
—¿Quién se ha estado comiendo mi silla?
—dijo llorosamente el osito chiquitín.
—¿Quién ha estado durmiendo en mi plato de avena? —dijo enojadamente el papá oso.
—Un momento, —dijo Ricitos de Oro.
—¿Por qué no pueden seguir
el guión? Tratemos de hacerlo de nuevo,
pero esta vez sin equivocarnos.

por Colin McNaughton

El poder de las palabras

alegremente

Las palabras como *alegremente*, *tristemente* o *lentamente* describen cómo alguien hace algo. Piensa en las veces que te has sentido contento, triste o entusiasmado. Haz una lista de palabras que describan tus sentimientos.

> Un **adverbio** describe un verbo. Puede indicar *cómo*, *dónde* o *cuándo* ocurre una acción.
>
> Canté **alegremente**.
> Caminé **lentamente**.

Añade una nueva parte al texto. Escribe lo que dice cada personaje y usa un adverbio en cada oración. Después actúa tu parte con un compañero.

—¿Quién ha estado _____ en mi cama?

—dijo la mamá osa _____.

—¿Quién ha estado _____ en mi leche?

—dijo el osito _____?

—¿Quién ha estado _____ en mi cereal?

—dijo el papá oso _____.

Adverbios

Usa los adverbios

Usa un adverbio para decir *cómo*, *cuándo* o *dónde* ocurre una acción.

La niña jugó **dentro** de la casa. *dónde*
Ella juega **alegremente**. *cómo*
Su tía la visita **frecuentemente**. *cuándo*

Aquí hay más adverbios:

Cómo	Dónde	Cuándo
claramente	lejos	siempre
rápidamente	cerca	seguido
orgullosamente	adentro	nunca
calmadamente	afuera	pronto

Práctica dirigida

Mira el adverbio subrayado en cada oración. Escribe *cómo*, *cuándo* o *dónde* para cada adverbio.

1. Queremos presentar una obra de teatro <u>pronto</u>.

2. Tenemos que practicar <u>siempre</u>.

3. Tenemos que decir nuestra parte <u>claramente</u>.

4. Nuestro maestro elige <u>cuidadosamente</u> a los actores.

5. Nos probaremos los trajes <u>adentro</u>.

Recuerda Un adverbio describe un verbo y responde las preguntas *cómo*, *cuándo* o *dónde*.

Práctica individual

Mira el adverbio en cada oración. Después escribe *cómo*, *cuándo* o *dónde* para cada adverbio.

6. Mariela esperaba <u>ansiosamente</u> su turno.
7. Ella caminó <u>lentamente</u> hacia el escenario.
8. Mariela repasó su parte <u>cuidadosamente</u>.
9. Jenny dibuja <u>maravillosamente</u>.
10. La maestra la eligió <u>ayer</u> para hacer los decorados.
11. <u>Hoy</u> empezamos a ensayar.
12. El primer ensayo salió <u>mal</u>.
13. <u>A veces</u> olvidamos nuestra parte.
14. Aprendimos nuestra parte <u>rápidamente</u>.
15. Creo que haremos <u>bien</u> la obra.

Conexión con la escritura

Usa los adverbios Haz un dibujo o elige una foto de una revista. Escribe oraciones con adverbios para describir lo que está pasando en el dibujo.

Usa tu computadora para añadir adverbios a tus oraciones.

Adverbios — La gramática y la escritura

Escribe con adverbios

> Los adverbios siempre dan más detalles. Cuando dices **cómo**, **cuándo** o **dónde** le das más información al lector.

Práctica dirigida

Añade un adverbio que conteste la pregunta entre ( ). Escribe la nueva oración.

1. Debora lee su parte. (¿Cómo?)
2. El señor Ramírez ajustará las luces. (¿Cuándo?)
3. Tammy se pone el maquillaje. (¿Cómo?)
4. Gustavo se ata el cinturón de su traje. (¿Cómo?)
5. La maestra toca el piano. (¿Dónde?)

Juego lingüístico

Actúalo con mímica

- Toma turnos con un compañero. Tiren un dado.
- Elijan un adverbio de la columna correcta. Úsenlo en una oración. Ganan un punto por cada adverbio usado correctamente.
- El primero en tener 5 puntos gana el juego.

1 o 4	2 o 5	3 o 6
¿Cómo?	¿Cuándo?	¿Dónde?
lentamente	temprano	aquí
rápidamente	pronto	abajo
tristemente	ahora	adentro
claramente	después	arriba

Conexión con la escritura

Noticias Las noticias del periódico cuentan cosas que realmente sucedieron. Contestan las preguntas *quién*, *qué*, *dónde*, *cuándo*, *por qué* y *cómo*. Escribe una noticia sobre algo que viste. Usa adverbios y esta noticia como ejemplo.

Fuerte lluvia en México

Ayer comenzó a llover repentinamente. La gente corrió para protegerse de la lluvia. La tormenta pasó rápidamente. Pronto el sol brilló en el cielo.

Adverbios

Repaso del capítulo

Elige la mejor respuesta para completar cada oración.

1. La maestra elogió _____ la clase.

    a. calurosamente

    b. calurosa

    c. debajo

2. Los niños trabajaron _____.

    a. silenciosamente

    b. difícil

    c. siempre

3. Quieren empezar _____ otra obra.

    a. fríamente

    b. arriba

    c. pronto

4. Terminan su tarea escolar _____.

    a. rápidamente

    b. aburridos

    c. alrededor

5. Los niños ríen _____ al leer una obra divertida.

    a. alegremente

    b. salvajemente

    c. furiosamente

6. Esperan elegir una nueva obra _____.

    a. cerca

    b. mañana

    c. última

 Para más actividades con adverbios visita nuestra página web:
www.harcourtschool.com

Destrezas de estudio

Cómo usar una biblioteca

Las bibliotecas ponen los libros en un orden especial. También ponen los libros de ficción separados de los libros de no ficción.

- **Los libros de ficción** son historias que inventa el escritor. Son ordenados alfabéticamente según el apellido del autor.
- **Los libros de no ficción** tratan de cosas reales. Son ordenados según el tema, y luego, según el número especial que tengan.

Usa la computadora para buscar libros en la biblioteca.

Práctica

¿En qué parte de la biblioteca encontrarías estos libros? Escribe *ficción o no ficción*.

ficción

no ficción

1. *582 plantas en vías de extinción* de Jeff Sanders
2. *El perro excavador* de Tom McNeal
3. *Escuela para sordomudos* de Mary Beth Miller
4. *Pececín* de Leo Lionni.

Mira los libros en las preguntas del 1 al 4.

5. Escribe los títulos de los libros de ficción en orden alfabético.
6. Escribe los de no ficción en orden.

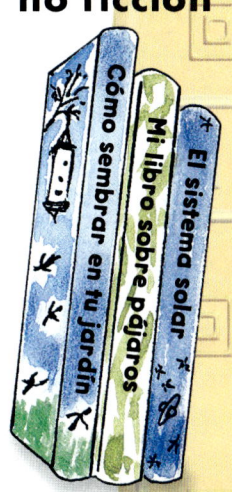

365

CAPÍTULO 30

Escribe un párrafo con instrucciones

¿Cómo puedes decirle a alguien cómo hacer algo? Una forma sería explicar los pasos. En este cuento, Pablo ayuda a hacer diferentes tipos de pan. Aprende los pasos que él sigue.

de Bagels de jalapeño

por Natasha Wing   ilustrado por Robert Casilla

Libro de Estudios Sociales Notable

—¿Qué debo llevar a la escuela el lunes para el Día Internacional? —le pregunté a mi madre—. Mi maestra nos dijo que lleváramos algo típico de nuestra cultura.

El poder de las palabras

internacional

—Puedes llevar un pan de la *panadería* —sugirió ella, refiriéndose a nuestra panadería.

—Ayúdanos a hornear el domingo y entonces escoges lo que tú quieras.

—Trato hecho —le dije. Me gusta ayudar en la panadería. Allí hace calorcito y todo huele muy rico.

El domingo, muy temprano en la mañana, cuando aún está oscuro, mi madre me despierta.

—Pablo, es hora de ir a trabajar —me dice. Caminamos hacia la panadería. Mi padre enciende las luces y mi madre enciende el horno. Ella saca las ollas y los ingredientes para hacer pan dulce, que es un tipo de pan mexicano.

Ayudo a mi madre a preparar la masa y a amasar. Ella le da formas redondas y de hogaza y luego los desliza en el horno. La gente dice que ella hace el mejor pan dulce del pueblo.

—Quizá lleve pan dulce a la escuela —le digo.

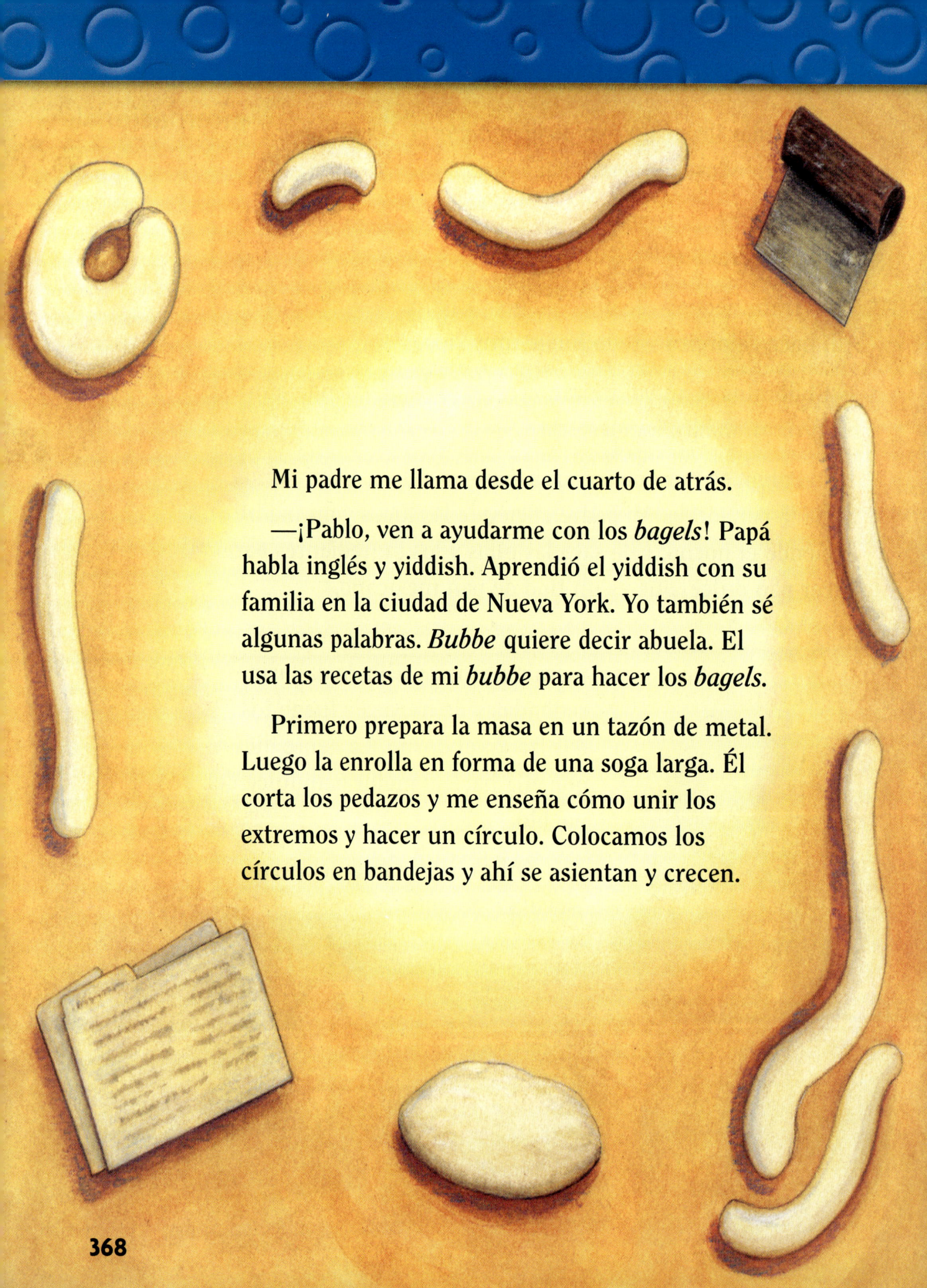

Mi padre me llama desde el cuarto de atrás.

—¡Pablo, ven a ayudarme con los *bagels*! Papá habla inglés y yiddish. Aprendió el yiddish con su familia en la ciudad de Nueva York. Yo también sé algunas palabras. *Bubbe* quiere decir abuela. El usa las recetas de mi *bubbe* para hacer los *bagels*.

Primero prepara la masa en un tazón de metal. Luego la enrolla en forma de una soga larga. Él corta los pedazos y me enseña cómo unir los extremos y hacer un círculo. Colocamos los círculos en bandejas y ahí se asientan y crecen.

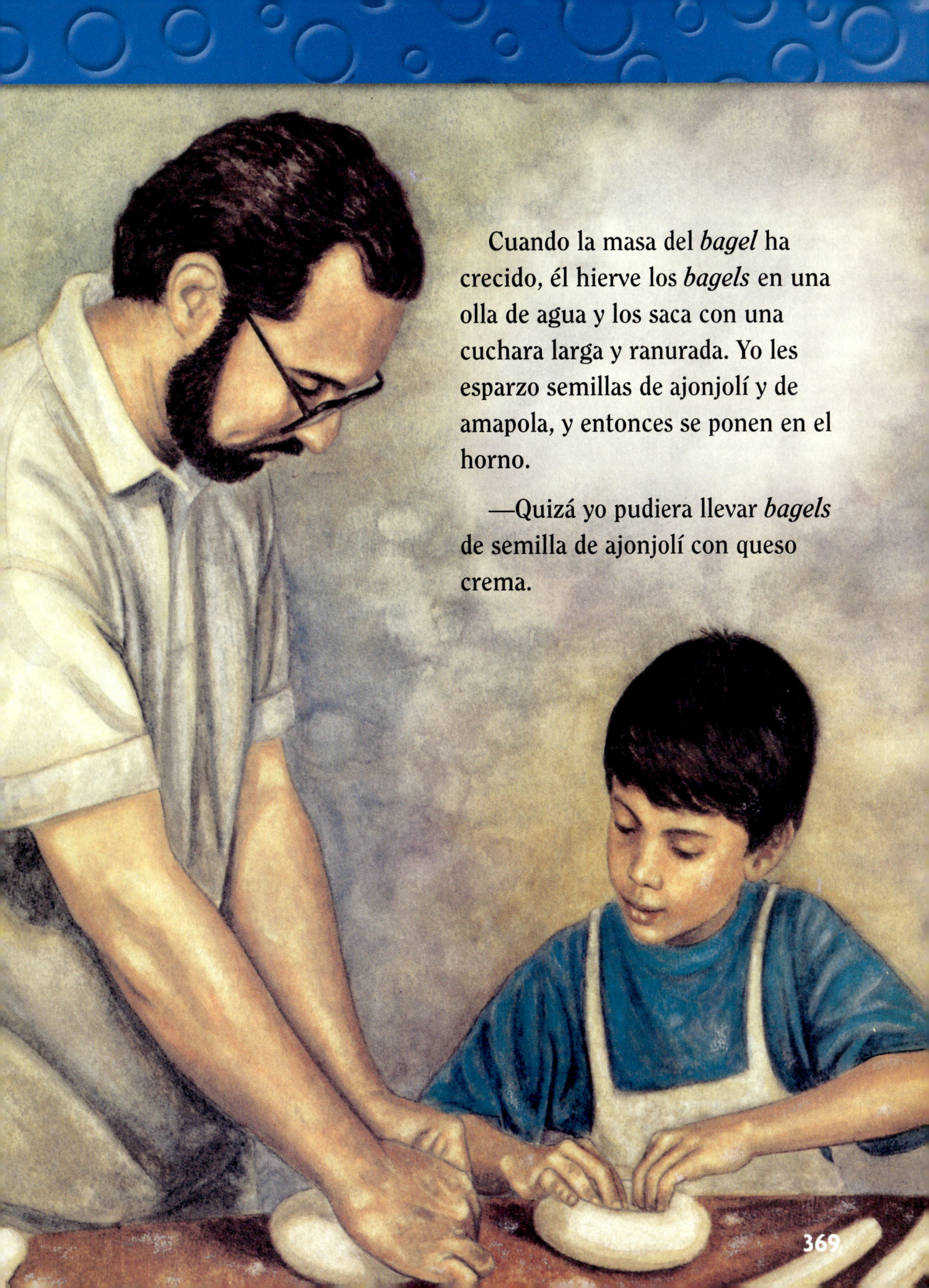

Cuando la masa del *bagel* ha crecido, él hierve los *bagels* en una olla de agua y los saca con una cuchara larga y ranurada. Yo les esparzo semillas de ajonjolí y de amapola, y entonces se ponen en el horno.

—Quizá yo pudiera llevar *bagels* de semilla de ajonjolí con queso crema.

Mi madre se nos une y ayuda a mi padre a hacer otra tanda de *bagels,* los *bagels de jalapeño*. Mis padres usan su propia receta especial. Mientras papá amasa, mamá corta los chiles *jalapeños*. Ella los tira en la masa y le añade pimientos rojos, secos. Nosotros les damos formas, cortamos, hacemos círculos y dejamos que crezcan. Me cuesta trabajo esperar a que estén hechos, porque me está entrando el hambre.

—¿Has decidido qué vas a llevar a la escuela? —pregunta mamá.

—Es difícil decidir, todo es tan bueno —le digo.

—Debes decidirte antes de que abramos —me advierte Mamá—, o nuestros clientes lo van a comprar todo.

Paso por delante de los panes dulces y de los *bagels*.

Pienso en mi padre y en mi madre, y en todas las diferentes cosas que hacen en la panadería.

De repente, ya sé exactamente lo que voy a llevar.

—*Bagels de jalapeño* —le digo a mis padres—. Les untaré queso crema y mermelada.

—¿Por qué *bagels de jalapeño*? —pregunta Papá.

—Porque son una mezcla de ustedes dos . . . ¡Igual que yo!

Piénsalo

1. ¿Qué piensas de la selección que hizo Pablo para llevar al Día Internacional?

2. ¿Qué fue lo que más te sorprendió cuando aprendiste a hacer los *bagels*?

La lectura y la escritura

Partes de un párrafo con instrucciones

En un **párrafo con instrucciones**, el escritor señala los pasos para enseñar cómo hacer algo.

- La primera oración dice lo que el párrafo explicará cómo hacer algo.
- La segunda oración dice todas las cosas que necesitas.
- Los pasos están escritos en el orden en que se deben seguir. Los adverbios de tiempo hacen que el orden se vea claro.

Relee este párrafo de la historia que trata sobre cómo hacer algo. Luego completa el diagrama de flujo en un papel.

Primero prepara la masa en un tazón de metal. Luego la enrolla en forma de una soga larga. Él corta los pedazos y me enseña cómo unir los extremos y hacer un círculo. Colocamos los círculos en bandejas y ahí se asientan y crecen.

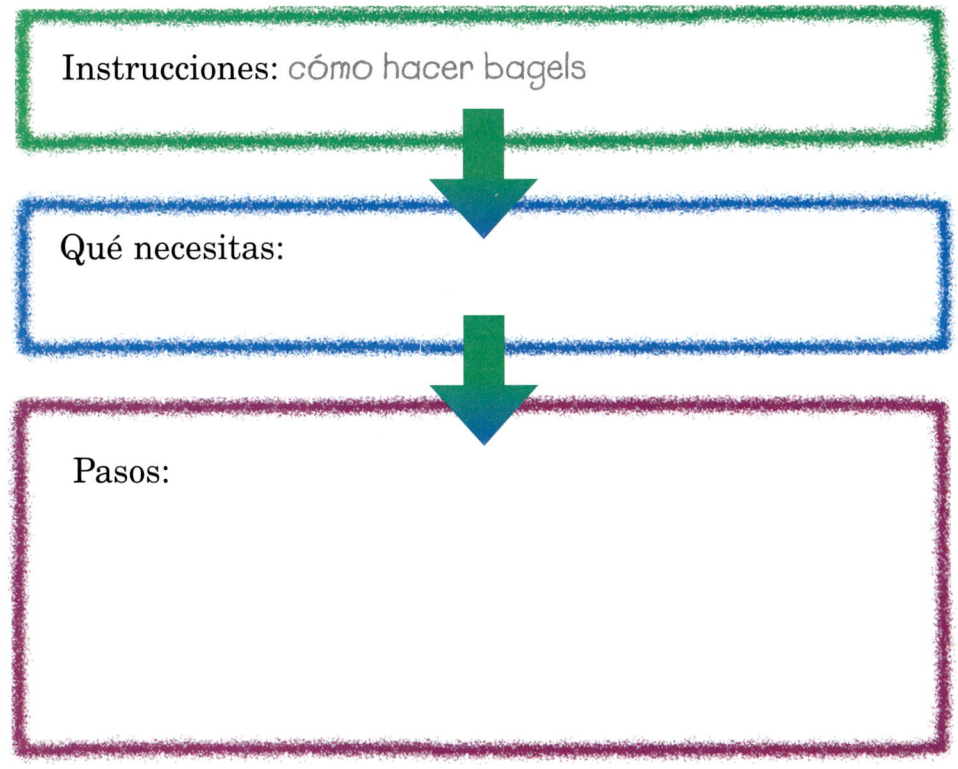

Instrucciones: cómo hacer bagels

⬇

Qué necesitas:

⬇

Pasos:

La lectura y la escritura

Modelo de un estudiante

A María le gustó mucho aprender a hacer *bagels*. Pensó en algo que podría enseñar a hacer a sus compañeros. Lee su párrafo con instrucciones y fíjate cómo puso las partes importantes en orden.

Cómo hacer plastilina.

Puedes hacer tu propia plastilina. Necesitas dos tazas de sal, dos tazas de agua tibia, dos tazas de harina, un tazón y colorante para alimentos. Primero pon el agua en el tazón y añade un poquito de colorante para alimentos. Después pon la sal y la harina lentamente en el tazón. Finalmente mezcla la masa con las manos. Juega con la plastilina o ponla en la nevera para mantenerla fresca.

Título Dice qué podrá hacer el lector con las instrucciones del párrafo.

Materiales Dice qué necesitarás hacer para cumplir la actividad.

Pasos Dice qué hacer, en el orden correcto.

Mira el modelo

¿De qué trata el párrafo de María?

¿Qué necesitas para hacer plastilina?

¿Cuál es el primer paso?

¿Cuál es el segundo paso?

¿Qué debes hacer después de que tienes todos los ingredientes en el tazón?

El arte de escribir

Usar palabras exactas

María escribió su párrafo de instrucciones de un modo fácil de entender. Utilizó palabras exactas para mostrar cómo hacer todos los pasos. Encuentra las partes del párrafo de María que tienen palabras exactas.

¿Cuánta sal y harina necesitas? ¿Cómo lo sabes?

¿Cómo sabes cuándo añadir la harina y la sal?

¿Cuándo mezclas todo junto? ¿Qué utilizas para mezclar la masa?

CAPÍTULO 30
Escribe un párrafo con instrucciones

Taller de escritura

Antes de escribir

María escribió su párrafo con instrucciones. Ella lo planeó antes. Ella sabía que era importante hacer una lista de los materiales y los pasos. Ella usó un diagrama de flujo para planear su párrafo y poner sus ideas en orden.

Instrucciones: cómo hacer plastilina

⬇

Qué necesitas: dos tazas de sal, dos tazas de agua tibia, dos tazas de harina, un tazón, colorante para alimentos

⬇

Pasos: Primero, pon el agua en el tazón. Añade colorante para alimentos.

Después pon la sal y la harina en el tazón.

Finalmente mezcla la masa con las manos.

Juega con la plastilina o ponla en la nevera para mantenerla fresca.

Ahra te toca a ti

PASO 1 **Piensa en las cosas que puedes hacer.**

Haz una lista de las meriendas que te gustan hacer. Escribe o dibuja tus ideas.

PASO 2 **Escoge una cosa sobre la que vas a escribir.**

Elige algo que les gustaría aprender a tus compañeros.

PASO 3 **Completa el diagrama de flujo.**

Lo que hacen los buenos escritores
✓ Recuerda para quién escribes y por qué.
✓ Haz un plan que muestre los pasos en el orden en que los escribirás.

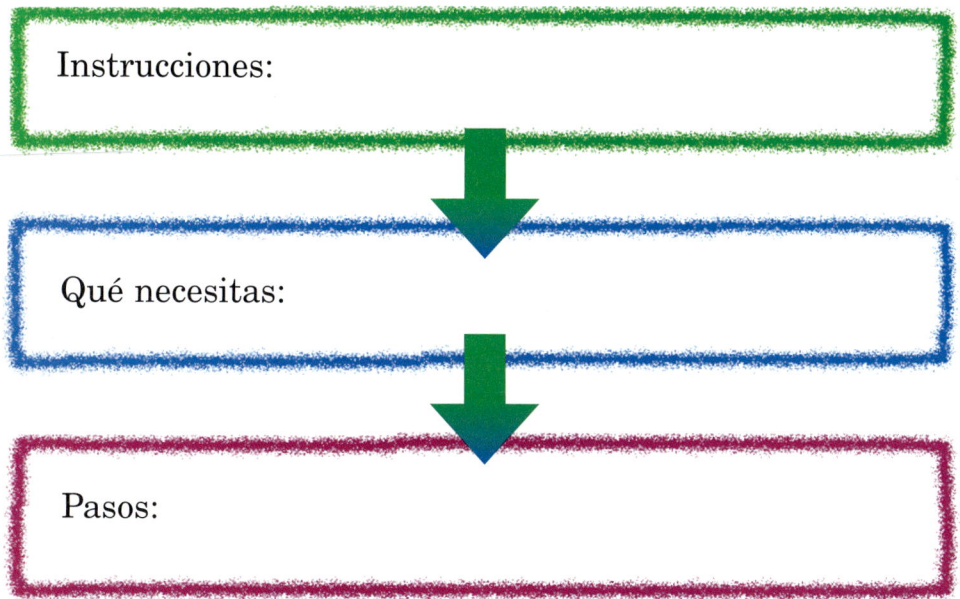

Instrucciones:

Qué necesitas:

Pasos:

Escribe un párrafo con instrucciones

Hacer el Borrador

María usó su gráfica de flujo para que la ayudara a escribir su primer borrador. Ella escribió sus ideas rápidamente. Sabía que más tarde podía volver a su trabajo y corregir los errores.

Borrador

Como hacer plastilina

Tú puedes hacer tu propia plastilina. Necesitas dos tazas de sal, dos tazas de agua tibia, dos tazas de harina, un tazón, colorante para alimentos. primero pon el agua en el tazón y añade colorante para alimentos. Después pon la sal y harina en el tazón. Juega con la plastilina. Mezcla la masa con la manos.

Fíjate en la forma en que María escribe su párrafo con instrucciones siguiendo los pasos de su diagrama de flujo. ¿Qué más puede añadir para completarlo?

Lo que hacen los buenos escritores

 Piensa en quién leerá tu párrafo y por qué.

 Sigue tu plan y escribe las ideas más importantes. Puedes arreglar los errores después.

Instrucciones: Cómo hacer plastilina

⬇

Qué necesitas: dos tazas de sal, dos tazas de agua tibia, dos tazas de harina, un tazón, colorante para alimentos

⬇

Pasos: Primero, pon el agua en el tazón. Añade colorante para alimentos.

Después pon la sal y la harina en el tazón.

Finalmente mezcla la masa con las manos.

Juega con la masa o ponla en la nevera para mantenerla fresca.

Ahra te toca a ti

Usa tu gráfica de flujo y *Lo que hacen los buenos escritores* para escribir el borrador de un párrafo con instrucciones.

Recuerda escribir la fecha en tu borrador. Esto te ayudará a saber cuál es el borrador más nuevo.

| Escribe un párrafo con instrucciones |

Revisar

María le leyó su borrador a un compañero. Él o ella le dio algunas ideas sobre cómo mejorar su escritura. Observa cómo María corrigió su párrafo con instrucciones.

> **Borrador**
>
> ~~Tú~~ puedes hacer tu propia plastilina. Necesitas dos tazas de sal dos tazas de agua tibia dos tazas de harina, un tazón, colorante para alimentos. primero pon el agua en el tazón y añade un poquito de colorante para alimentos. después pon la sal y lentamente harina en el tazón. (Juega con la plastilina.) Mezcla la masa con las manos.

Lo que hacen los buenos escritores

 Asegúrate que el párrafo tenga una oración que contiene el tema principal. Haz una lista de las cosas que necesitas.

 Asegúrate que los pasos están en orden.

 Asegúrate que has usado los adverbios de tiempo.

Marcas editoriales

 Añadir

 Cambiar

 Quitar

 Mover texto

Ahora te toca a ti

Lee tu párrafo a un compañero o a un grupo pequeño. Habla acerca de cómo mejorarlo. Usa *Lo que hacen los buenos escritores* y las *Marcas editoriales* para hacer los cambios.

Corregir

María leyó otra vez su párrafo con instrucciones para buscar más errores. Analiza por qué ella hizo los arreglos en rojo.

Lo que hacen los buenos escritores

 Recuerda dejar márgenes.

 Usa adverbios para ayudar a seguir los pasos.

 Revisa para ver si se te escaparon algunas letras mayúsculas o necesitas convertir alguna letra mayúscula en minúscula.

 Revisa la ortografía.

Borrador

Tú puedes hacer tu propia plastilina. Necesitas dos tazas de sal, dos tazas de agua tibia dos tazas de harina, un tazón colorante para alimentos. primero pon el agua en el tazón y añade un poquito de colorante para alimentos. después pon la sal y lentamente harina en el tazón. ~~Juega con al plastilina.~~ Mezcla la masa con las manos.

Marcas editoriales

 Añadir una coma.

 Usar mayúscula.

 Usar minúscula.

 Corregir la ortografía.

Ahora te toca a ti

Lee tu párrafo con instrucciones una vez más. Usa *Lo que hacen los buenos escritores* y las *Marcas editoriales* para arreglar los errores.

Revisa y edita tu borrador en la computadora.

Escribir un párrafo con instrucciones

Publicar

María decidió hacer un cartel para mostrarle a otros niños cómo hacer plastilina. Primero ella copió el párrafo con instrucciones en una hoja de papel grande. Después le puso un título colorido. Por último, hizo un dibujo para mostrar cada paso.

Ahora te toca a ti

Haz una copia en limpio de tu párrafo con instrucciones. Haz todos los cambios. Si quieres usa una computadora. Aquí tienes algunas ideas más para publicar tu párrafo con instrucciones.

- **Haz un libro de toda la clase**

  Coloca tu copia final junto a las de tus compañeros para hacer un libro. Trabajen juntos para hacer una cubierta con un dibujo y un título. Coloca tu libro en la esquina de *Cosas para hacer* de la biblioteca del salón.

Coloca tu párrafo con instrucciones ya terminado en tu portafolio.

Escuchar y hablar

Da y sigue instrucciones

Puedes presentar tu párrafo con instrucciones a un grupo. Sigue estas sugerencias.

Para dar instrucciones

- Antes de comenzar a hablar, piensa en los pasos y el orden de los pasos.
- Empieza diciendo la idea principal.
- Di lo que se necesita. Si puedes, muestra cada objeto.
- Di los pasos en orden.
- Usa palabras que indican secuencia como primero, luego, entonces y finalmente.
- Usa objetos, fotos y gestos de la mano para mostrar qué se hace en cada paso.
- Responde a las preguntas que te hagan sobre las instrucciones.

Para seguir instrucciones

- Escucha todos los pasos atentamente.
- Trata de imaginarte cada paso mientras lo escuchas.
- Presta atención a las palabras que indican secuencia como primero, luego, entonces y finalmente.

Unidad 5
Repaso de gramática
páginas 320–359

Usa los verbos *venir*, *poner* y *dar* páginas 320–321

Subraya el verbo correcto entre ( ) para completar cada oración.

1. Papá (vino, viene) hoy de su viaje.
2. Cuando viene nos (da, dio) muchos regalos.
3. Cuando vino de su último viaje (pone, puso) un regalo en mi cuarto.

Combina oraciones páginas 322–323

Usa *y* para unir dos oraciones.

4. Un taxi se paró. Amy vio que era papá.
5. Papá llegó a casa temprano. Le dimos un abrazo.

Usa los verbos *ir*, *hacer* y *ver* páginas 330–331

Escribe correctamente el verbo entre ( ) para completar cada oración.

6. El año pasado papá (ir) muchas veces al teatro.
7. (ver) muchos actores famosos.
8. Ahora papá (hacer) los decorados para la obra de la escuela.

Comas páginas 332–332

Escribe coma donde corresponda.

9. Querido Fabian me imagino que ya habrás recibido mis noticias.
10. Mamá está en una exposición de arte en Provo Utah.

Usa el verbo *haber* páginas 348–349

Elige el verbo auxiliar correcto para completar cada oración.

11. Mina (ha, has) actuado en una obra de teatro.

12. Nosotros (han, hemos) visto la nueva obra de teatro.

13. Ellos también (han, hemos) comprado entradas para la semana pasada.

No te vayas del tema páginas 350–351

Vuelve a escribir el párrafo. Subraya la idea principal. No escribas la oración que no habla de la idea principal.

13. La semana pasada fui al Museo de Niños. Vi muchos juguetes antiguos. También vi dibujos hechos por niños. El mes pasado mi hermana me dio un libro. Me divertí mucho en el museo.

Usa los adverbios páginas 358–359

Lee el adverbio subrayado en cada oración. Luego, escribe si cada adverbio indica cómo, cuándo o dónde.

15. El tiempo pasa rápidamente en el museo.

16. Quisiera ir siempre.

17. Allí todo está claramente explicado.

Unidad 5
Conclusión

Escribir sobre otras materias

Matemáticas

¡Vamos de viaje!

¿Quiere tu clase ir de excursión a un museo de arte, a un concierto o a un espectáculo? ¿Necesitan juntar dinero para pagar el viaje? Aquí tienes algunas ideas para hacerlo.

Planifica el viaje

- ¿Adónde quieres ir? ¿Por qué quieres ir allí? Obtén información sobre el museo o el teatro que quieren visitar.

- Averigua cuánto cuesta el transporte. ¿Cuánto cuesta el autobús? ¿Cuánto cuestan las entradas?

Planifica un evento para obtener dinero

- Decide qué tipo de evento quieres organizar. ¿Será una venta de galletas y pasteles, una carrera divertida o algún otro evento?

- Haz un plan. Haz una lista de las cosas que tienes que hacer para organizar el evento.

- Habla con el director de tu escuela sobre la excursión y el evento para juntar dinero. Dile por qué tu clase quiere ir de excursión y por qué necesitas juntar dinero. Explícale tu plan.

Sigue tu plan

- Habla con tus padres y con otras personas que pueden ayudar. Explícales lo que pueden hacer.

- Informa a otras personas que estás juntando dinero para la excursión. Haz carteles y envía avisos por correo electrónico para que vengan a tu evento.

- Haz tu evento. Después, ¡diviértete mucho en tu excursión!

Libros de lectura

Si ganaras un millón
por David M. Schwartz
No ficción
Este libro indica las muchas maneras en que se utiliza el dinero.
Libro notable de la ALA, Elección para maestros

Una aventura con el dinero: ganarlo, ahorrarlo, gastarlo y compartirlo
por Neale S. Godfrey
No ficción
Un grupo de niños averigua cómo se gana, se ahorra, se gasta y se comparte el dinero.

Unidad 6

Gramática
- Conclusión

Escritura
- Informe de un libro
- Informe de investigación

CAPÍTULO 31	Nombres y pronombres	390
CAPÍTULO 32	Usar verbos correctamente	400
CAPÍTULO 33	Escribir un informe de un libro	410
CAPÍTULO 34	Corregir oraciones	418
CAPÍTULO 35	Problemas ortográficos	428
CAPÍTULO 36	Escribir un informe de investigación	438

Los dinosaurios

La palabra *dinosaurio* significa lagarto terrible. Los primeros dinosaurios vivieron hace más de 200 millones de años. Los dinosaurios murieron hace unos 65 millones de años. Los científicos aprenden sobre los dinosaurios de los fósiles que encuentran en la tierra.

Ver
- El árbol genealógico de un dinosaurio
- Los dinosaurios más grandes y más pequeños
- ¿Qué les pasó a los dinosaurios?

CAPÍTULO 31
Nombres y pronombres

Nombres y pronombres

Lee el poema.

El ruiseñor

El ruiseñor, el ruiseñor.

En la mañana él habla,

en la mañana él canta.

Por amor a la gente él habla,

en la mañana él canta.

de La nación Acoma

El poder de las palabras

ruiseñor

Lee el poema con un compañero. Habla sobre lo que hace el pájaro del poema y sobre otras cosas que los pájaros hacen a diferentes horas del día.

Un **pronombre** es una palabra que ocupa el lugar de un nombre. *Yo, tú, usted, él, ella, nosotros, ustedes, ellos* y *ellas* son pronombres.

Teresa mira un ruiseñor.
Ella lo dibuja.

Piensa en una persona que te guste. Escribe el nombre de la persona dos veces en la primera línea. Luego añade nuevas líneas al poema para hablar sobre lo que esa persona hace. Usa algún pronombre.

_____, _____,

En la mañana _____, en la mañana _____.

Por amor a la gente _____ habla,

en la mañana _____.

Nombres y pronombres

Concordancia entre nombres y pronombres

> Un pronombre es una palabra que toma el lugar del nombre. Los pronombres deben concordar con el nombre que reemplazan.
>
> **La Sta. Gómez** es científica.
> **Ella** estudia rocas.
>
> **Las niñas** quieren ir a la montaña.
> **Ellas** se preparan para el paseo.

Práctica dirigida

Escribe el pronombre que concuerda con el nombre subrayado.

1. <u>Roberto</u> fue de campamento con su familia.
   _____ se divirtió mucho.

2. <u>Mária</u> llevó su bolsa de dormir.
   _____ sabía que la mantendría abrigada.

3. <u>Los niños</u> trajeron un telescopio.
   _____ querían ver las estrellas.

4. <u>Las niñas</u> ayudaron a los niños a armar el telescopio.
   _____ vieron las estrellas y los planetas.

Recuerda Los pronombres deben concordar con el nombre que reemplazan.

Práctica individual

Escribe el pronombre que concuerda con el nombre subrayado.

5. Los <u>adultos</u> armaron las carpas.

   _____ trabajaron mucho.

6. Las <u>señoras</u> pusieron las bolsas de dormir.

   _____ hicieron un buen trabajo.

7. <u>Bárbara</u> fue a buscar leña.

   _____ encontró mucha leña.

8. El <u>Sr. Johnson</u> hizo una fogata.

   _____ prendió el fuego con un fósforo.

9. Mi <u>mamá</u> nos mantuvo ocupados mientras la fogata ardía.

   _____ nos contó varios cuentos.

10. El <u>Sr. Johnson</u> y la <u>Sta. González</u> prepararon la cena.

    _____ prepararon la cena.

Conexión con la escritura

Reemplaza los nombres Elige en tu Portafolio algo que hayas escrito. Encuentra nombres que puedas reemplazar con pronombres. Asegúrate de que tus pronombres concuerden.

Usa tu computadora para editar tu escrito.

Nombres y pronombres — **Uso y puntuación**

El orden correcto de los pronombres

> Cuando escribes o hablas sobre otra persona y sobre ti usando **yo** o **mí**, siempre debes nombrar a la otra persona primero. **Yo** se usa en la parte que nombra.
>
> **Bob y yo** fuimos a la tienda.
>
> **Mí** se usa en la parte que dice.
>
> El Sr. Flores nos dio manzanas a **Bob y a mí**.

Práctica dirigida

Elige las palabras correctas entre ( ).

1. (Mi familia y yo, Yo y mi familia) volamos al Gran Cañón del Colorado.

2. Mi hermana Lisa se sentó junto (a mamá y a mí, a mi y a mamá).

3. (Ni yo ni Lisa, Ni Lisa ni yo) conocíamos el Gran Cañón.

4. Mamá compró un libro (para Lisa y para mí, para mí y para Lisa).

> **Recuerda** Cuando escribes o hablas sobre otra persona y sobre ti usando *yo* o *mí*, siempre debes poner a la otra persona primero.

Práctica individual.

Escribe las palabras correctas entre ( ) para completar cada oración.

5. (Mi familia y yo, Yo y mi familia) hicimos una excursión al fondo del cañón.

6. Mamá dejó que (Lisa y yo, yo y Lisa) lleváramos el agua.

7. (Yo y mi papá, Mi papá y yo) vimos una mula.

8. Mamá nos preguntó (a mi hermana y a mí, a mí y a mi hermana) si queríamos montar en la mula.

9. (Lisa y yo, Yo y Lisa) montamos por turnos.

10. (Yo y mi familia, Mi familia y yo) tuvimos un paseo muy bueno.

Conexión con la escritura

Usa pronombres claros Escribe oraciones sobre algún viaje que hayas hecho. Cuenta lo que hiciste y con quién lo hiciste. Mira que los nombres y los pronombres que uses estén en el orden correcto.

Usa tu computadora para escribir. Guarda tu escritura con save y añade más detalles después.

Nombres y pronombres

Práctica adicional

Escribe el pronombre que concuerde con el nombre subrayado.

1. Los <u>niños</u> salieron a una caminata. _____ llevaron mochilas.

2. <u>Cindy</u> tenía el mapa. _____ guiaba al grupo.

3. Primero, las <u>niñas</u> pasaron entre dos lagos. Después _____ pasaron por el bosque.

4. <u>Luis y yo</u> vimos un águila volar alto en el cielo. _____ la vimos posarse en un árbol.

5. <u>Tom y Ken</u> eran los últimos. _____ tuvieron que correr para alcanzarnos.

Escribe el pronombre que concuerde con el nombre entre ( ).

6. (Luis y yo) vimos un ciervo.

7. El ciervo estaba cerca de (Luis).

8. (Teresa) escuchó el canto de los pájaros.

9. Los pájaros cantaron para (Teresa y para mí).

10. (Teresa y Mariana) miraron las ardillas.

Juego lingüístico

Compañeros de pronombres

- **Escribe una oración en cada tarjeta.**
- **Elige una tarjeta. Léele la oración a un compañero.**
- **Tu compañero cambia un nombre en la oración por un pronombre y dice la nueva oración.**
- **Después cambia de lugar con tu compañero.**
- **Cada uno obtiene un punto por cada oración correcta.**

Diana y Pablo van al lago.

Muchos patos nadan en el lago.

A Liz le gusta cortar flores.

El niño y su familia fueron al parque.

Conexión con la escritura

Escribe un diálogo Trabaja con un compañero y hablen entre ustedes sobre algo que tú y otros compañeros hicieron. Usen pronombres al hablar. Escribe lo que dicen como si fuera una obra de teatro.

Teresa: Ayer Juan y yo fuimos al parque.

Estela: Beth y yo también fuimos. Nosotras les dimos de comer a los patos.

Teresa: Juan y yo también vimos los patos. Él me mostró las distintas clases de patos.

Nombres y pronombres

Repaso del capítulo

Elige la mejor respuesta para cada palabra o palabras subrayadas.

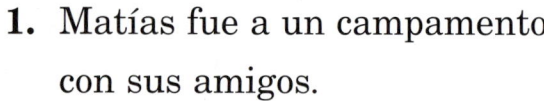

1. Matías fue a un campamento con sus amigos. Él nunca había ido allí.
   a. Ella
   b. Nosotros
   c. Está correcta.

2. Matías y Daniel querían ir al lago. Él quería pescar.
   a. Ellos
   b. Nosotras
   c. Está correcta.

3. Los niños se sientan junto al fuego. Ella escuchan cuentos.
   a. Ellas
   b. Ellos
   c. Está correcta.

4. Algunos acampantes cantaron canciones. Ellas cantan bien.
   a. Ellos
   b. Él
   c. Está correcta.

5. Yo y Matías tomamos una clase de natación.
   a. Matías y yo
   b. yo
   c. Está correcta.

6. Tú vieron una lechuza.
   a. Ellas
   b. Él
   c. Está correcta.

Para más actividades con pronombres, visita nuestra página web
www.harcourtschool.com

Destrezas de estudio

Cómo usar una guía telefónica

Una **guía telefónica** tiene los nombres, teléfonos y direcciones de personas y negocios. Las personas aparecen en orden alfabético, por su apellido.

Hale—Hapford

HALE Nathan 1 Elm St 555-1234	**HALFORD Sally** 22 West St ... 555-6327
HALE Robert 24 Main St ... 555-6232	**HALGAN Chris** 774 Oak St ... 555-7532
HALEY Bill 36 South St .. 555-3874	**HALLER G.** 7 South St 555-7342
HALFON Tom 4 North St ... 555-8936	**HAO David** 43 Main St ... 555-9835

Práctica

Usa la guía telefónica para responder a cada pregunta.

1. ¿Cuál es el teléfono de Nathan Hale?

2. ¿Quién vive en 774 Oak St?

3. ¿Quién más podría estar en esta página, Stephen Glenn, Carol Hall o Howard Jackson?

4. ¿Dónde estaría Kim Hammond en esta página?

CAPÍTULO 32
Usar verbos correctamente

Concordancia entre el sujeto y el verbo

Lee el poema.

La canción del sol

Los pájaros en la ramas oyen la canción del sol.
Las ranitas en las rocas oyen la canción del sol.
Las abejas en los arbustos oyen la canción del sol.
El viento en los sauces oye la canción del sol.

Los pájaros en las ramas trinan su canción matinal.
Las ranitas en las rocas croan su canción matinal.
Las abejas en los arbustos zumban su canción matinal.
El viento en los sauces susurra su canción matinal.

Canción del sol. Canción del sol. Canción del sol.

Pat Mora

El poder de las palabras

croar

Trabaja en un grupo. Inventa una melodía y canta "La canción del sol" o representa tu parte favorita. Después di más oraciones que vayan con el poema.

> Los verbos siempre tienen que **concordar** con el sujeto de una oración. Esto quiere decir que las terminaciones cambian de acuerdo al sujeto.
>
> | Verbos | **ar** | **er** | **ir** |
> |---|---|---|---|
> | yo | pint**o** | corr**o** | sub**o** |
> | tú | pint**as** | corr**es** | sub**es** |
> | él, ella, usted | pint**a** | corr**e** | sub**e** |
> | nosotros | pint**amos** | corr**emos** | sub**imos** |
> | ellos, ellas, ustedes | pint**an** | corr**en** | sub**en** |

Escribe un verbo para cada oración. Verifica que el verbo concuerde con el sujeto.

Un pato grazna su canción matinal.

La rana ——————— su canción matinal.

Las ranas ——————— su canción matinal.

Una gallina ——————— su canción matinal.

Los perros ——————— su canción matinal.

401

Usar los verbos correctamente

Verbos con cambios en la raíz

Algunos verbos cambian en la base. Estos verbos se llaman verbos irregulares. Un ejemplo es el verbo **pensar**.

Virginia **piensa** en sus vacaciones.
Dahri **piensa** regalar algo a su papá.

Otro ejemplo es el verbo **volar**.

El pájaro **vuela** por el cielo.
Mis amigas **vuelan** mucho en avión.

Práctica dirigida

Escribe correctamente el verbo entre ( ).

1. Mamá (pensar) que ese mapa es muy completo.
2. Papá (pensar) que es importante saber leer un mapa.
3. Dahri (volar) para estar lista a tiempo.
4. Su papalote (volar) muy alto.
5. Muchos aviones (volar) esta ruta.

> **Recuerda** Los verbos que cambian su raíz se llaman verbos irregulares.

Práctica individual

Escribe correctamente cada verbo entre ( ).

6. Papá (comenzar) el día bien temprano.
7. Mamá (comenzar) el día más tarde.
8. Los pájaros (volar) cerca de su ventana.
9. Ella (cerrar) la puerta con llave.
10. Ellos (sentir) frío con el acondicionador.
11. Los mosquitos (volar) cuando los espantamos.
12. Dos pájaros (volar) hacia su nido.
13. Sandra (calentar) el agua para hacer té.
14. En Texas no (nevar) nunca.
15. Tampoco (llover) mucho.

Conexión con la escritura

Escribe un párrafo Dibuja un ave que te guste. Después escribe un párrafo sobre cómo **vuela** y **se mueve**.

Usa el corrector de ortografía en tu computadora para comprobar que escribiste los verbos correctamente.

Usar los verbos correctamente Uso y puntuación

Más verbos irregulares

Los verbos **recomendar** y **contar**

	recomendar	contar
yo	recomiendo	cuento
tú	recomiendas	cuentas
él, ella, usted	recomienda	cuenta
nosotros(as)	recomendamos	contamos
ellos, ellas, ustedes	recomiendan	cuentan

Federico **recomienda** correr.

Eva **cuenta** un cuento.

Práctica dirigida

Escribe correctamente el verbo entre ( ).

1. Mis vecinos (recomendar) plantar verduras.
2. Su hija (contar) las flores del jardín.
3. Mi hermano (contar) hasta cien.
4. Tú (recomendar) dormir nueve horas por día.
5. Eva (contar) los tomates y los reparte.

> **Recuerda** Los verbos cuya base cambia se llaman verbos irregulares.

Práctica individual

Escribe correctamente los verbos entre ( ).

6. Los pájaros (volar) por la huerta y se comen las semillas.
7. Marcelo (pensar) ir a la tienda a comprar un espantapájaros.
8. Hoy yo (pensar) sembrar dos surcos.
9. Yo (contar) siete paquetes de semillas.
10. Marcelo y yo (recomendar) comprar semillas de tomates.
11. Él (recomendar) semillas de lechuga.
12. Yo (probar) estas semillas de girasol.
13. Cuando ponemos el espantapájaros, las aves se espantan y (volar).
14. Después del verano los pájaros (comenzar) a volar al sur.
15. Papá (regar) la huerta mucho en verano.

Conexión con la escritura

Escribe un párrafo usando los verbos *comenzar, recomendar* y *pensar*.

Puedes usar la computadora para escribir tu párrafo.

Usar los verbos correctamente

Práctica adicional

Escribe correctamente cada verbo entre ( ).

1. Mario y Luz (pensar) copiar su tarea de ciencias.
2. Luz (cerrar) la puerta para estudiar.
3. Mario (querer) aprender sobre los girasoles.
4. Nosotros (querer) enterrar unas semillas en la tierra.
5. Si no (llover), las semillas no germinarán.
6. Ellos (contar) las semillas de girasol.

Escribe correctamente los verbos irregulares entre ( ).

7. En el invierno los pájaros (volar) hacia los climas cálidos.
8. Luz también (querer) ir de vacaciones a un lugar cálido.
9. Ella (contar) los días que faltan para las vacaciones.
10. Luz (pensar) tomar dos semanas de vacaciones.

Juego lingüístico

Interprétalo

- Piensa lo que **quieres** hacer este fin de semana.
- Trabaja con un grupo pequeño. Siéntate en un círculo.
- La primera persona dice lo que quiere hacer el fin de semana.
- La próxima persona también dice lo que quiere hacer el fin de semana.
- Sigan por turnos hasta que todos hayan tenido al menos una oportunidad de decir una oración.

Conexión con la escritura

Escribe un párrafo sobre tus amigos y los deportes que **juegan**.

Usar los verbos correctamente

Repaso del capítulo   STANDARDIZED TEST PREP

Elige la mejor respuesta para cada palabra subrayada.

1. Los niños piensa ir a la montaña.
   a. piensan
   b. pienso
   c. pensar
   d. Está correcta.

2. Alec estudia las huellas en la nieve.
   a. estudian
   b. estudias
   c. estudea
   d. Está correcta.

3. Los pájaros vuelo hacia el sur.
   a. volar
   b. vuelan
   c. volas
   d. Está correcta.

4. María juegas cerca del lago.
   a. juega
   b. jugamos
   c. juegan
   d. Está correcta.

5. Ella y Susana mira los peces en el agua.
   a. miras
   b. miran
   c. miráis
   d. Está correcta.

6. Sus amigos tenen una caña de pescar.
   a. tene
   b. tienen
   c. tengo
   d. Está correcta.

 Para más actividades con verbos irregulares visita nuestra página web
www.harcourtschool.com

Destrezas de estudio

Cómo usar un atlas

Un **atlas** es un libro de mapas. Un atlas de los Estados Unidos muestra dónde se encuentran las ciudades y los cuerpos de agua. Consulta el índice de materias o el índice general del atlas para encontrar el mapa que necesitas.

Práctica

Usa el mapa de Texas para responder a las preguntas.

1. ¿Por qué crees que la ciudad de Austin tiene una estrella junto a ella?

2. ¿Qué ciudad está más cerca de Dallas?

3. ¿Qué cuerpo de agua está cerca de Corpus Christi?

4. ¿Cuál es la ciudad que está más al oeste?

5. Tú tienes un atlas de mapas de los Estados Unidos donde los estados figuran en orden alfabético. Si quisieras encontrar el mapa de Texas, ¿buscarías al principio, en la mitad o al final de la lista?

CAPÍTULO 33
Escribir un informe de un libro
El arte de escribir

Dar ejemplos

Un **informe de un libro** dice de qué trata un libro. Nombra el título y el autor. Después dice quiénes son los personajes y lo que hacen.

En un informe de un libro, el escritor dice lo que piensa sobre un libro. También puede incluir **ejemplos** o descripciones de partes del libro. Los ejemplos pueden mostrar lo que dice el escritor o por qué piensa de cierta manera.

Lee este informe de un libro. ¿De qué se trata? ¿Qué piensa el escritor sobre el libro? ¿Por qué?

Querido Sr. Arándano
por Simon James

Este libro es acerca de una niña llamada Emilia y su maestro, El Sr. Arándano. Emilia cree que una ballena está viviendo en su estanque. Ella le escribe cartas al Sr. Arándano y le hace preguntas acerca de la ballena. Emilia y el Sr. Arándano se escriben muchas cartas.

Me gusta este libro porque es diferente. Todo el libro es cartas que los personajes escriben. También aprendí mucho acerca de las ballenas. Aprendí que las ballenas viven en agua salada y que comen animales diminutos. Si te gustan las ballenas te gustará este libro.

El poder de las palabras

correspondencia

Si un libro tiene un ilustrador además del autor, escribe el nombre del ilustrador debajo del nombre del autor. Si lo deseas, también puedes comentar en tu informe sobre las ilustraciones del libro. No olvides incluir ejemplos cuando escribas sobre las ilustraciones.

Piénsalo

1. ¿De qué habla el escritor en el primer párrafo del informe del libro? ¿De qué habla el escritor en el segundo párrafo?

2. ¿Crees que te gustaría este libro? Usa ejemplos del informe para decir por qué o por qué no.

Escribir un informe de un libro

El arte de escribir

Dar ejemplos

Los ejemplos muestran lo que expresa el escritor.

Me gusta el libro porque es poco común.
Todo el libro son cartas.

El escritor podría haber dicho solamente que el libro es poco común. La segunda oración dice **por qué** es poco común.

También aprendí mucho sobre las ballenas.
Aprendí que las ballenas viven en agua salada.

El escritor podría haber dicho solamente que aprendió mucho sobre las ballenas. La segunda oración da un ejemplo de **qué** aprendió.

A. Da un ejemplo que ilustre cada idea a continuación. Usa el banco de ideas como una ayuda.

1. Este libro es bueno.
2. La película fue divertida.
3. Este juego de mesa es interesante.
4. El espectáculo fue aburrido.

Banco de ideas

- **En la primera mitad no hubo acción.**
- **El personaje principal tiene una apasionante aventura en el espacio.**
- **Toda mi familia puede jugar.**
- **El personaje principal cuenta un chiste sobre una manzana.**

B. Vuelve a leer *Bagels de jalapeño*, en las páginas 366 a 372. Después da ejemplos de la narración para completar este informe.

Bagels de jalapeño

Por Natasha Wing

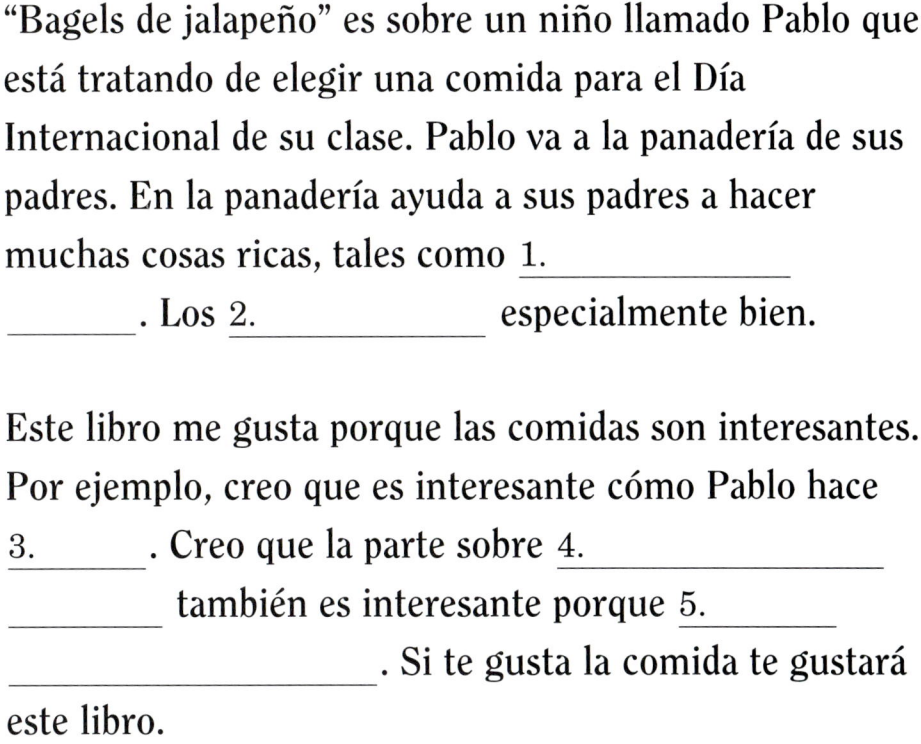

"Bagels de jalapeño" es sobre un niño llamado Pablo que está tratando de elegir una comida para el Día Internacional de su clase. Pablo va a la panadería de sus padres. En la panadería ayuda a sus padres a hacer muchas cosas ricas, tales como 1._____ _____. Los 2._____ especialmente bien.

Este libro me gusta porque las comidas son interesantes. Por ejemplo, creo que es interesante cómo Pablo hace 3._____. Creo que la parte sobre 4._____ _____ también es interesante porque 5._____ _____. Si te gusta la comida te gustará este libro.

Pensar y escribir

Reflexiona Di qué te ayudó a pensar en ejemplos. Escribe tus ideas. Comparte tus ideas con un grupo pequeño.

El arte de escribir

Escribir un informe de un libro

Practica el arte de escribir

Lee este informe sobre un libro escrito por un estudiante. Piensa cómo las palabras subrayadas dan ejemplos que muestran lo que quiere decir el escritor.

Abuela — título

de Arthur Dorros — autor

"Abuela" es un cuento sobre una niña llamada Rosalba y su abuela. Ambas tienen aventuras imaginarias en la ciudad. Rosalba imagina que vuelan por toda la ciudad. — de qué se trata el libro

Éste es un buen cuento gracias a la imaginación de Rosalba. Me gustan las partes en que <u>vuelan por encima de la Estatua de la Libertad</u> y <u>se cuelgan de la cola de un avión</u>. Si les gustan las aventuras imaginarias, creo que les gustará este libro. — ejemplos / lo que el escritor piensa sobre el libro

Mira el modelo

1. ¿Cuál es el ejemplo que mejor muestra lo que quiere decir el autor? Explica.
2. ¿Cómo los ejemplos mejoran este informe?

Ahora te toca a ti

Escribe un informe de un libro que leíste. Incluye ejemplos que muestren lo que quieres decir.

Antes de escribir y hacer el borrador

PASO 1 **Desarrolla tus ideas.**

Hazte estas preguntas.

- ¿Por qué me gustó o no me gustó este libro?
- ¿Qué ejemplos puedo dar?
- ¿Qué puedo decir a mis lectores para que quieran o no quieran leer este libro?

PASO 2 **Haz una lluvia de ideas.**

Haz una tabla. Escribe ejemplos que indiquen por qué te gustó o no te gustó el libro.

Lo que hacen los buenos escritores

 Usa ejemplos para demostrar a los lectores por qué piensas de esa manera.

 Planifica tus ideas.

Sobre mi libro

Título _____
Autor _____
Marca la casilla que corresponda.
☐ Este libro me gustó.
☐ Este libro no me gustó.
Da dos ejemplos de por qué te gustó o no te gustó el libro.
_____
_____

PASO 3 **Escribe tu borrador.**

Usa tu tabla y *Lo que hacen los buenos escritores*.

| Escribir un informe de un libro | # El arte de escribir |

Edita tu informe

Comparte tu borrador con algunos compañeros. Piensen cómo podrían mejorar tu borrador. Usa la lista de verificación y las marcas editoriales para revisar tu informe.

Marcas editoriales

∧ Añadir

⋏ Cambiar

℘ Quitar

≡ Usar mayúscula

⊙ Añadir un punto

◯ Verificar la ortografía

 Mi informe contiene el título del libro y el nombre del autor.

 Mi informe dice lo que pienso sobre el libro. Doy ejemplos que demuestran por qué pienso de esta manera.

Comparte con otros

Reúnete con un compañero o con un grupo pequeño. Comparte tu informe. Léelo en voz alta.

Caligrafía

Cómo escribir las letras correctamente

> **Sigue estos consejos para escribir las letras correctamente.**
>
> - Marca las curvas suavemente. Cierra las letras redondas.
> - Haz bien las líneas rectas.
> - Forma bien las letras que tengan líneas curvas y rectas.
> - Haz bien las líneas inclinadas.

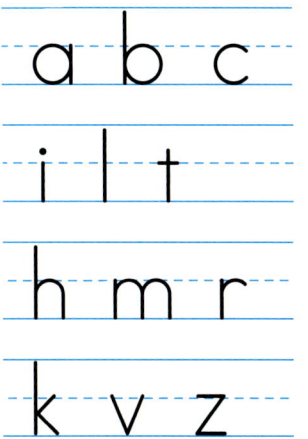

Práctica

Escribe estas letras. Tu caligrafía debe ser clara y prolija. Sigue los consejos. Usa los modelos de caligrafía en la página 490 como ayuda.

CAPÍTULO 34
Corregir oraciones

Corrige oraciones con "y luego"

Lee la tira cómica.

El largo fin de semana de Bobby...

Cuenta las cosas que hizo Bobby en el museo en el orden que sucedieron. Esta vez, usa los adverbios de tiempo *primero, después, luego* y *finalmente*, en lugar de las palabras *y luego*.

El poder de las palabras

maravilloso

> Los adverbios de tiempo ayudan a contar acerca del orden en que las cosas pasan. Usa los adverbios de tiempo en lugar de las palabras y *luego*.
>
> **Primero**, yo fui al nuevo museo de ciencia. Después hice un recorrido y vi un lagarto de verdad. Luego vi una película sobre los planetas y conocí a un verdadero astronauta. Más tarde fui a la tienda y compré cuatro libros. **Finalmente**, me fui a casa y leí todos los libros.

Escribe el párrafo usando adverbios de tiempo.

El fin de semana pasado ayudé a mi abuela en su jardín. Abrí un hueco en la tierra, y luego puse algunas semillas, y luego las cubrimos con tierra, y luego las regamos.

419

Corregir oraciones

Escribe oraciones largas

Puedes combinar dos o tres oraciones cortas para hacer una oración larga.

Combina partes que nombran.
  Los niños van a comer. **Los padres** van a comer.
  Los niños y los padres van a comer.

Combina partes que dicen.
  Los niños **hablan**. Los niños se ríen.
  Los niños **hablan** y **se ríen**.

Si la palabra después de la *y* empieza con *i*, la *y* se convierte en *e*.

  El museo es **bonito**. El museo es **inmenso**.
  El museo es **bonito e inmenso**.

Práctica dirigida

Combina cada grupo de oraciones.

1. Un guía inteligente conoce a la Sra. Pérez.
   Un guía inteligente conoce a los estudiantes.

2. Susana pide ver una serpiente.
   Jeff pide ver una serpiente.

3. El guía señala hacia una jaula.
   El guía camina hacia una jaula.

> **Recuerda** Puedes combinar dos o tres oraciones cortas y hacer una oración más larga.

Práctica individual

Combina cada grupo de oraciones.

4. La serpiente es pequeña.
   La serpiente es verde.

5. La serpiente se arrastra en la jaula.
   La serpiente come en la jaula.

6. Los maestros miran un cartel.
   Los padres miran un cartel.

7. Ellos ven las fotos de Júpiter.
   Ellos ven las fotos de Marte.

8. Júpiter es un planeta grande.
   Júpiter es un planeta colorido.

9. Los niños hacen preguntas.
   Los niños toman fotos.

10. Los niños forman fila para ir a casa.
    Los niños esperan para ir a casa.

Conexión con la escritura

Revisar Busca un fragmento en tu carpeta de escritura. Revisa las oraciones que puedas combinar.

Usa *cut* y *paste* en tu computadora para combinar las oraciones.

Corregir oraciones Uso y puntuación

Las comas consecutivas

A veces se enumera una serie de tres o más sustantivos, verbos o adjetivos en una oración. Coloca una coma (,) entre cada uno de éstos, excepto antes de *y*, al final de la enumeración.

Pedro, Lola, Nando y María comparten una mesa.
Los niños dibujan, pintan, leen y escriben acerca del museo.
Ellos usan pintura roja, amarilla, verde y azul.

Práctica dirigida

Escribe cada oración correctamente usando las comas consecutivas.

1. María comparte creyones con Pedro Lola y Nando.
2. Nando traza dibuja y colorea con lápices.
3. Lola escribe una historia acerca de un planeta pequeño solitario y triste.
4. El planeta es feliz cuando se encuentra con la Tierra Marte y Júpiter.
5. Él sonríe ríe y juega con sus nuevos amigos.

Recuerda Coloca una coma (,) entre cada elemento de la serie excepto el último.

Práctica individual

Escribe cada oración correctamente usando las comas consecutivas.

6. Después leyeron estudiaron y colorearon un mapa de los planetas.

7. Mercurio Marte la Tierra y Venus son los más cercanos al Sol.

8. Los planetas más grandes son Júpiter Marte y Urano.

9. Los niños aprendieron que los planetas son brillantes calientes y grandes.

10. Luego ellos planean dibujan y colorean sus propios mapas.

11. Ellos ponen estrellas planetas y un cometa en sus mapas.

12. El mapa de Daniel muestra a la Osa Menor la Osa Mayor y al Sol.

Conexión con la escritura

Descripción Trata de pensar en palabras que te describan. Luego escribe tres oraciones. Usa las comas correctamente.

Usa tu computadora para añadir cualquier coma que le falte a tu escrito.

Corregir oraciones

Práctica adicional

Escribe cada oración usando los adverbios de tiempo.

1. A todos nos salen los dientes de la misma forma. Los dientes de leche salen cuando somos bebés. Y luego se caen. Y luego crecen los dientes de adultos. Y luego reemplazan a los dientes de leche.

2. ¿Cómo una oruga se convierte en mariposa? La oruga sale de un pequeño huevo. Y luego se lo come para poder crecer. Y luego su cuerpo se convierte en un cascarón. Y luego sale de su cascarón y se convierte en una bella mariposa.

Combina las oraciones cortas para hacer una oración más larga.

3. Los huevos de la mariposa pueden ser verdes. Los huevos de la mariposa pueden ser anaranjados.

4. Las orugas salen del cascarón en las hojas. Las orugas se arrastran en las hojas.

Escribe cada oración correctamente.

5. Las orugas comen frijoles frutas hojas y otras plantas.

6. Las orugas viven en lugares fríos tibios o calientes.

Juego lingüístico

Hazlo más largo.

- Ponte a jugar con cuatro personas. Forma dos equipos.
- Haz tarjetas que contengan un verbo, un adjetivo y un nombre cada una.
- Escoge una tarjeta. Trabaja con tu pareja para crear una oración que use las tres palabras de la tarjeta.
- El siguiente equipo hará lo mismo con una tarjeta diferente.
- Juega hasta que uses todas las tarjetas. Te anotarás un punto por cada oración correcta.

perros   gatos
ratones

escribe   habla
representa

emocionado
feliz
orgulloso

Conexión con la escritura

Cartel de ventas Piensa en una tienda que hayas visitado. Haz un cartel que ayude a vender los artículos de la tienda. Nombra y describe los artículos de la tienda de forma que resulten interesantes. Usa listas de artículos en tus oraciones.

La tienda de arte de Pat, en la calle Smith, tiene marcadores, lápices y creyones.
¡Ven caminando, corriendo o en carro para aprovechar la gran venta!

Corregir oraciones

Repaso del capítulo **STANDARDIZED TEST PREP**

Lee cada artículo numerado. Escoge la mejor respuesta.

1. La Sra. Kim habló a los niños acerca del viaje. Y luego se animaron.

   a. La Sra. Kim habló a los niños acerca del viaje ellos se animaron.

   b. La Sra. Kim habló a los niños acerca del viaje. Entonces se animaron.

   c. Correcta como está.

2. Primero van a hacer un recorrido. Después van a comer.

   a. Primero van a hacer un recorrido. Y después van a comer.

   b. Por último van a hacer un recorrido, después van a comer.

   c. Correcta como está.

3. A Dolores, Sam y Teresa les gustan los dinosaurios.

   a. A Dolores, Sam, y Teresa les gustan los dinosaurios.

   b. A Dolores Sam y Teresa les gustan los dinosaurios.

   c. Correcta como está.

4. Una araña es negra verde y roja.

   a. Una araña es negra, verde, y roja.

   b. Una araña es negra, verde y roja.

   c. Correcta como está.

Para más actividades de composición de oraciones visita nuestra sitio web:
www.harcourtschool.com

Vocabulario

Sufijos

Un **sufijo** es un grupo de letras que se añaden al final de una palabra. La palabra puede perder la última letra y cambia siempre su significado.

Sufijo	Significado	Palabras
–ero, –era	indica un oficio	zapatero, enfermera
–oso, –osa	indica cómo es algo o algien	mentirosa, cariñoso

Práctica

Agrega *-ero*, *-era*, *-oso*, *-osa* a la palabra entre paréntesis ( ). Escribe la oración nueva.

1. El padre de Manuela es un excelente (cocina).

2. Mi hermanita pequeña es muy (cariño).

3. El primo de Alicia trabaja como (obra) en una fábrica.

4. Mis padres me enseñaron a ser muy (cuidado) con los libros.

5. Me sentí (dicha) cuando abrí el regalo tan bello.

CAPÍTULO 35

Problemas ortográficos

Ortografía de palabras con *g* y *j*

Lee el poema.

LAS jirafas

Me gustan las jirafas.
Pregúntame por qué.
Porque tienen la cabeza tan alta.
Porque sus cuellos se estiran hasta el cielo.
Porque son calladas, tranquilas y tímidas.
Porque corren tan rápido que vuelan.
Porque tienen los ojos de terciopelo.
Porque son todas moteadas.
Porque comen las copas de los árboles.
Porque tienen rodillas redondas.
Porque sí,
Porque sí,
Porque sí. Es por eso
que me gustan las jirafas.

por Mary Ann Hoberman

El poder de las palabras

gigante

**Habla de los caballos y las jirafas.
Explica por qué te gustan.**

> Las letras **g** y **j** suenan parecido. Algunas palabras se escriben con **g** y otras con **j**.
>
> Jugamos a seguir al **j**efe.
> Sonia se vistió de **j**irafa.
> Enrique quería ser **g**eneral.
> Mario quería ser un **g**enio má**g**ico.

Práctica dirigida

Elige la palabra correcta entre ( ) para completar cada oración.

1. El papá de Francisco es (general, jeneral).
2. En el zoológico hay muchas (jirafas, girafas).
3. Alejandro es un (genio, jenio) musical.
4. Tenemos (pasajes, pasages) para viajar en avión.
5. Alicia y Teresa son hermanas (jemelas, gemelas).

429

Problemas ortográficos

Ortografía de palabras con *b* y *v*

Las letras **b** y **v** suenan muy parecido. Algunas palabras se escriben con **b** y otras con **v**.

Cruzamos un lago en **b**ote.
Fuimos de vacaciones al **c**ampo.
Nuestras **b**olsas estaban llenas.
Hacía mucho **v**iento al otro lado del lago.

Práctica dirigida

Elige la palabra correcta entre ( ) para completar cada oración.

1. Me gusta pasar las (vacaciones, bacaciones) en Austin.
2. Una ráfaga me (boló, voló) el sombrero.
3. Mi papá lo (vio, bio) en una rama.
4. Julio puso su sombrero en una (volsa, bolsa).
5. (Volvimos, bolvimos) a casa por la tarde.

Recuerda Ciertas palabras tienen un mismo sonido pero éste se escribe con letras diferentes.

Práctica individual

Elige la palabra correcta entre ( ).

6. Enrique y Mario son (gemelos, jemelos).

7. Mi (cavallo, caballo) es negro.

8. Vimos una hormiga (jigante, gigante).

9. Compramos (pasages, pasajes) para Hawaii.

10. El (avión, abión) llegó tarde.

11. El (árvol, árbol) da mucha sombra.

12. Hay mucha (gente, jente) en el parque.

13. Mi (avuela, abuela) es muy cariñosa.

14. No me gusta la (gelatina, jelatina).

15. Quiero (bolar, volar) en una nave espacial.

Conexión con la escritura

Escribe acerca de un compañero de clase Piensa acerca de cómo son tus compañeros de clase. Quién es tu amigo favorito. Usa palabras que se escriben con *j*, *g*, *v* y *b*.

Problemas ortográficos

Uso y puntuación

Ortografía de palabras con *ll* e *y*

Las letras **ll** e **y** tienen sonidos muy parecidos. Algunas palabras se escriben con **ll** y otras con **y**.

Aurelia puso la **ll**ave sobre la mesa.

Yo me la traje.

Parece que va a **ll**over.

El sol **y**a no bri**ll**a.

Una mamá con vestido amari**ll**o **ll**eva a su bebé en brazos.

El bebé **ll**ora desconsoladamente.

Práctica dirigida

Elige la palabra correcta entre ( ) para completar cada oración.

1. Cuando Kevin y Patricia fueron al parque empezó a (llover, yover).

2. Patricia no tenía paraguas y se puso a (yorar, llorar).

3. Kevin tenía un gran paraguas (amariyo, amarillo).

4. Los dos se pusieron debajo del paraguas, pero el sol empezó a (brillar, briyar).

5. Kevin encontró una piedra azul y se la puso en el (bolsiyo, bolsillo).

> **Recuerda** Ciertas palabras tienen un mismo sonido pero éste se escribe con letras diferentes.

Práctica individual

Elige la palabra correcta entre ( ).

6. La leche (biene, viene) de la vaca.
7. Mi amigo (Gerardo, Jerardo) se tomó dos vasos de leche.
8. Las (jemelas, gemelas) toman leche con chocolate.
9. A (Sergio, Serjio) no le gusta la leche de chocolate.
10. Mi primo Jeremías abrió su (boca, voca) grande.
11. Salimos después del (desalluno, desayuno).
12. Estaba (lloviendo, yoviendo) y hacía frío.
13. Junto al árbol vimos un hongo (gigante, jigante).
14. Esa (llegua, yegua) es muy mansa.
15. Hoy nos (yevaron, llevaron) a tomar helados.

Conexión con la escritura

Escribe sobre un viaje Escribe tres oraciones sobre un viaje al campo. Usa palabras con *b*, *v*, *ll*, *y* , *g* y *j*.

Puedes usar tu computadora para escribir las oraciones.

Problemas ortográficos

Práctica adicional

Elige si la palabra entre ( ) se escribe con *j* o *g*.

1. Cuando me levanto me baño con (jabón, gabón).
2. Antes de ir a la escuela como huevos con (jamón, gamón).
3. Hoy elegimos un (gefe, jefe) de la clase.
4. Esta semana le tocó a (Gesús, Jesús).

Elige si la palabra entre ( ) se escribe con *ll* o *y*.

5. En Puerto Rico (llueve, yueve) mucho.
6. Cuando fui allí compré un (yavero, llavero).
7. (Yo, Llo) fui a nadar con mi familia.

Elige si la palabra entre ( ) se escribe con *b* o *v*.

8. Había muchas (bacas, vacas) en el campo.
9. El (viento, biento) soplaba fuertemente.
10. (Volvimos, Bolbimos) a casa al otro día.

Juego lingüístico

¿Qué palabra?

- Toma turnos con un compañero.
- Elige una palabra de la lista. No le digas a tu compañero qué palabra es.
- Di una oración con esa palabra.
- Tu compañero escribe la palabra.
- Ganan un punto por cada palabra correcta. El primero que tiene 5 puntos gana.

llave	viento
yo	bolsa
jirafa	general

Conexión con la escritura

Repasa tus escritos Busca en tu portafolio algo que hayas escrito. Encierra en un círculo las palabras con *b, v, ll, y, j* y *g*. Después escribe tres oraciones usando algunas de esas palabras.

Trabalenguas

Yo llevaba llaves en el llavero.

El general era un genio genial.

Las jirafas juguetonas estaban jadeantes.

Problemas ortográficos

Repaso del capítulo STANDARDIZED TEST PREP

Elige la mejor repuesta para cada palabra subrayada.

1. Para entrar a mi casa necesito la <u>llave</u>.

   a. yabe

   b. Está correcta.

2. En el jardín <u>bimos</u> muchos jacintos.

   a. vimos

   b. Está correcta.

3. Los jacintos son unas flores color <u>bioleta</u>.

   a. violeta

   b. Está correcta.

4. La <u>yuvia</u> es buena para las flores.

   a. lluvia

   b. Está correcta.

5. Ayer hacía mucho <u>viento</u>.

   a. biento

   b. Está correcta.

6. Una ráfaga voló el sombrero del <u>gefe</u> de mi papá.

   a. jefe

   b. Está correcta.

7. Las gemelas <u>binieron</u> a visitarnos.

   a. vinieron

   b. Está correcta.

8. Trajeron un <u>bolso</u> amarillo.

   a. volso

   b. Está correcta.

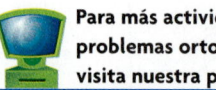

Para más actividades con problemas ortográficos visita nuestra página web:
www.harcourtschool.com

Tecnología

Obtener información con una computadora

La herramienta que tiene la computadora para buscar información se llama máquina de búsqueda. La ilustración **1** muestra cómo usar la **palabra clave** para buscar el tema de interés. Escríbela y haz clic en **Go**. La ilustración **2** muestra una búsqueda dirigida. Escoge entre las opciones que se ven en la pantalla.

① Búsqueda por palabra
Busa: dinosaurios **Go**

② Búsqueda dirigida
Escoger tema: Ciencia
Escoger grado: 2
Palabra clave: dinosaurios / Palabras G-L / Palabras M-R / Palabras S-G
☐ Sin palabra clave
Go

Prática

Escribe la palabra clave para encontrar la respuesta.

1. ¿Cuál es la ciudad más grande de Texas?
2. ¿Cómo se forman las nubes?
3. ¿Qué hace un veterinario?

CAPÍTULO 36
Escribir un informe de investigación

Un informe de investigación da información sobre un tema. Cada párrafo tiene una idea principal y oraciones con detalles que hablan más sobre el tema. A medida que leas este informe piensa cuáles son sus ideas principales.

Autora e ilustradora premiadas

Estás a bordo de la nave espacial Tierra

Por Patricia Lauber
Ilustrado por Holly Keller

El poder de las palabras

recicla

El agua en la Tierra

La Tierra ha tenido la misma agua por miles de millones de años. Las plantas, los animales y las personas la usan. Sin embargo, a la Tierra no se le acaba el agua, porque se usa una y otra vez. El agua se recicla.

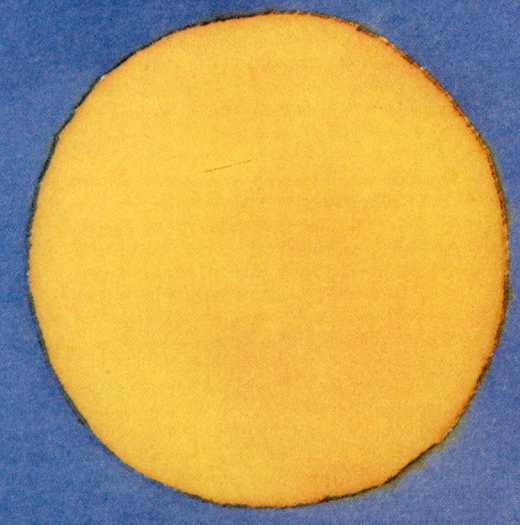

Casi toda nuestra agua viene de los océanos. El calor del sol hace que el agua suba al aire y se transforme en un gas llamado vapor de agua. La sal del agua del océano se queda atrás.

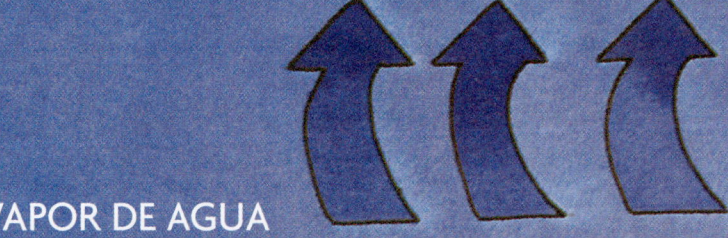

VAPOR DE AGUA

lluvia

El vapor de agua forma nubes. El agua de las nubes cae al suelo. Parte de ella cae en los océanos y otra parte cae en el suelo. Allí, una gran parte del agua fluye hacia los arroyos. Los arroyos fluyen hacia los ríos y los ríos fluyen hacia los océanos.

Nuevamente el calor del sol hace que agua de los océanos pase al aire. El vapor forma nubes y vuelve a caer como lluvia.

El agua se usa de muchas maneras. Las raíces de las plantas absorben agua del suelo. Los animales beben agua y se bañan en ella. La gente hace lo mismo.

Los torrentes de agua se pueden poner a trabajar. Pueden hacer funcionar máquinas que hacen electricidad. Las fábricas de papel usan agua. Otras fábricas también la usan.

Los remolcadores y las barcazas viajan por los ríos. También lo hacen las canoas y los botes de remo.

El agua llena las piscinas. El agua caliente se usa para calentar edificios cuando hace frío. El agua lava la ropa, los platos y los coches.

¿Qué otros usos se te ocurren?

Después de que se usa, el agua vuelve a caer en los océanos, el sol hace que suba al aire y vuelve a caer como lluvia. Parte de la lluvia que cae sobre ti probablemente cayó sobre los dinosaurios.

Piénsalo

1. ¿Qué fue lo más interesante que aprendiste sobre el agua? Léele a un compañero las oraciones que hablen sobre eso.

2. ¿Cuáles son algunos usos del agua? ¿Por qué es tan importante el agua para ti?

La lectura y la escritura

Partes de un informe de investigación

Un informe de investigación da información sobre un **tema**. El **título** dice cuál es el tema.

En el informe puede haber uno o más párrafos. Cada párrafo tiene una **idea principal** y oraciones que dan **detalles** sobre la idea principal.

Escribe la idea principal que se muestra aquí. Luego mira el informe en las páginas 438 a 444 para encontrar el párrafo que contiene la idea principal. Escribe los detalles de ese párrafo en una lista.

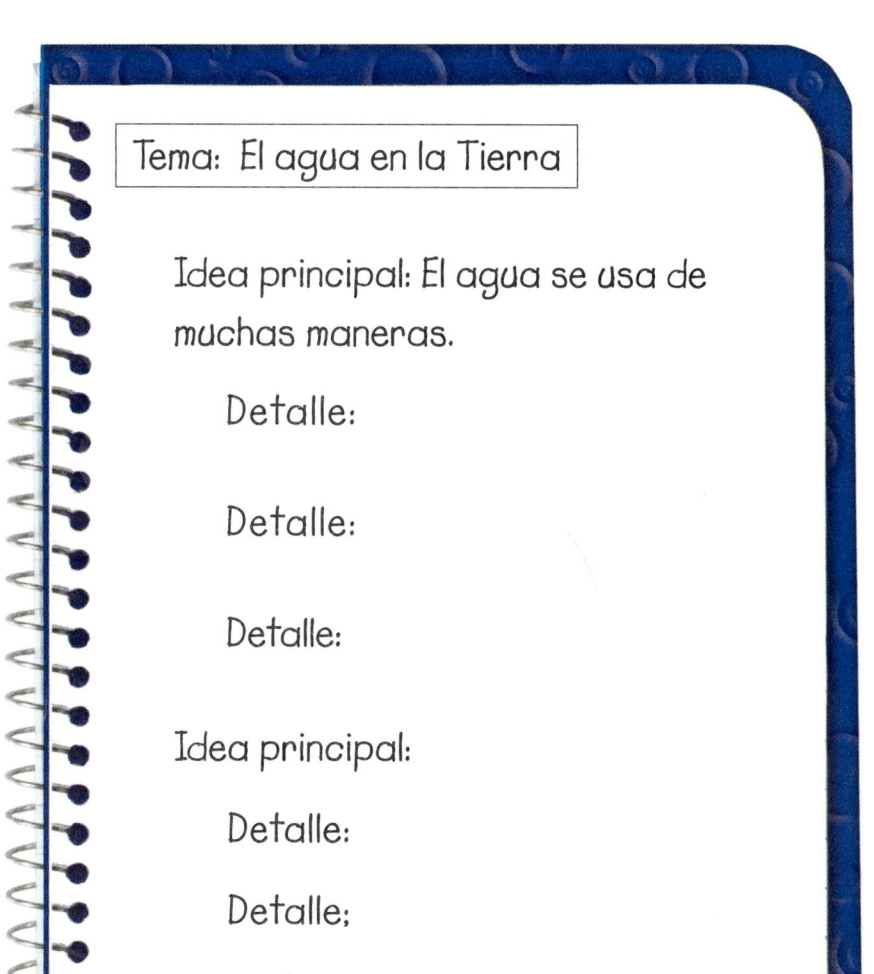

Tema: El agua en la Tierra

Idea principal: El agua se usa de muchas maneras.

Detalle:

Detalle:

Detalle:

Idea principal:

Detalle:

Detalle:

445

La lectura y la escritura

Modelo de un estudiante

A Jeremías le gustó leer sobre cómo se usa el agua en la Tierra. Escribió un informe sobre otro tema que también le interesa. Lee su informe y piensa en las partes que tiene.

Los dinosaurios

Los dinosaurios vivieron hace millones de años. Los primeros dinosaurios vivieron hace como 245 millones de años. Los últimos dinosaurios murieron hace unos 65 millones de años. Nadie sabe con seguridad por qué.

Muchas clases de dinosaurios andaban por la Tierra. El tiranosaurio era grande y feroz y pesaba más de 1,400 libras. El estegosaurio tenía chapas de hueso en la espalda. El troodonte pesaba menos de 100 libras, pero algunos científicos piensan que era uno de los dinosaurios más inteligentes.

Título Dice el tema, o sea, de qué trata el informe

Idea principal Contesta una pregunta importante sobre el tema

Detalles Citan ejemplos para decir más sobre la idea principal.

Cómo es el modelo

1. ¿Cuál es el título del informe de Jeremías?
2. ¿Cuál es el tema del informe? ¿Por qué crees que Jeremías escogió ese tema?
3. ¿Cuándo vivieron los dinosaurios? ¿Por qué se acabaron?
4. ¿Cuál es la idea principal del segundo párrafo? ¿Qué tipos de dinosaurios menciona Jeremías?

El arte de escribir

Dar ejemplos

Jeremías usó ejemplos que lo ayudaron a entender las ideas principales. Busca los ejemplos en el informe de Jeremías.

- ¿Qué clases de dinosaurios menciona Jeremías?
- ¿Cuánto pesaba el tiranosaurio?
- ¿Qué aspecto tenía el estegosauro?
- ¿Qué clase de dinosaurio era el troodonte?

CAPÍTULO 36
Escribir un informe de investigación

Taller de escritura

Antes de escribir

Jeremías tenía que escribir su informe. Hizo una lista de los temas que le interesaban. Pensó en los compañeros que leerían el informe. Jeremías sabe que les gustan los dinosaurios. Decidió escribir sobre dinosaurios.

Después Jeremías pensó en lo que quería saber sobre los dinosaurios. Escribió cada idea en una tarjeta.

Después fue a la biblioteca para encontrar respuestas a sus preguntas. Leyó libros y usó computadoras para encontrar información. Escribió las respuestas en tarjetas.

¿Cuándo vivieron los dinosaurios en la Tierra?
- El último dinosaurio murió hace unos 65 millones de años.
- El primer dinosaurio vivió hace unos 245 millones de años.
- Nadie sabe exactamente por qué murieron.

Jeremías puso sus tarjetas en un orden que tenía sentido. Usó las tarjetas para escribir un esquema. Un esquema muestra el orden de las ideas y de los detalles en un trabajo escrito.

Esquema de los dinosaurios

1. ¿Cuándo vivieron los dinosaurios?
   a. último dinosaurio, hace 65 millones de años
   b. primer dinosaurio, hace 245 millones de años
   c. nadie sabe por qué murieron
2. ¿Qué tipos de dinosaurios había?
   a. Tiranosaurio
   b. Estegosaurio
   c. Troodonte

Lo que hacen los buenos escritores

 Recuerda para quién escribes y por qué.

 Haz un plan.

¿Cuándo vivieron los dinosaurios en la Tierra?
- El último dinosaurio murió hace unos 65 millones de años.
- El primer dinosaurio vivió hace unos 245 millones de años.
- Nadie sabe exactamente por qué murieron.

Ahora te toca a ti

PASO 1 Piensa en temas interesantes.

Haz una lista de los temas que te parecen interesantes y sobre los cuales quieres saber más.

PASO 2 Elige un tema.

Piensa en quiénes leerán tu informe.

PASO 3 Usa tarjetas.

Escribe en una tarjeta cada pregunta que deseas responder.

PASO 4 Usa tus tarjetas para escribir un esquema.

Pon las tarjetas en un orden que tenga sentido. Las preguntas son las ideas principales. Las respuestas dan detalles sobre las ideas principales.

Usa tu computadora para buscar información en enciclopedias en CD-ROM.

Escribir un informe de investigación

Borrador

Jeremías usó su esbozo y sus notas para escribir un primer borrador. Para el primer párrafo usó la primera pregunta con sus respuestas. Para el segundo párrafo usó la segunda pregunta con sus respuestas.

En el primer borrador Jeremías puso las cosas más importantes que encontró. Sabía que podía agregar más detalles después.

Borrador

Dinosaurios

Los dinosaurios vivieron hace millones de años. Los últimos dinosaurios murieron hace unos 65 millones de años. Los primeros dinosaurios vivieron hace como 245 millones de años.

En la Tierra había dinosaurios de muchos tipos. El tiranosaurio era grande. El estegosaurio tenía chapas en la espalda. El Troodonte

Mira el esquema y las notas de Jeremías. ¿Qué otros detalles podría agregar a su informe?

Lo que hacen los buenos escritores

 Usa tu esquema para escribir el primer borrador.

 No te preocupes por los errores cuando escribas. Los puedes arreglar después.

Dinosaurios

1. ¿Cuándo vivieron los dinosaurios?
   a. último dinosaurio, hace 65 millones de años (El murió unos)
   b. primer dinosaurio, hace 245 millones de años (El vivió unos)
   c. nadie sabe con seguridad por qué murieron

2. ¿Qué tipos de dinosaurios había?
   a tiranosaurio
   b estegosaurio
   c troodonte

¿Cuándo vivieron los dinosaurios en la Tierra?
- El último dinosaurio murió hace unos 65 millones de años.
- El primer dinosaurio vivió hace unos 245 millones de años.
- Nadie sabe exactamente por qué murieron.

Ahora te toca a ti

Usa tus notas, esquema y *Lo que hacen los buenos escritores* para escribir un borrador de tu informe de investigación.

Haz tu borrador a doble espacio. Así habrá espacio para marcar los cambios en la versión impresa.

Escribir un informe de investigación

Revisar

Jeremías habló de cómo mejorar el borrador. Luego añadió detalles y cambió el orden de algunas oraciones.

Lo que hacen los buenos escritores

✓ Deciden si su escritura es clara. ¿Es necesario cambiar el orden de las oraciones?

✓ ¿Se pueden añadir más detalles para hablar más sobre el tema?

Borrador

Los dinosaurios

Los dinosaurios vivieron hace millones de años. Los últimos dinosaurios murieron hace unos 65 millones de años. Los primeros dinosaurios vivieron hace unos 245 millones de años. Nadie sabe por qué ocurrió eso.

Muchas clases de dinosaurios andaban por la Tierra. El tiranosaurio era grande y feroz, y pesaba más de 1400 libras. El estegosaurio tenía chapas de hueso en la espalda. El troodonte pezaba menos de 100 libras y algunos científicos piensan que fui uno de los dinosaurios más inteligentes.

Marcas editoriales

∧ Añadir

⋀ Cambiar.

℘ Tachar.

⬆ Mover.

Ahora te toca a ti

Usa *Lo que hacen los buenos escritores* y las *Marcas editoriales* para mejorar tu borrador.

Corregir

Jeremías leyó su informe una vez más, buscando errores. ¿Por qué hizo cada uno de los cambios que están en rojo?

> **Borrador**
>
> ### Los dinosaurios
>
> Los dinosaurios vivieron hace millones de años. Los últimos dinosaurios murieron hace unos 65 millones de años. Los primeros dinosaurios vivieron hace unos 245 millones de años. *Nadie sabe por qué ocurrió eso.*
>
> Muchas clases de dinosaurios andaban por la Tierra. El tiranosaurio era grande y feroz, *y pesaba más de 1 400 libras.* El estegosaurio tenía chapas *de hueso* en la espalda. El troodonte (pezaba) *pesaba* menos de 100 libras y algunos científicos piensan que fui *fue* uno de los dinosaurios más inteligentes.

Lo que hacen los buenos escritores

 Mira que cada verbo concuerde con el sujeto.

 Mira que cada oración comience con mayúscula y que tenga signos de puntuación.

 Revisa la ortografía. Si hay palabras que suenan igual, averigua cuál es la correcta.

Marcas editoriales

 Corregir la ortografía

 Cambiar

 Quitar

Ahora te toca a ti

Ahora lee tu informe una vez más. Usa *Lo que hacen los buenos escritores* y las *Marcas editoriales* para corregir cualquier error.

Usa el spell-check de tu computadora para encontrar errores de ortografía.

Escribir un informe de investigación

Publicar

Jeremías pasó en limpio su informe. También hizo dibujos de dinosaurios y les puso leyendas para mostrar parte de la información.

Ahora te toca a ti

Escribe tu informe en una hoja en blanco. Haz los cambios necesarios. Si lo deseas, usa una computadora. A continuación te damos más ideas para publicar.

- **Haz un cartel sobre el informe.**
  Haz dibujos que muestren la información de tu informe. Ordénalos y pégalos a un cartel. Después escribe una leyenda para cada dibujo. Pega una copia del informe en el cartel.

- **Haz un artículo al estilo de una revista.**
  Escribe el artículo en tu computadora. Después haz dibujos o encuentra fotos para el informe. Añádelas a tu informe utilizando Cut and Paste o un escáner. Escribe una leyenda para cada foto o dibujo.

Cuando termines tu informe, añádelo a tu portafolio.

Los dinosaurios

Los dinosaurios vivieron hace millones de años. Los primeros dinosaurios vivieron hace unos 245 millones de años. Los últimos dinosaurios murieron hace unos 65 millones de años. Nadie sabe por qué ocurrió eso.

Muchas clases de dinosaurios andaban por la Tierra. El tiranosaurio era grande y feroz, y pesaba más de 1400 libras. El estegosaurio tenía chapas de hueso en la espalda. El troodonte pesaba menos de 100 libras y algunos científicos piensan que fue uno de los más inteligentes.

Escuchar y hablar

Presenta un informe oral

Puedes dar un informe oral sobre la investigación que has hecho.

Sugerencias para dar un informe oral

- Haz dibujos, cuadros o modelos. Mientras explicas, vas señalando los dibujos y modelos.
- Usa notas para presentar tu informe. Cuando hables, mira tus notas y luego mira a tus compañeros de clase.
- Habla lentamente y claramente.
- Habla fuerte para que todos te oigan.

Sugerencias para escuchar

- Escucha cuál es el tema.
- Toma notas para resumir las ideas principales y recordarlas.
- Escucha los detalles.
- Apunta las preguntas que tengas. Haz las preguntas cuando se termine el informe.

Unidad 6
Repaso de gramática
páginas 392–433

Concordancia entre el nombre y el pronombre
páginas 392–393

Escribe el pronombre que concuerda con el nombre subrayado en cada par de oraciones.

1. Los <u>niños</u> miran afuera. _____ están sorprendidos.
2. Anoche <u>César</u> vio caer nieve. _____ se puso contento.
3. <u>Ana</u> tiene muchas ganas de salir. _____ busca su trineo.

El orden correcto de los pronombres páginas 394–395

Elige las palabras correctas entre ( ) para completar cada oración.

4. Eduardo nos llama temprano (a mí y a mi hermana, a mi hermana y a mí).
5. (Yo y Ted, Ted y yo) ayudaremos a Eduardo a estudiar sobre la nieve.

Verbos con cambios en la raíz páginas 402–403
Escribe correctamente cada verbo entre ( ).

6. Papá (jugar) con nosotros al ping pong.
7. El pájaro (volar) cuando ve la ardilla.

Más verbos irregulares páginas 404–405
Escribe correctamente los verbos entre ( ).

8. Ariel y Mónica (regar) los bulbos de tulipanes.
9. Él (sentir) ruidos desde su cuarto.
10. Graciela (contar) ocho paquetes de semillas de frijoles.

Escribe oraciones largas páginas 420–421
Combina cada par de oraciones.

11. Los niños vieron huellas. Los padres vieron huellas.
12. Vimos ciervos. Vimos conejos.

Las comas consecutivas páginas 422–423
Escribe cada oración correctamente usando las comas consecutivas.

13. Los osos los castores y las tortugas duermen todo el invierno.
14. Los ciervos comen raíces bayas y cualquier otra comida que pueden encontrar.

Ortografía de palabras con *g* y *j* y con *b* y *v*
páginas 430–431
Elige la palabra correcta para completar cada oración.

15. Me gusta pasar las (bacaciones, vacaciones) en la playa.
16. Los pájaros (vuelan, buelan) al sur en el invierno.
17. Las (girafas, jirafas) tienen el cuello muy largo.

Ortografía de palabras con *ll* y *y* páginas 432–433
Elige la palabra correcta para completar cada oración.

18. Cuando salí me olvidé la (yave, llave).
19. Por la mañana estaba (lloviendo, yoviendo) mucho.
20. Por suerte tengo un gran paraguas (amariyo, amarillo).

Unidad 6
Conclusión

Escribir sobre otras materias

Estudios sociales

Diviértete en el verano sin peligro

Ya estamos casi en verano, cuando harás muchas cosas divertidas al aire libre. Cuando te diviertes, también debes prestar atención a la seguridad. Haz un libro para la clase con consejos para prepararte a ti y a tus compañeros para un verano sin peligro.

Planifica tu libro

- Haz una lluvia de ideas para las cosas que harás y los lugares a los que probablemente irás este verano. Después divide las cosas en tu lista en capítulos. Puedes poner la piscina y la playa en el capítulo de "seguridad al nadar".

- Escribe preguntas sobre la seguridad para cada ítem en los capítulos. Después encuentra respuestas a tus preguntas sobre la seguridad. Mira en libros, utiliza tu computadora y habla con personas, como los salvavidas.

- Escribe las respuestas en tarjetas. Utiliza las tarjetas para escribir un bosquejo.

Escribe y publica tu libro

- Utiliza tu bosquejo y tus apuntes para escribir tus capítulos. Después repásalos y corrígelos.

- Si un capítulo tiene ilustraciones, haz dibujos rápidos para mostrar lo que habrá en cada uno.

- Haz una copia en limpio de tu libro. Si quieres, usa una computadora. Deja una página para el título, otra para el contenido y haz la tapa.

- Usa tus bosquejos para hacer las ilustraciones finales. Añádelas a tus capítulos.

- Haz copias de tu libro para tus compañeros y familiares.

Libros de lectura

Willie sale de caminata
por Gloria Rand
Ficción
Willie, un ratoncito, aprende la importancia de estar preparado cuando sale a caminar.
Autora premiada

El oficial Buckle y Gloria
por Peggy Rathman
Fantasía
Una perra policía llamada Gloria ayuda a un oficial de policía a dar consejos de seguridad a los niños.
Medalla Caldecott

Repaso acumulativo
Unit 1–6

Unidad 1: Todo sobre las oraciones

Las oraciones páginas 24–29, 36–37

Escribe los grupos de palabras que forman una oración. Después marca con un círculo la parte que nombra. Subraya la parte que dice.

1. la tienda va a Liliana
2. compra un libro ella
3. el libro lechuzas es sobre
4. árbol en un vive la lechuza

Combina las partes de la oración páginas 38–39

Usa y para unir cada par de oraciones. Escribe la nueva oración. Cambia el verbo.

5. Kate fue al parque. Sam fue al parque.
6. Eric habló con ellos. Yo hablé con ellos.
7. Los árboles eran bonitos. Las flores eran bonitas.

Unidad 2: Todo sobre los nombres

Los nombres páginas 96–97, 124–125

Escribe cada oración. Subraya cada nombre. Escribe si es una persona, un lugar, un animal o una cosa.

8. Mi familia está en el zoológico.
9. Las focas están jugando en el agua.
10. Una niña da comida a las focas.
11. Mi hermana monta un elefante.

Nombres femeninos y masculinos páginas 100–101

Indica si la palabra subrayada es femenina o masculina.

12. Esta ciudad es muy antingua.

13. Su profesión es interesante.

14. El clima de nuestro país es variado.

15. Los días comienzan a alargarse en enero.

Usa los pronombres personales páginas 136–137

Escribe cada oración. Usa un pronombre para la palabra o palabras subrayadas.

16. Mi hermana Agnes me regaló un rompecabezas.

17. Julián y yo tenemos muchos juegos.

18. Mis amigos también me ayudan.

Unidad 3: Verbos

Los pronombres y los verbos páginas 172–173, 202–203

Elige el verbo correcto para completar cada oración.

19. Ellos (estaba, estaban) en el bosque.

20. Él (saltan, salta) por allí.

21. Yo (persigue, persigo) los conejos.

22. El conejo blanco (eran, era) más rápido que el zorro.

Más sobre el tiempo pasado páginas 182–185

Vuelve a escribir cada oración. Escribe el verbo entre ( ) para hablar sobre el pasado.

23. Ayer nosotros (buscar) caracoles en la playa.

24. Rafael (recoger) caracoles de muchos colores.

25. ¡De repente un caracol se (mover)!

Unidad 4: Todo sobre los adjetivos

Adjetivos páginas 244–245, 254–255, 272–273

Elige un adjetivo de la casilla para completar cada oración. Si es necesario, cambia el adjetivo.

agrio   frondoso   dulce   tres   pequeña   amarillo

26. Joselito tiene _____ limones.

27. Los limones son _____.

28. El jugo de limón tiene un sabor _____.

29. Los limones crecen en árboles _____.

30. Vienen de flores _____.

31. Las flores del limonero tienen un aroma _____.

Expressiones que comparan páginas 282–283

Escribe la expresión correcta entre ( ).

32. La lechuza es (la más grande, más grande) que el gorrión.

33. El picaflor es (el más pequeño, más pequeño) de todos.

34. El pico del halcón es (el más largo, más largo) que el de un pato.

35. El avestruz tiene las patas (más largas que, más largas) de todas las aves.

Unidad 5: Más sobre los verbos

Usa el verbo correcto páginas 320, 321, 330–331

Escribe el verbo correcto entre ( ) para completar cada oración.

36. La semana pasada papá me (dio, da) un par de zapatillas.

37. Me las (pongo, puse) para correr.

Combina oraciones páginas 322–323

Usa *y* para unir las oraciones. Cambia los verbos.

38. León toca el piano. Sara toca el violín.

39. Juán fue al concierto. María también.

40. Los músicos saludaron. El público aplaudió.

Usa los adverbios páginas 358–359

Escribe el adverbio en cada oración. Después escribe si indica *cómo*, *cuándo* o *dónde*.

41. La obra de teatro empieza pronto.

42. Aquí es interesante.

43. El público espera ansiosamente.

Unidad 6: Conclusión del uso

Concordancia entre el nombre y el pronombre
páginas 392–393

Escribe el pronombre que concuerda con el nombre subrayado en cada par de oraciones.

44. <u>Papá</u> mira por la ventana. _____ nos llama.

45. ¡Mira los <u>osos</u>! _____ son osos marrones.

46. Una <u>osa</u> es la más grande. _____ es la mamá osa.

Más verbos irregulares páginas 404–405

Escribe correctamente el verbo entre ( ).

47. Mi hermanito (contar) diez ardillas.

48. Las ardillas (tener) colas peludas.

49. Nosotros (tener) dos teléfonos.

463

Pruebas estandarizadas

Tipos de oraciones páginas 54–55; 64–65

STANDARDIZED TEST PREP

Lee cada oración. Elige qué tipo de oración es.

50. Salimos de compras.
    a. pregunta
    b. mandato
    c. afirmación

51. ¿Te gusta esta tienda?
    a. pregunta
    b. exclamación
    c. afirmación

52. ¡Qué lindo juguete!
    a. pregunta
    b. mandato
    c. exclamación

53. Págale a la cajera.
    a. afirmación
    b. mandato
    c. exclamación

El presente de *ser* y *estar* páginas 200–201

Elige el verbo correcto para cada oración.

54. Los niños _____ afuera.
    a. están   b. son   c. es

55. _____ en el jardín buscando piedras.
    a. somos   b. estoy   c. son

56. Tina _____ una experta en plantas medicinales.
    a. está   b. estoy   c. es

57. Nosotros _____ estudiantes de botánica.
    a. somos   b. están   c. son

El verbo *tener* páginas 210–213

Elige el verbo correcto para cada oración.

58. Una vez yo _____ un hámster.
    a. tengo   b. tuve   c. tienes

464

Comas y dos puntos páginas 332–333

Elige la mejor respuesta para las palabras subrayadas.

60. <u>Estimada señora</u>

    Espero que esté bien.

    a. Estimada señora,

    b. Estimada señora.

    c. Está correcta.

61. Papá está en <u>Tucson Arizona</u>.

    a. Tucson, Arizona

    b. Tucson, Arizona,

    c. Está correcta.

62. Volverá a <u>Westford</u>, Massachusetts.

    a. Westford. Massachusetts

    b. Westford: Massachusetts

    c. Está correcta.

63. Vivimos en <u>Bangor Maine</u>.

    a. Bangor, Maine

    b. Bangor, Maine,

    c. Está correcta.

Ortografía de palabras con la *b* y la *v*, la *g* y la *j*
páginas 430–431

Elige la palabra correcta entre ( ) para completar cada oración.

64. Siempre vamos de (bacaciones, vacaciones) al campo.

65. En el campo hay muchas (vacas, bacas).

66. Oímos el canto de un (jilguero, gilguero).

67. A mi hermana (jemela, gemela) le gusta cortar flores.

Ortografía de palabras con la *ll* y la *y*
páginas 432–433

Elige la palabra correcta entre ( ) para completar cada oración.

68. No me gusta el campo cuando (yueve, llueve).

Unidad 1
Oraciones
páginas 24–25

Práctica adicional

¿Qué es una oración?   páginas 24–25

Escribe cada grupo de palabras que es una oración.

1. quiere un perrito
2. Kim va a la tienda de mascotas.
3. Los perritos juegan y ladran.

El orden de las palabras en una oración   páginas 26–27
El comienzo y el final de una oración   páginas 28–29

Escribe cada grupo de palabras en un orden que tenga sentido. Empieza y termina cada oración correctamente.

4. un perrito Kim hacia corre
5. colita la mueve
6. la mano Kim de lame

Partes que nombran y partes que dicen   páginas 36–37

Escribe cada oración. Encierra en un círculo la parte que nombra. Subraya la parte que dice.

7. Kim se lleva el perrito a la casa.
8. El perrito quiere jugar.

Combina las partes de la oración   páginas 38–39

Usa y para unir los pares de oraciones. Escribe la nueva oración.

9. El perrito se durmió. Kim se durmió.

Afirmaciones y preguntas   páginas 54–55

Escribe cada oración correctamente.

10. cómo se llama tu perrito
11. se llama sam
12. quién te lo regaló

Oraciones que pertenecen juntas   páginas 56–67

Escribe las oraciones que pertenecen. Omite las oraciones que no pertenecen.

13. Me gusta mi perrito Sam. Nos divertimos mucho. Todos los días le doy agua y comida. Mañana es mi cumpleaños. Lo saco a pasear.

Exclamaciones y mandatos   páginas 64–65

Escribe cada oración correctamente.

14. que divertidos son los perritos
15. míralo jugar con la pelota
16. le hago una caricia en la cabeza

Usa diferentes tipos de oraciones   páginas 66–67

Cambia cada oración al tipo de oración que aparece entre ( ). Escribe la nueva oración.

17. Puedo jugar con tu perrito. (pregunta)
18. ¿Quieres tirarle la pelota? (mandato)

Unidad 2

Nombres

páginas 96–161

Práctica adicional

Nombres de personas, lugares, animales y cosas   páginas 98–99

Escribe cada oración. Subraya cada nombre que nombra a una persona, a un lugar, a un animal o a una cosa.

1. La familia vive en mi barrio.
2. Ellos tienen un patio una cerca.

Nombres femeninos y masculinos   páginas 100–101

Indica si la palabra subrayada es un nombre femenino o masculino.

3. Mi vecina canta una <u>canción</u>.
4. El papá de mi vecino tiene un <u>camión</u>.

El plural de los nombres   páginas 108–109

Escribe el nombre entre ( ) para que nombre a más de uno. Cambia otras palabras al plural si es necesario.

5. Vi a varios de mis (amigo)
6. Compré seis (naranja) en el mercado.
7. Dos (autobús) me pasaron en la calle.
8. Tengo un (pez) en mi pecera.
9. Aprendimos una (canción) sobre la primavera.
10. Virginia tiene una cadena con un (corazón).

Personas, lugares y animales paginas 126–127

Escribe correctamente el nombre propio entre ( ). Después escribe si es una persona, un lugar o un animal.

11. Mi vecino (mario pérez) tiene un perro.
12. Su perro se llama (fido).
13. Fido nació en (el paso).

Días festivos páginas 128–129

Escribe cada nombre propio correctamente.

14. Nuestra familia salió de vacaciones en cuatro de julio.
15. Volvimos el primer día del trabajo.
16. El lunes que viene es el día de la bandera.
17. Mi cumpleaños es el dia de los reyes.

Él, ella, ellos y ellas páginas 136–137

Escribe un pronombre para las palabras entre ( ).

18. (Las mariposas) azules son mis favoritas.
19. (Carlos y Elena) van de campamento.
20. (Mi hermana) fue de campamento el año pasado.
21. (Mi hermano) va por primera vez.

Nosotros y nosotras páginas 138–139

Escribe un pronombre para las palabras entre ( ).

22. (Dalia y yo) somos buenas amigas.
23. (David y yo) salimos a caminar.
24. (Mis amigos y yo) jugamos juntos.
25. (Mi amiga y yo) cantamos juntas.

Unidad 3
Verbos
páginas 170–235

Práctica adicional

Los pronombres de los verbos   páginas 172–173

Escribe el pronombre correcto para completar cada oración.

1. (Él, ellos) van al parque
2. Mi perrita se llama Blanca. (Él, ella) es muy juguetona.
3. Cuando viajamos en avión (ella, ellas) viaja en una jaula.

Combina las oraciones con los mismos verbos
páginas 174–175

Usa *y* para combinar cada par de oraciones. Escribe la nueva oración.

4. Paramos junto al arroyo. Miramos si había peces.
5. Adam vio una rana. Adam se puso contento.

Los verbos en tiempo pasado   páginas 182–183

Vuelve a escribir cada oración. Cambia el verbo para que hable del pasado.

6. <u>Camino</u> junto al arroyo.
7. <u>Señalo</u> una tortuga en el arroyo.
8. Tú <u>miras</u> la tortuga.

Más verbos en tiempo pasado   páginas 184–185

9. La tortuga <u>desayuna</u>.
10. Después <u>camina</u> hacia una roca.
11. Un ratoncito <u>sale</u> de su cueva.

El uso de *es* y *son* páginas 200–201

Escribe *es* o *son* para terminar cada oración.

12. Un pez azul ____ difícil de encontrar.

13. Las tortugas y las ranas ____ fáciles de ver.

14. Mi amigo Manuel ____ un bien caminante.

El uso de *era* y *estaba* páginas 202–203

Escribe *era* o *estaba* para completar cada oración.

15. La tortuga ____ en la orilla del arroyo.

16. ____ una tortuga verde.

17. Yo ____ contento mirándola.

18. Juan y Ben ____ amigos.

El verbo *tener* en el pasado y en el presente

páginas 210–211

Escribe la forma correcta del verbo tener para completar cada oración.

19. La semana pasada yo ____ una mochila.

20. Adam ____ su mochila ahora.

21. ¿Tus amigos ____ una carpa?

22. Ahora nosotros ____ que encontrar un ciervo.

Decide si el verbo subrayado está correcto. Vuelve a escribir si está incorrectos.

23. Amanda y yo <u>tuvieron</u> que caminar dos kilómetros.

24. Ellos <u>tuviste</u> que trepar a un árbol para ver más lejos.

25. Yo <u>tuvo</u> que atarme los cordones de los zapatos.

Unidad 4
Adjetivos
páginas 242–307

Práctica adicional

Adjetivos que dicen cómo son las cosas páginas 244–245

Elige un adjetivo de la casilla para completar cada oración. Escribe la oración.

> pequeña dorados redondo

1. El estanque _____ está lleno de agua.
2. Dos peces _____ nadan en el estanque.
3. Una planta _____ se asoma por el agua.

Escribe oraciones más largas páginas 246–247

Añade adjetivos para describir los nombres subrayados en las oraciones. Escribe las nuevas oraciones.

4. Veo una <u>rana</u> en una <u>roca</u>.
5. Una <u>tortuga</u> nada en el <u>agua</u>.

Apócope y género del adjetivo páginas 254–255

Elige un adjetivo de la casilla para completar cada oración. Escribe la oración.

> tibia tranquila suave gran grande tibio

6. El agua está _____ y _____.
7. La rana se para en un tronco _____.
8. Oigo el _____ sonido de una cascada

Usa sinónimos en la escritura   páginas 256–257

Elige el adjetivo más exacto para completar la oración.

9. En el estanque hay un tronco (mojado, empapado).

10. En el agua hay una roca (grande, enorme).

Adjetivos que indican cantidad   páginas 272–273

Escribe el adjetivo que indica cuántos.

11. Veo tres halcones en el cielo.

12. Hay muchos pájaros en el comedero.

13. Hay dos pájaros carpintero en el árbol.

14. Varios gorriones buscan gusanos.

Los artículos *el, la, los* y *las*   páginas 274–275

Escribe el, la, los o las para completar cada oración.

15. Vi _____ lechuza blanca en el bosque.

16. Había muchos pájaros en _____ ramas de _____ árboles.

17. Uno de los pájaros tenía _____ pico lastimado.

18. _____ niños corrieron a ayudarlo.

Expresiones que comparan   páginas 282–283

Escribe la expresión que compara correcta entre ( ) para completar cada oración.

19. La tarea de Juan es (más larga, la más larga) que la de Teresa.

20. El bote de Jaime es (el menos ruidoso, más ruidoso) de todos.

21. Mercedes trajo un fósil (el más viejo, mas viejo) que el mío.

22. El papel es (menos fuerte, el menos fuerte) que el cartón.

Unidad 5

Más sobre los verbos

páginas 318–383

Práctica adicional

Usa los verbos *venir, poner y dar*

Escribe el verbo correcto entre ( ) para completar cada oración.

1. Ahora Dahri y Laura (vienen, vinieron) a nuestra casa.
2. Ayer (vayamos, fuimos) a saludar al maestro.
3. El mes pasado Dahri nos (dio, da) entradas para un concierto

Combina las oraciones páginas 322–323

Usa *y* para combinar las oraciones.

4. Me preparo para salir. Todos salimos juntos.
5. Subimos al coche. Papá maneja hasta el teatro.
6. Mamá muestra las entradas. Entramos al teatro.

Usa los verbos *ir, hacer y ver* páginas 330–331

Escribe el verbo correcto entre ( ) para completar cada oración.

7. El año pasado (vamos, fuimos) al teatro tres veces.
8. Ahora (vemos, vimos) tres obras de teatro todos los años.
9. (Hacemos, Hicimos) una obra de teatro en la escuela el mes pasado.
10. ¿Por qué no (hacen, haces) tú una obra también?

Comas y dos puntos páginas 332–333

Escribe correctamente el nombre del lugar y el saludo de la carta.

11. Mi mamá fue al teatro en Chicago Illinois.
12. Querida Luisa.

Los verbos auxiliares páginas 348–349

Escribe correctamente el verbo entre ( ).

13. Papá (ha, has) salido a comprar entradas.
14. Mamá y mi hermano (han, has) visto la película dos veces.
15. Mi hermano no (ha, hemos) querido verla otra vez.

Conserva la idea principal páginas 350–351

Escribe el párrafo. Subraya la idea principal. Deja afuera la oración que no se refiere a la idea principal.

16. Hoy iremos al museo Aprenderemos cómo se hacen las películas. Veremos películas antiguas. Mañana no hay clase. Quiero aprender sobre los niños en las películas.

Usa adverbios páginas 358–359

Escribe el adverbio de cada oración. Después escribe *cómo*, *cuándo* o *dónde* para cada adverbio.

17. Llegamos por la mañana temprano.
18. Caminamos lentamente hacia el museo.
19. La gente escuchó atentamente al orador.
20. Allí aprendí muchas cosas.

Unidad 6
Conclusión
Páginas 390–455

Práctica adicional

Concordancia entre nombres y pronombres
páginas 392–393

Escribe el pronombre que concuerda con el nombre subrayado en cada oración.

1. Los <u>niños</u> suben al autobús. _____ están muy contentos.
2. <u>El chofer</u> empieza a manejar el autobús. _____ lo encamina a la playa.
3. <u>Joe</u> está ansioso por llegar. _____ quiere encontrar un cangrejo.
4. <u>Liz</u> también quiere llegar pronto. _____ quiere encontrar almejas.

El orden correcto de los pronombres. páginas 394–395

Escribe las palabras

5. Tim sale de viaje (conmigo y Liz, con Liz y conmigo).
6. (Liz y yo, yo y Liz) vemos la playa.
7. (La maestra y yo, Yo y la maestra) salimos primero del autobús.

Escribe los verbos correctamente
págs 402–403

8. Joe y Liz (poder) nadar.
9. Tim (tener) una cámara fotográfica.
10. Una gaviota (volar) sobre nuestras cabezas.

476

Más verbos irregulares páginas 404–405

Escribe correctamente los verbos irregulares entre ( ).

11. Joe (contar) siete cangrejos.

12. Tim no (tener) tiempo para sacar fotos.

Escribir oraciones más largas páginas 420–421

Combina cada juego de oraciones para hacer una oración más larga. Escribe la nueva oración.

13. Los niños nadan. Las niñas nadan.

14. Joe encontró una pluma. Liz encontró una piedra azul.

Las comas consecutivas páginas 422–423

15. Liz encontró una concha anaranjada blanca y roja.

16. Tim sacó una foto de Liz Joe Sam y Virginia.

Problemas ortográficos, el uso de las letras *ll* y *y*, de las letras *v* y *b* y de las letras *g* y *j* páginas 432–433

Escribe correctamente la palabra entre ( ).

17. Cuando estábamos en la playa empezó a (yover, llover).

18. (Tuvimos, Tubimos) que salir corriendo.

19. En el patio había una hormiga (jigante, gigante).

20. Alberto es un (genio, jenio).

Manual del estudiante

Contenido

Modelos de escritura

    Invitación y sobre...................**479**

    Anuncios que persuaden **480**

    Teatro...........................**481**

Pautas para escribir

    Cuento personal.....................**482**

    Carta a un amigo....................**483**

    Cuento **484**

    Párrafo descriptivo...................**485**

    Párrafo con instrucciones...............**486**

    Informe de investigación **487**

Ortografía **488**

Modelos de escritura **490**

Libro de sinónimos

Glosario **499**

El poder de las palabras **506**

Otros modelos de escritura

Invitación

En una **invitación** un escritor invita a alguien a ir a algún lugar o a hacer algo. Una invitación tiene cinco partes.

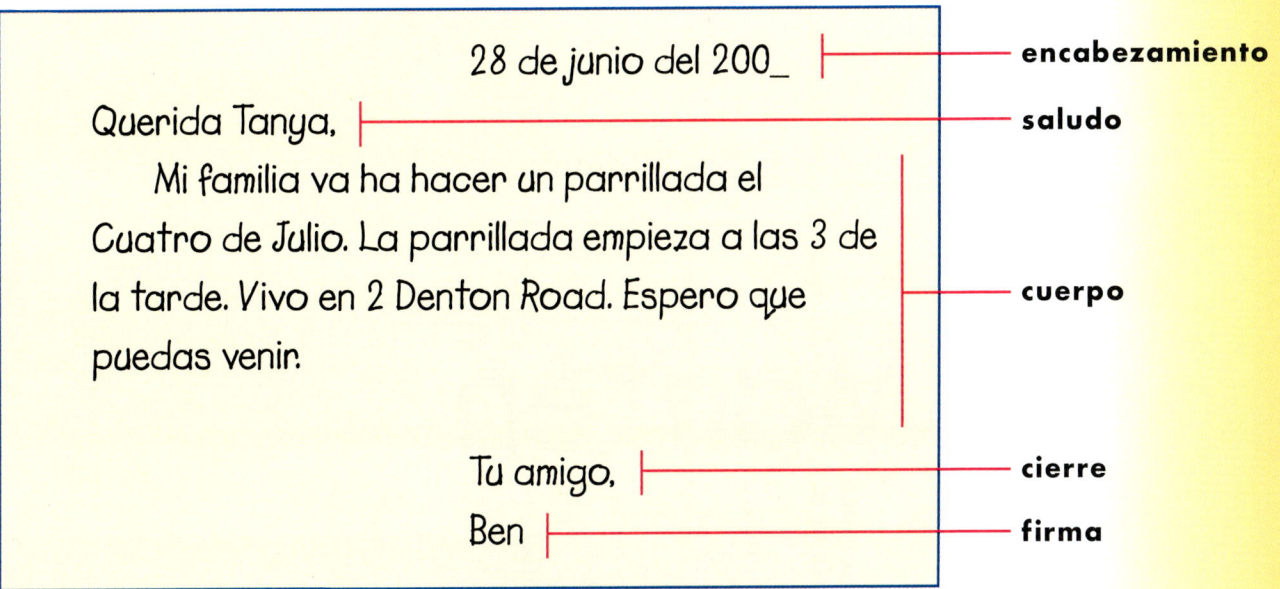

El **sobre** se utiliza para enviar una carta.

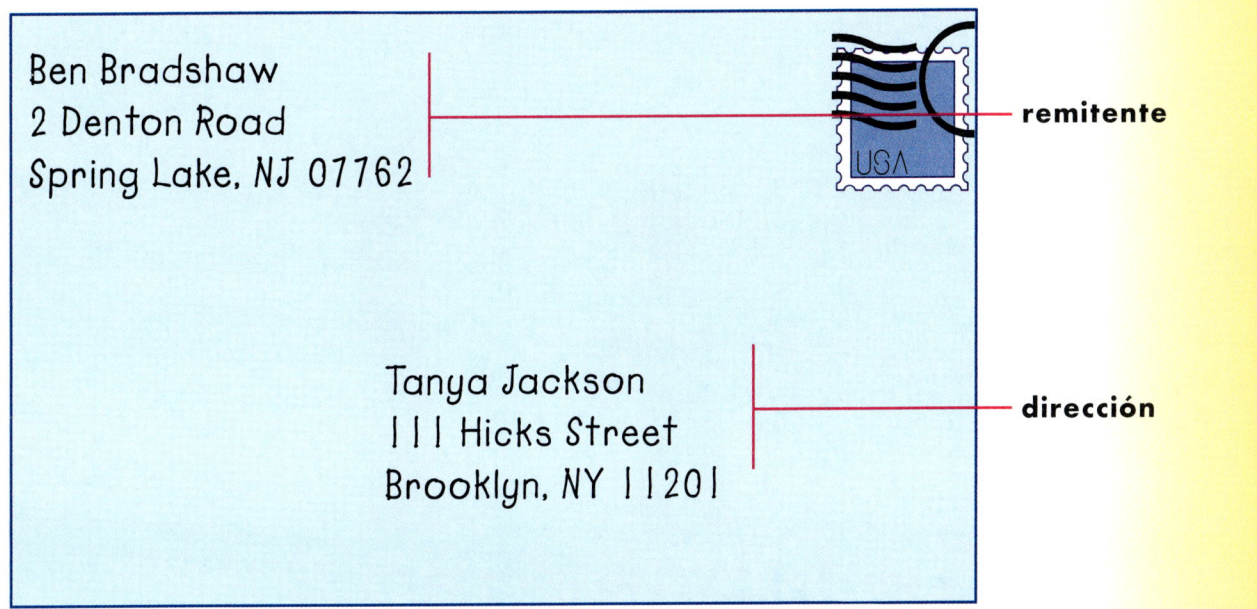

Anuncios que persuaden

Un **anuncio que persuade** muestra cómo se puede resolver un problema. El escritor hace un dibujo y escribe palabras para mostrar cómo se podría resolver el problema.

1. Elige un tema. ¿Cuál es el problema? ¿Cómo se podría resolver?

2. Haz un dibujo

3. Escribe tus ideas sobre el dibujo. Usa palabras que llamen la atención.

Teatro

En una obra de **teatro** el escritor indica el lugar, los nombres de los personajes y lo que dice cada personaje.

1 Piensa en un título para tu obra de teatro. Escríbelo al principio de la página.

2 Piensa dónde sucede tu obra de teatro. Este es el lugar. Escríbelo debajo del título.

3 Escribe el nombre de cada personaje al principio de una línea.

4 Escribe lo que dice cada personaje. Para ayudarte, piensa cómo hablas con tus amigos y con tu familia.

La merienda de las mariquitas

Lugar: en un parque.
Personajes: **Lucía Mariquita, Leandro Mariquita y Liliana Mariquita**
Lucía: Oí que una familia está de merienda en el parque.
Leandro: Deberíamos ir a ver qué trajeron.
Liliana: Espero que hayan traído emparedados.
Lucía: Yo también. Me encanta comer las migas del pan.
Leandro: Vamos a echar un vistazo a la merienda.
Mariquitas: ¡Sí, vamos!

Pautas para escribir

Cómo emplear las pautas para escribir

En las próximas seis páginas encontrarás listas de verificación que podrás usar para escribir mejor. Cada tipo de escritura tiene su lista de verificación. Úsalas de esta manera:

Antes de escribir Mira la lista para averiguar qué tiene que tener lo que vas a escribir.

Durante la escritura Compara tu borrador con la lista. Usa la lista para ver cómo puedes mejorar tu escritura.

Después de la escritura Compara tu trabajo terminado con la lista. ¿Contiene tu trabajo todos los puntos?

Cuento personal

PUNTUACIÓN DE 4 ★★★★

★ Mi cuento personal narra algo que ocurrió en mi vida. Usa palabras como *yo* y *mi*.

★ Mi cuento personal es completo y tiene un título.

★ Mi cuento personal usa palabras de tiempo y de orden para mostrar el orden en que ocurrieron las cosas.

★ Mi cuento personal tiene pocos errores, o ninguno, de puntuación, de gramática o de uso de mayúsculas.

Carta informal

Antes de escribir Consulta la lista para ver qué tiene que tener tu carta.

Durante la escritura Compara tu borrador con la lista. Usa la lista para ver cómo puedes mejorar tu escritura.

Después de escribir Compara tu trabajo terminado con la lista. ¿Contiene tu trabajo todos los puntos?

PUNTUACIÓN DE 4 ★★★★

★ Escribo mi carta a alguien que conozco. En mi carta cuento a la persona algo que hice.

★ Mi carta tiene las cinco partes. Tiene el encabezamiento, el saludo, el cuerpo, el cierre y la firma.

★ El cuerpo de mi carta es claro. Contiene detalles que hacen que sea interesante para el lector.

★ Mi carta tiene pocos errores, o ninguno, de puntuación, de gramática o de uso de mayúsculas.

Cuento

Antes de escribir Consulta la lista para ver qué tiene que tener tu cuento.

Durante la escritura Compara tu borrador con la lista. Usa la lista para ver cómo puedes mejorar tu escritura.

Después de escribir Compara tu trabajo terminado con la lista. ¿Contiene tu trabajo todos los puntos?

PUNTUACIÓN DE 4 ★★★★

- ★ Mi cuento es completo. Tiene un título y un principio, una parte intermedia y un final.

- ★ Mi cuento tiene un problema que los personajes del cuento tienen que resolver.

- ★ El cuerpo de mi carta es claro. Contiene detalles que hacen que sea interesante para el lector.

- ★ Mi cuento tiene pocos errores, o ninguno, de puntuación, de gramática o de uso de mayúsculas.

Párrafo descriptivo

Antes de escribir Consulta la lista para ver qué tiene que tener tu párrafo descriptivo.

Durante la escritura Compara tu borrador con la lista. Usa la lista para ver cómo puedes mejorar tu escritura.

Después de escribir Compara tu trabajo terminado con la lista. ¿Contiene tu trabajo todos los puntos?

PUNTUACIÓN DE 4 ★★★★

★ Mi párrafo descriptivo muestra cómo algo se ve, suena, huele, se siente al tacto o sabe.

★ Mi descripción tiene una oración principal que dice de qué trata el párrafo. Contiene oraciones con detalles que dicen más sobre el tema.

★ Mi descripción usa detalles y palabras pintorescas que ayudan al lector a formarse una imagen de lo que estoy describiendo.

★ Mi descripción tiene pocos errores, o ninguno, de puntuación, de gramática o de uso de mayúsculas.

Párrafo con instrucciones

Antes de escribir Consulta la lista para ver qué tiene que tener tu párrafo de instrucciones.

Durante la escritura Compara tu borrador con la lista. Usa la lista para ver cómo puedes mejorar tu escritura.

Después de escribir Compara tu trabajo terminado con la lista. ¿Contiene tu trabajo todos los puntos?

PUNTUACIÓN DE 4

★ Mi párrafo de instrucciones es completo. Dice cuál es el tema, contiene una lista de materiales e indica los pasos que hay que seguir.

★ Mi párrafo de instrucciones da los pasos en orden. Usa palabras de tiempo y de orden para que el orden esté más claro.

★ Mi párrafo de instrucciones tiene palabras precisas y detalles que ayudan al lector a entender los pasos.

★ Mi párrafo de instrucciones tiene pocos errores, o ninguno, de puntuación, de gramática o de uso de mayúsculas.

Informe de investigación

Antes de escribir Consulta la lista para ver qué tiene que tener tu informe de investigación.

Durante la escritura Compara tu borrador con la lista. Usa la lista para ver cómo puedes mejorar tu escritura.

Después de escribir Compara tu trabajo terminado con la lista. ¿Contiene tu trabajo todos los puntos?

PUNTUACIÓN DE 4 ★★★★

- ★ Mi informe de investigación es sobre un solo tema. Cada idea principal está expresada en una oración principal.

- ★ Mi informe de investigación contiene detalles que ayudan al lector a entender la información.

- ★ Mi informe de investigación es sobre algo que es verdadero. Toda la información está escrita en mis propias palabras.

- ★ Mi informe de investigación tiene pocos errores, o ninguno, de puntuación, de gramática o de uso de mayúsculas.

Ortografía

Estrategias ortográficas

A continuación hay cuatro estrategias que te ayudarán a escribir bien muchas palabras.

1 Delante de la **p** y de la **b** no se escribe **n** sino **m**.
   campo   compra   cambio   hombre

2 Todas las palabras que terminan en **ión** llevan acento.
   canción   oración   diversión   habitación

3 Casi todas las palabras que tienen las sílabas **aje** o **eje** se escriben con **j**.
   patinaje   carruaje   eje   ejemplo

4 Delante de la **v** y de la **f** siempre se escribe **n**.
   tranvía   invento   confesar   triunfo

Palabras que comúnmente se escriben con faltas de ortografía

agente	exhibición	llegó
ají	fiebre	lluvia
allá	gente	ocurre
almohada	gerente	porcentaje
asta	gimnasia	proyecto
atleta	gitano	sabio
azul	guerra	subir
beso	guitarra	tiempo
campo	hasta	tratar
calle	hierba	vaso
carro	hierro	yendo
cohete	huevo	yerro
diccionario	humo	zanahoria
enano	llano	

Modelos de caligrafía

Alfabeto manuscrito

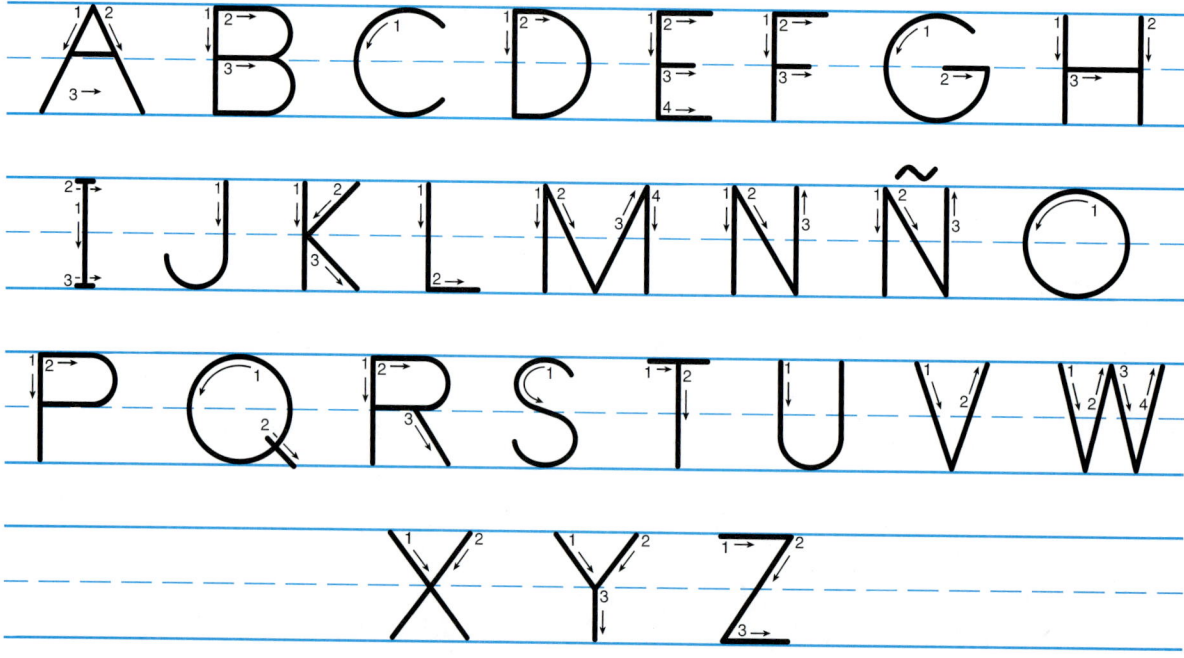

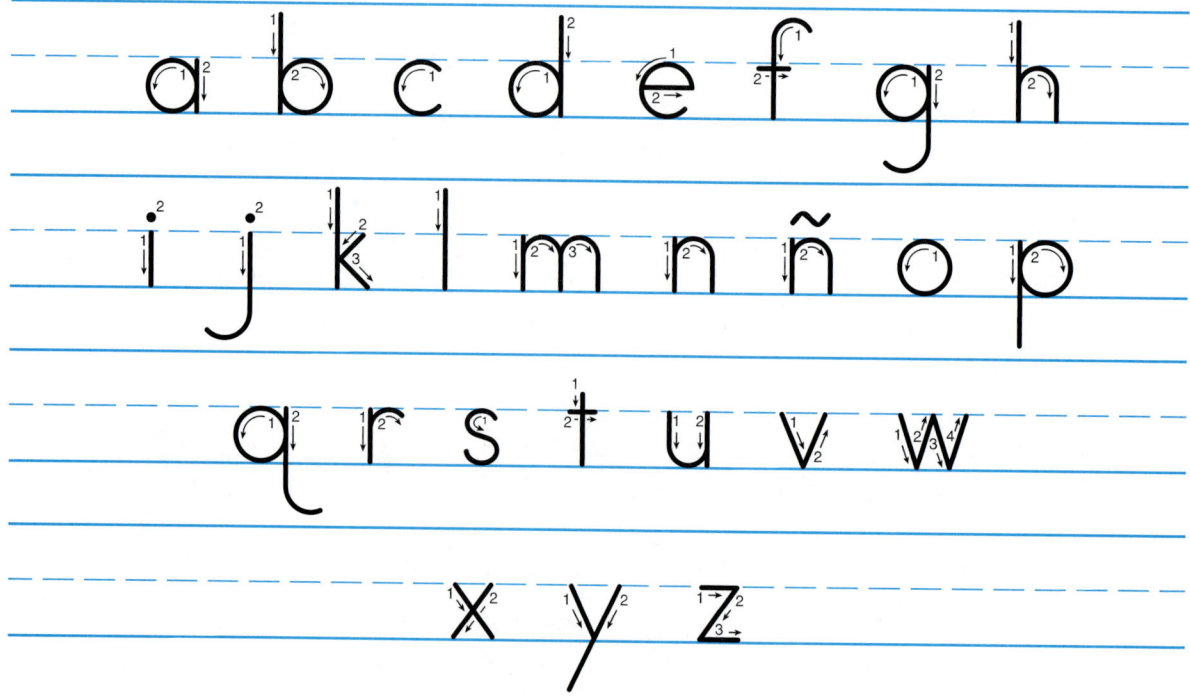

Alfabeto cursivo

Alfabeto manuscrito D'Nealian

ABCDEFGH
IJKLMNÑO
PQRSTUV
WXYZ

abcdefgh
ijklmnñop
qrstuvw
xyz

Alfabeto cursivo D'Nealian

A B C D E F G H
I J K L M N Ñ O
P Q R S T U V
W X Y Z

a b c d e f g h
i j k l m n ñ o p
q r s t u v w
x y z

Libro de sinónimos

Utiliza el libro de sinónimos

¡Conócelo! Este libro de sinónimos contiene una lista de palabras y sus sinónimos. También da definiciones y muestra la manera como se usa una palabra en una oración. Las palabras en un libro de sinónimos están en orden alfabético. Los sinónimos, que son palabras que tienen el mismo significado, vienen después de la oración de ejemplo. También figuran los opuestos de una palabra.

¡Aprende a usarlo! Un buen momento para usar el libro de sinónimos es cuando estás escribiendo y quieres usar una palabra más interesante o más exacta. Por ejemplo, si quieres una palabra mejor para *bueno* busca primero en las palabras que comienzon por **B.** Busca *bueno*. Después mira la lista de *sinónimos* y elige la palabra que se parece más a lo que quieres decir. *Bueno* está en la pág. 495.

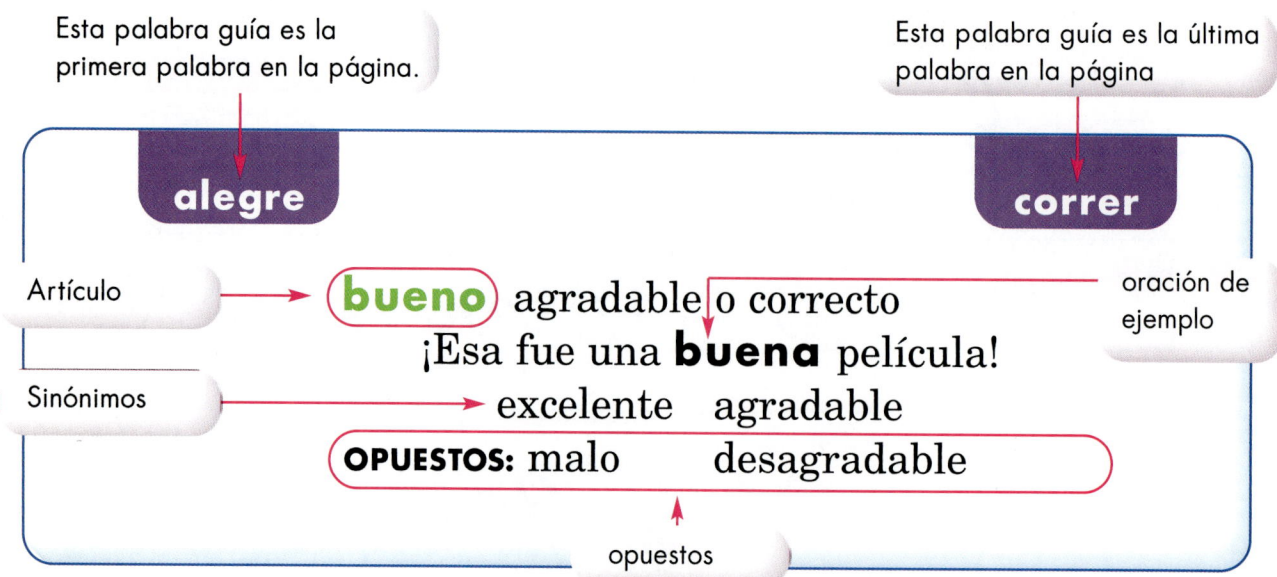

A

alegre lleno de alegría
　　　Mi vecino es muy **alegre**.
　　　　　contento　　feliz
　　OPUESTOS: triste, apenado

B

bueno agradable o correcto
　　　Esa fue una **buena** película
　　　　　excelente　　agradable
　　OPUESTOS: malo, desagradable

C

caluroso cuando hace calor
　　　Hoy es un día muy **caluroso**.
　　　　　cálido　　tórrido
　　OPUESTOS: frío, frígido

comer poner comida en el cuerpo
　　　Me gusta **comer** helados.
　　　　　ingerir　　devorar　　saborear

correr moverse rápidamente
　　　Corro detrás de mi hermano.
　　　　　apresurarse　　trotar　　volar
　　OPUESTOS: caminar, arrastrarse

D

difícil no fácil
   Es **difícil** aprender un nuevo deporte.
      duro   imposible   dificultoso
   OPUESTOS: fácil, simple

divertido alegre y agradable
   En el verano hacemos muchas cosas **divertidas**.
      recreativo   entretenido
   OPUESTO: aburrido

G

gordo no delgado
   El Día de Acción de Gracias comemos un pavo bien **gordo**.
      gordinflón   obeso   regordete
   OPUESTOS: flaco, delgado

H

hacer formar algo
   Los trabajadores **hacen** una casa.
      construir   formar   moldear
   OPUESTO: deshacer

I

ir dirigirse a un lugar
   Mañana voy a **ir** al cine.
      dirigirse   caminar   marchar
   OPUESTOS: regresar, venir

L

largo que tiene longitud
  Mi salón de clase es más **largo** que mi salón de música.
    dilatado   extenso
  OPUESTO: corto

lindo luce bonito.
  Juana se puso un vestido muy **lindo**.
    bello   hermoso
  OPUESTOS: desagradable, feo, horrible

P

pobre que no tiene dinero
  Algunos países son más **pobres** que otros.
    necesitado   indigente
  OPUESTOS: rico, millonario, pudiente

R

rápido que se mueve a mucha velocidad
  Tomamos un tren **rápido** a Nueva York.
    veloz   vertiginoso
  OPUESTOS: lento, lerdo

S

silencio cuando no hay ruido
En la biblioteca hay que estar en **silencio**.
    calma   discreción
OPUESTOS: ruido, bullicio

T

tomar agarrar algo
Toma los juguetes y llévalos arriba.
    alzar   llevar
OPUESTO: dejar

V

ver usar tus ojos para mirar algo
Vemos animales en el zoológico.
    notar   observar
OPUESTO: ignorar

Glosario

Cómo usar un glosario

¡Conócelo! El **glosario** te da el significado de los términos de vocabulario resaltados en *Harcourt Lenguaje*. También contiene oraciones con ejemplos de los términos. Las palabras en el **glosario** están en el orden del abecedario o sea, en **orden alfabético**.

¡Aprende a usarlo! Si quieres encontrar la palabra *adverbio* en el **glosario**, primero debes encontrar las palabras que empiezan con A. La A está al principio del abecedario, así que las palabras que empiezan con A están al principio del **glosario**. Después puedes usar la palabra guía al principio de la página para ayudarte a encontrar la palabra *adverbio*.

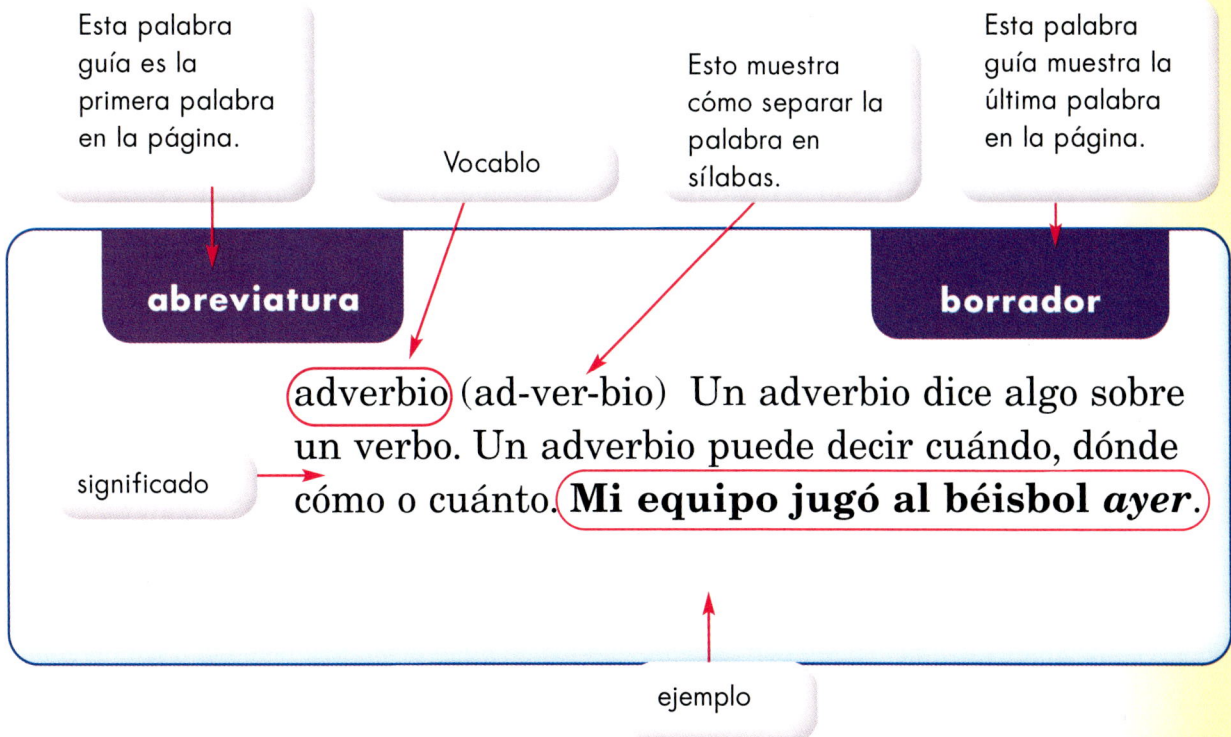

abreviatura | borrador

abreviatura (a-bre-via-tu-ra) Una abreviatura es una manera corta de escribir una palabra. **La *Sta*. Rosales fue a trabajar.**

adjetivo (ad-je-ti-vo) Una palabra que habla sobre un nombre. Un adjetivo puede decir cuántos o de qué tipo. **Tengo *tres* hermanas.**

adverbio (ad-ver-bio) Un adverbio habla sobre un verbo. Un adverbio puede decir cuándo, dónde y cómo. **Mi equipo jugó al béisbol *ayer*.**

afirmación (a-fir-ma-cíon) Una afirmación es una oración que dice algo. Termina con un punto (.). *Me gusta el jugo de uva*.

antónimo (an-tó-ni-mo) Una palabra que tiene un significado opuesto al de otra palabra es un antónimo. ***Lindo* y *feo* son antónimos.**

apócope (a-pó-co-pe) La eliminación de letras al final de una palabra. **Voy a ver si hay algún amigo mío en el parque. Algún es el apócope de alguno.**

atlas (a-tlas) Un atlas es un libro de mapas. **Utiliza el *atlas* para ver dónde está la India**.

borrador (bo-rra-dor) La primera versión de algo que escribes. **Pam hizo cambios en el *borrador* de su cuento.**

cierre (cie-rre) El cierre es la parte de una carta que dice adiós. **María terminó su carta escribiendo *"Tu amiga"*.**

conjungación (con-ju-ga-ción) Lo que hacemos cuando cambiamos el verbo de acuerdo con la persona que hace la acción. **El verbo es <u>Cantar</u>; <u>Rosa</u> es la persona que hace la accion de cantar. Por eso decimos <u>Rosa canta</u>.**

cuerpo (cuer-po) (de una carta) El cuerpo de una carta es el mensaje de la misma. **Escribe sobre tu viaje en el *cuerpo* de la carta.**

detalles (de-ta-lles) Los detalles son ejemplos que ayudan a explicar una idea principal. **Tony añadió *detalles* para hacer más interesante su informe.**

encabezamiento (en-ca-be-za-mien-to) El encabezamiento de una carta dice la fecha y la dirección de la persona que la envía. **Pon la fecha en el *encabezamiento* de tu carta.**

escenario (es-cen-a-rio) El escenario dice dónde y cuándo se desarrolla un cuento. **El *escenario* del cuento es en el bosque hace mucho tiempo.**

exclamación (ex-cla-ma-ción) Una exclamación es una oración que muestra un sentimiento fuerte. Empieza y termina con un signo de admiración (¡!). **¡*Hay un zorrillo en el patio de la escuela!***

ficción (li-bros de fic-ción) Los libros de ficción son narraciones inventadas. **Leo un libro de *ficción* sobre un viaje a Júpiter**.

firma (fir-ma) La firma es el nombre escrito a mano de un escritor al final de una carta. **Puse mi *firma* al final de la carta**.

género (gé-ne-ro) Una forma de la gramática que indica si un nobre es masculino o femenino. **La planta de maíz está muy grande. Planta es genero femenino. Los niños de mi escuela se portan bien. Niños es genero masculino.**

homófonos (ho-mó-fo-nos) Las palabras que suenan igual o muy parecidas pero tienen distintos significados son homófonos. ***Vino* (verbo venir) y *vino* (bebida) son homófonos**.

idea principal (i-de-a prin-ci-pal) La idea más importante en un escrito. **¿Cuál es la *idea principal* del cuento de Adolfo?**

libro de sinónimos (li-bro de si-nó-ni-mos) Un libro de sinónimos presenta una lista de palabras en orden alfabético y da sinónimos de esas palabras. **Busca la palabra en el *libro de sinónimos*.**

mandato (man-da-to) Un mandato es una oración que dice a alguien que haga algo. ***Por favor cierra la puerta*.**

no ficción (li-bros de no fic-ción) Los libros de no ficción hablan de algo real. **Janie leyó un libro de *no ficción* acerca de las jirafas.**

nombre (nom-bre) Un nombre es una palabra que nombra a una persona, a un lugar o a una cosa. **El *niño* trajo una *pelota* al parque.**

nombre propio (nom-bre pro-pio) Un nombre que dice el nombre especial de una persona, de un lugar o de un animal es un nombre propio. ***Héctor Rivera* vive en *Nueva York*.**

oración (o-ra-ción) Una oración es un grupo de palabras que expresa un pensamiento completo. Todas las oraciones comienzan con una letra mayúscula y terminan con un punto. ***Los niños van a la escuela en autobús*.**

párrafo (pá-rra-fo) Un grupo de oraciones que habla sobre una idea principal. **El *párrafo* de Miguel era sobre perros**.

párrafo con instrucciones (pá-rra-fo con ins-truc-cio-nes) En un párrafo con instrucciones un escritor dice cómo hacer algo. **Ying dijo cómo hacer galletas en su *párrafo con instrucciones*.**

personajes (per-so-najes) Las personas o los animales en un cuento son los personajes. **¿Cuáles son los *personajes* principales de este cuento?**

parte que dice (par-te que dice) Es la parte de la oración que dice algo del nombre. **Guillermina *pasea al perro*.**

parte que nombra (par-te que nom-bra) Es la parte de la oración que nombra a alguien o algo. ***Laura* fue al cine**.

pregunta (pre-gun-ta) Una pregunta es una oración que pregunta algo. Empieza y termina con un signo de interrogación (¿?). ***¿Dónde está mi otro zapato?***

pronombre (pro-nom-bre) Una palabra que toma el lugar de un nombre es un pronombre. **Yo jugué al fútbol y *él* miró**.

punto (pun-to) Usa un punto (.) al final de una afirmación o de un mandato. **Vi un mono en el árbol**.

saludo (sa-lu-do) El saludo es la parte de una carta que dice hola. **El saludo de la carta de Beth era *"Querido abuelito"*.**

signos de admiración (sig-nos de ad-mi-ra-ción) Los signos de admiración al principio y al final de una oración muestran sentimientos fuertes. **¡Cuidado con esa pelota!**

signos de interrogación (sig-nos de in-te-rro-ga-ción) Usa signos de interrogación (¿?) al principio y al final de una pregunta. **¿Quieres jugar al fútbol?**

sinónimo (si-nó-ni-mo) Una palabra que significa casi o lo mismo que otra palabra. ***Bello* es sinónimo de *lindo*.**

verbo (ver-bo) Un verbo es una palabra que dice lo que algo o alguien hace. **La rana *salta* de roca en roca.**

verbo auxiliar (ver-bo au-xi-liar) Un verbo auxiliar acompaña siempre al verbo principal en una oración. ***He* aprendido sobre las plantas.**

El poder de las palabras

agarrar (verbo) Mi hermanita quiere *agarrar* todas las galletas.

ajustar (verbo) La señora María le va a *ajustar* el vestido a mi prima.

alegremente (adverbio) Mi hermano cantó *alegremente.*

aletear (verbo) El picaflor *aletea* junto a una rosa.

armonía (nombre) El coro canta en perfecta *armonía.*

brillante (adjetivo) Ese libro tiene la tapa *brillante.*

capullo (nombre) Las orugas se convierten en mariposas en el *capullo.*

catalejo (nombre) Ayer vimos las vacas que estaban muy lejos con el *catalejo* de mi prima.

charco (nombre) Después de la lluvia jugamos en los *charcos.*

considerado (adjetivo) Andrés me dejó una tajada de pastel. Él es muy *considerado.*

contribución (nombre) Tenemos que hacer una *contribución* para el paseo.

correspondencia (nombre) La *correspondencia* entre los escritores duró muchos años.

criatura (nombre) En la selva hay miles de *criaturas* diferentes.

crujiente (adjetivo) Las tostadas del *desayuno* están crujientes.

croar (verbo) Las ranitas *croan* por la noche.

deporte (nombre) El ***deporte*** es bueno para la salud.

demostrar (verbo) Marcy ***demostrará*** cómo hacer un pastel.

descuidado (adjetivo) Ese perro se ve muy ***descuidado.***

elegante (adjetivo) Ese niño va muy ***elegante*** a la escuela.

embajador (nombre) Tía es ***embajadora*** y viaja por todo el mundo.

escarbar (verbo) La ardilla ***escarba*** la tierra.

especie (nombre) ¿De qué ***especie*** de animales es el león?

explorar (verbo) Mi primo y yo ***exploramos*** el altillo de mi abuela.

germinar (verbo) Esa semilla de aguacate va a ***germinar*** muy pronto.

gigante (nombre) En muchos cuentos de hadas hay un ***gigante.***

girar (verbo) ¡Mi juguete puede ***girar*** mucho!

guiado (verbo) El explorador ha ***guiado*** al grupo en la selva.

inesperado (adjetivo) La maestra tuvo una sorpresa ***inesperada.***

infinito (adjetivo) Se dice que el universo es ***infinito.***

internacional (adjetivo) El cantante es un éxito ***internacional.***

maravilloso (adjetivo) A Alicia le ocurrieron muchas cosas ***maravillosas.***

membrillo (nombre) La ***mermelada*** de membrillo es deliciosa.

Índice

A

Abecedario **499**
Abreviaciones **133**
Adivinanzas **59, 135, 194, 249**
Adjetivos **242–250**
    definición **243**
    él, la, los, las **274–275**
    en plural **244–245**
    femeninos y masculinos **252–255**
    oraciones comparativas **280–286**
    oraciones largas **246–247**
    que describen el tamaño y número . . **270–273**
    sinónimos **256–258**
Adverbios **356–364**
    definición **357**
    de tiempo **419**
Afirmación **52–55**
Antes de escribir . . **49, 82–83, 121–122, 154–155,**
              195, 228–229, 267, 300–301,
              343, 376–377, 415
Antónimos **251**
Anuncio, hacer un **307**
Anuncios que persuaden **480**
Apócope **274**
Atlas, usar **409**

B

Biblioteca, cómo usar una **365**
Borrador **39, 49, 84–85, 121, 156–157, 195,**
        230–321, 267, 302–303, 343, 378–370, 415,
        450–453

C

Caligrafía **269**
    espacio entre las letras **123**
    hacer letras del tamaño correcto **269**
    modelos **490–493**
    posición correcta **51**
    trazar letras **345**
    uso correcto de los márgenes y los espacios
    entre las palabras y las oraciones **197**
Carta **144–161, 187, 483**
Combinar oraciones . . **174–175, 322–323, 420–421**
Concordancia entre el sujeto y el verbo . . **400–401**
Conexión con la escritura **27, 29, 31, 37, 39, 41,**
    55, 57, 65, 67, 69, 99, 101, 103, 109, 111, 113,
    127, 129, 131, 137, 173, 187, 201, 203, 205, 211,
    213, 215, 245, 247, 249, 255, 257, 259, 273, 275,
    277, 283, 285, 287, 321, 323, 325, 331, 333, 335,
    349, 351, 353, 359, 361, 363, 393, 395, 397, 403,
    405, 407, 421, 423, 425, 431, 433, 435
Conjugación **182**
Corrección con computadora . . . **122, 217, 275, 279**

Cuento personal **72–88, 139, 482**
Cuentos populares **310**

D

Descripción **205, 245, 255, 423**
Destrezas de estudio
    atlas **409**
    biblioteca **365**
    cómo hacer una prueba **207**
    diccionario **115**
    guía telefónica **399**
    libro de sinónimos **251**
    mapas **337**
    orden alfabético **43**
    partes de tu libro **33**
    periódicos **327**
Detalles **116–122**
Diálogo **190–197**
Diario **99**
Diccionario, usar un **115**

E

Editar **50, 86, 87, 158, 304, 305, 344, 380,**
                  381, 452, 453
Ejemplos, dar **410–416**
El arte de escribir
    detalles **116–122**
    escribir un informe de un libro **410–416**
Entrevista **59**
Enunciado **53–55**
Escenario **225**
Escribir un cuento **218–235, 484**
Exclamaciones **63–68**

G

Guía telefónica **399**

H

Hablar *Ver* Hablar y escuchar
Hablar y escuchar *Ver también* Juego lingüístico
    anuncio **307**
    comparte tu escritura **89**
    cuenta un cuento **235**
    da y sigue instrucciones **383**
    presenta un informe oral **455**
    presentaciones **161**

I

Ideas *Ver también* Ideas principales
    desarrollar ideas y temas **44–50**
Idea principal
    de un informe de investigación **445**

párrafos. **56–57, 350–351**
Informe meteorológico. **238, 310, 458**
Informe de investigación. **438–454, 487**
Informe de un libro **410–416**
Informe oral **455**
Instrucciones **69, 338–344, 383**
Invitación modelo de escritura **479**

J

Juego lingüístico. **31, 41, 59, 69, 103, 113, 131,
141, 177, 187, 205, 215, 249, 259, 277, 287, 325,
335, 353, 363, 397, 407, 425, 435**

L

La lectura y la escritura. **79–81, 151, 225, 297,
373, 445**
Libros
    de ficción. **365**
    de no ficción **365**
    usar las partes de tu libro **33**
Libro de sinónimos **494**
Libros recomendados . . . **93, 165, 239, 311, 387, 459**
Lluvia de ideas **44, 46–49, 121, 195, 267,
343, 415**

M

Mandatos **63–67**
Marcas de corrección. **50, 86–87, 122, 158–159,
232–233, 268, 304–305, 344, 380–381, 416,
452–453**
Más verbos irregulares **404–405**
Mapas, usar **337**
Mayúsculas
    abreviaciones. **133**
    comienzo de una oración **28–29**
    nombres propios **125–129**
Modelo de literatura
    carta. **144–150**
    cuento **218–224**
    cuento personal **72–78**
    diálogo. **190–191**
    informe de investigación. **438–444**
    párrafo con instrucciones **366–372**
    párrafo descriptivo **290–296**
Modelo de un estudiante
    anuncio que persuade **480**
    carta. **152–153**
    cuento **226–227**
    cuento personal **80–81**
    diálogo **194**
    escribir instrucciones **342**
    informe de investigación **446–447**
    informe de un libro **414**
    instrucciones **342**
    invitación. **479**

nota de agradecimiento **120**
obra de teatro **481**
párrafo con instrucciones **374–375**
párrafo descriptivo **298–299**
poema **266**
sobre **479**

N

Nombre **96–114**
    concordancia entre los nombres y los
      pronombres **392–393**
    definición **97**
    de personas, animales, lugares o cosas **97–99**
    en plural **106–111**
    nombres masculinos y femeninos **100–101**
    nombres propios **124–130**
      días festivos **128–129**
      de personas, lugares y animales **126–127**
      nombres de lugares **332–333**
    pronombres **134–142, 390–391**
Nota de agradecimiento **116–120**
Número **272–274**

O

Obra de teatro **324, 332, 336, 474, 481**
Oración **24–51**
    afirmación y pregunta **52–55**
    combinar **322–323**
      con verbos **174–175**
      para hacer oraciones más largas **420–421**
    comienzo y final **28–29**
    con adverbios de tiempo **418–419**
    definición **25**
    oraciones largas **246–247**
    orden de las palabras en una **26–27**
    partes de una **34–37**
      que nombran y dicen **35–37**
    sobre un dibujo **41**
    desarrollar ideas y temas **44–50**
Orden alfabético **409, 499**
Orden de las palabras
    en las oraciones **26–27**
    con los pronombres **394**
Ortografía
    estrategias **488**
    palabras que comúnmente se escriben
      con faltas de ortografía **489**
    pronombres y terminaciones personales . **172–173**
    problemas ortográficos **428–435**
      palabras con la *b* y la *v* **430**
      palabras con la *g* y la *j* **431**
      palabras con la *ll* y la *y* **432**
    puntos **28–29, 54–55, 64–67, 133**
    verbos *–ar, –er, –ir* **182–183**
    verbos en tiempo pasado **179–188**

P

Palabras
- adverbios de tiempo 81
- antónimos 251, 261, 500
- citas para mostrar sentimientos 190-197
- homófonos 61, 500
- precisas 338-344
- pintorescas 262-268
- sinónimos 179, 256-258, 494

Párrafo 56-59
- con instrucciones 366-382, 486
- idea principal 56-57, 350-351
- descriptivo 290-306, 485
- combinar 420-421

Pautas de escritura
- carta 483
- cuento 484
- cuento personal 482
- informe de investigación 487
- párrafo con instrucciones 486
- párrafo descriptivo 485

Periódicos, usar 327
Personajes 225
Plan de estudios general 92, 165, 238, 310
Poema 24, 34, 52, 62, 96, 106, 134, 170, 180, 198, 208, 252, 259, 262-268, 270, 280, 318, 328, 390, 400, 428, 429
- palabras pintorescas 262-268
- rima 262

Preguntas 53-55, 66-67
Puntuación
- comas 322-323, 332-333, 422-423
- guión 190-197
- mayúsculas 28-29, 125-129, 133
- nombres masculinos y femeninos 100-101, 404-405
- punto 25, 503
- signos de interrogación y exclamación ... 28-29, 54-55, 63-65

Pronombres 134-142, 390-391
- concordancia entre los nombres y los pronombres 392-393
- definición 135
- *él, ella, ellos, ellas* 136-137
- *nosotros, nosotras* 138-139
- orden de las palabras 394-395

Publicar 88, 160, 234, 306, 382, 454

Q

Quién es quién 92

R

Revisar 37, 67, 86, 87, 109, 137, 158, 159, 175, 185, 213, 232, 247, 257, 304, 305, 323, 344, 351, 361, 380, 381, 393, 421, 452, 453
Ritmo 262

S

Sangría 56
Secuencia *Ver* adverbios de tiempo
Signos de interrogación y exclamación *Ver también* Puntuación
- de exclamación 64-67
- de interrogación 54-55, 66-67

Sinónimo s 179, 494
Sobre 479
Sufijos 427

T

Tabla de secuencia 79, 82-83
Tipos de escritura
- anuncio que persuade 480
- carta 144
- cuento 218
- cuento personal 72
- diálogo 190
- informe de investigación 438
- informe de un libro 410
- instrucciones 338
- invitación 479
- nota de agradecimiento 116
- obra de teatro 481
- oraciones sobre una ilustración 44
- párrafo con instrucciones 366
- párrafo descriptivo 290
- poema 262
- sobre 479

Tecnología
- computadoras
  - cómo usar 71
  - corregir en una computadora 217
  - gráficas de computadoras 355
  - para corregir errores de ortografía 279
  - para obtener información 437
- enviar correo electrónico 143

Títulos 133
Temas 44

Uso
  "él, ella, ellos ellas" **136-137**
  comparación **280-286**
  concordancia **212-213, 400-401**
  concordancia entre los nombres y los
    pronombres **392-393**
  nosotros, nosotras **138-139**
  orden de las palabras para
    los pronombres **394-395**
  verbos auxiliares **346-353**
  y **174-175, 322-323, 420-421**

Verbos **170-188**
  adverbios **356-364**
  auxiliares **346-353**
  combinar oraciones con **174-175**
  con cambios en la raíz **402-403**
  concordancia **212-213, 400-401**
  contar y *tener* **404-405**
  definición **171**
  en el tiempo pasado **180-186**
  en el tiempo presente **172-178**
  era y *estaba* **202-203**
  ir, hacer, ver **328-334**
  ser y *estar* **198-204**
  sinónimos de **179**
  tener **208-214**
  venir, poner y *dar* **318-324**
Vocabulario
  abreviaciones **133**
  antónimos **261**
  homófonos **61**
  sinónimos **179**
  usar un diccionario **189**

Acknowledgments

For permission to translate/reprint copyrighted material, grateful acknowledgment is made to the following sources:

Atheneum Books for Young Readers, an imprint of Simon & Schuster Children's Publishing Division: From *Jalapeño Bagels* by Natasha Wing, illustrated by Robert Casilla. Text copyright © 1996 by Natasha Wing; illustrations copyright © 1996 by Robert Casilla.

Curtis Brown, Ltd.: "Little Silk Worms" from *Dragon Kites and Dragonflies* by Demi Hitz. Copyright © 1986 by Demi.

Candlewick Press Inc., Cambridge, MA: "Who's Been Sleeping in My Porridge?" and illustration from *Who's Been Sleeping in My Porridge? A Book of Wacky Poems and Pictures* by Colin McNaughton. Copyright © 1990 by Colin McNaughton. Illustration from *Dear Mr. Blueberry* by Simon James. Copyright © 1991 by Simon James.

Eric Carle: Illustration by Eric Carle from *Animals Animals*, edited by Laura Whipple. Illustration copyright © 1989 by Eric Carle.

Sheldon Fogelman Agency, Inc.: From *Red Riding Hood* by James Marshall. Copyright © 1987 by James Marshall.

Phyllis Halloran: "Busy" by Phyllis Halloran. Text copyright © 1989 by Phyllis Halloran.

HarperCollins Publishers: From *You're Aboard Spaceship Earth* by Patricia Lauber, illustrated by Holly Keller. Text copyright © 1996 by Patricia G. Lauber; illustrations copyright © 1996 by Holly Keller. From *Red Dancing Shoes* by Denise Lewis Patrick, illustrated by James E. Ransome. Text copyright © 1993 by Denise Lewis Patrick; illustrations copyright © 1993 by James E. Ransome. "I Am Running in a Circle" from *New Kid on the Block* by Jack Prelutsky. Text copyright © 1984 by Jack Prelutsky. "Something Big Has Been Here" from *Something Big Has Been Here* by Jack Prelutsky. Text copyright © 1990 by Jack Prelutsky.

Holiday House, Inc.: From *Penguins!* by Gail Gibbons. Copyright © 1998 by Gail Gibbons.

Houghton Mifflin Company: "The Flying Machine" from *George and Martha* by James Marshall. Copyright © 1972 by James Marshall.

Hettie Jones: Untitled poem (retitled: "The Mockingbird") by Acoma from *The Trees Stand Shining: Poetry of the North American Indians*, selected by Hettie Jones. Text copyright © 1971 by Hettie Jones.

Lee & Low Books, Inc., 95 Madison Avenue, New York, NY 10016: "Sun Song" from *Confetti: Poems for Children* by Pat Mora, illustrated by Enrique O. Sanchez. Text copyright © 1996 by Pat Mora; illustration copyright © 1996 by Enrique O. Sanchez.

Little, Brown and Company (Inc.): "This Is My Rock" from *Far and Few* by David McCord. Text copyright 1929 by David McCord. Originally published in *The Saturday Review*.

Gina Maccoby Literary Agency: "Giraffes" from *The Llama Who Had No Pajama* by Mary Ann Hoberman. Text copyright © 1973 by Mary Ann Hoberman. Published by Harcourt, Inc.

McIntosh and Otis, Inc.: Illustration by Ed Young from *Chinese Mother Goose Rhymes*, selected and edited by Robert Wyndham. Illustration copyright © 1968 by Robert Wyndham.

Harold Ober Associates: "April Rain Song" by Langston Hughes from *Collected Poems* by Langston Hughes. Text copyright © 1994 by the Estate of Langston Hughes. Published by Alfred A. Knopf, Inc.

Philomel Books, a division of Penguin Putnam Inc.: "There's a Cow on the Mountain" (retitled: "The Cow") from *Chinese Mother Goose Rhymes*, selected and edited by Robert Wyndham. Text copyright © 1968 by Robert Wyndham.

Random House UK Ltd.: From *Don't Forget to Write* by Martina Selway. Copyright © 1992 by Martina Selway. Originally published in Great Britain by Hutchinson Children's Books, an imprint of Random House UK Ltd.

Marian Reiner: "Hurry" from *Out Loud* by Eve Merriam. Text copyright © 1973 by Eve Merriam. "On Our Way" from *Catch a Little Rhyme* by Eve Merriam. Text copyright © 1966 by Eve Merriam; text © renewed 1994 by Dee Michel and Guy Michel.

Scholastic Inc.: From *Fire Fighters* by Robert Maass. Copyright © 1989 by Robert Maass.

Simon & Schuster Books for Young Readers, an imprint of Simon & Schuster Children's Publishing Division: From *Kate Heads West* by Pat Brisson, illustrated by Rick Brown. Text copyright © 1990 by Pat Brisson; illustrations copyright © 1990 by Rick Brown. From *Two Greedy Bears* by Mirra Ginsburg, illustrated by Jose Aruego and Ariane Dewey. Text copyright © 1976 by Mirra Ginsburg; illustrations copyright © 1976 by Jose Aruego and Ariane Dewey. From *I Have a Pet!* by Shari Halpern. Copyright © 1994 by Shari Halpern.

United Indians of All Tribes Foundation: "The Wind Is Cool and Swift" by Tanu Frank from *Daybreak Star Indian Reader*.

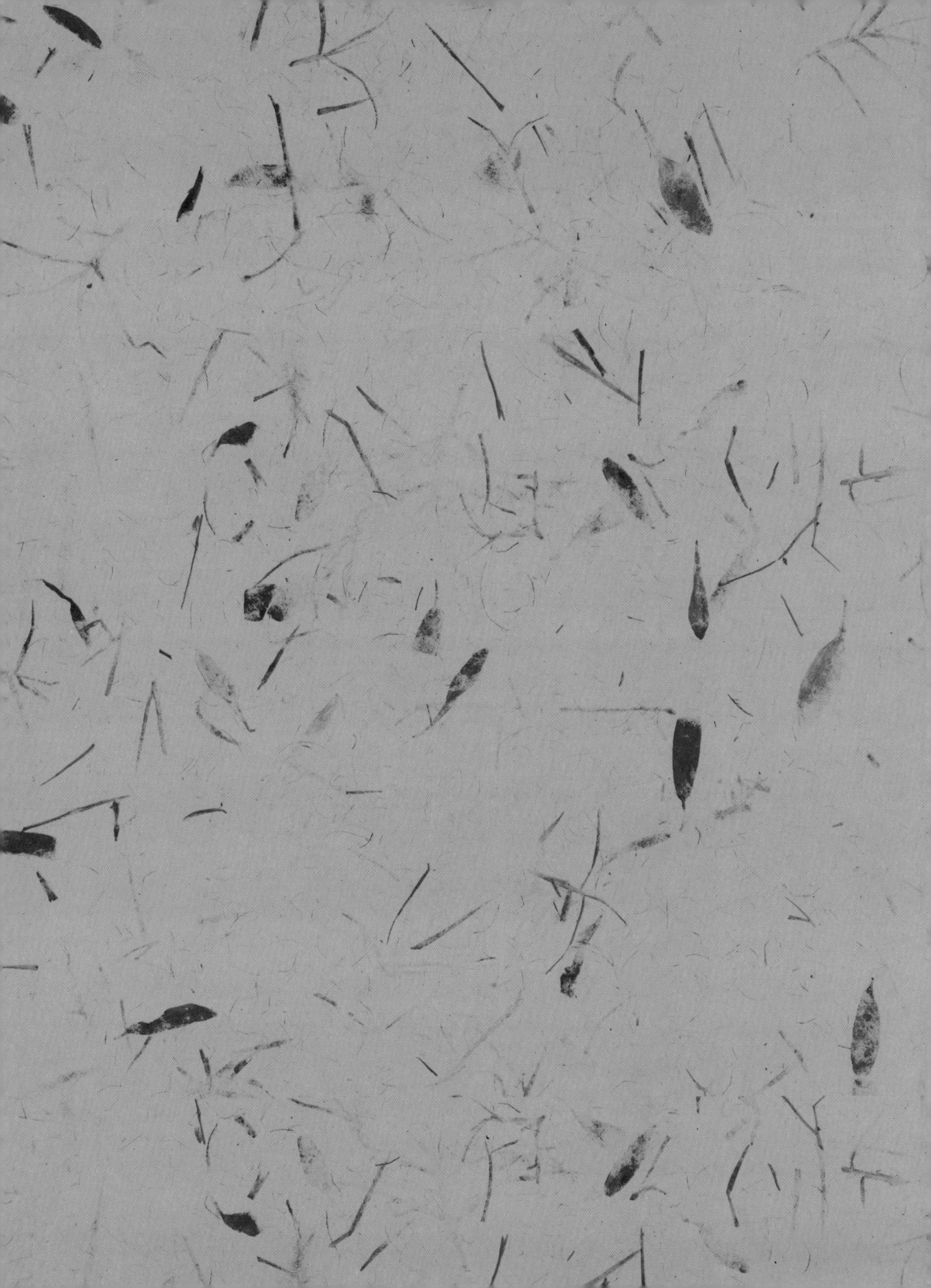

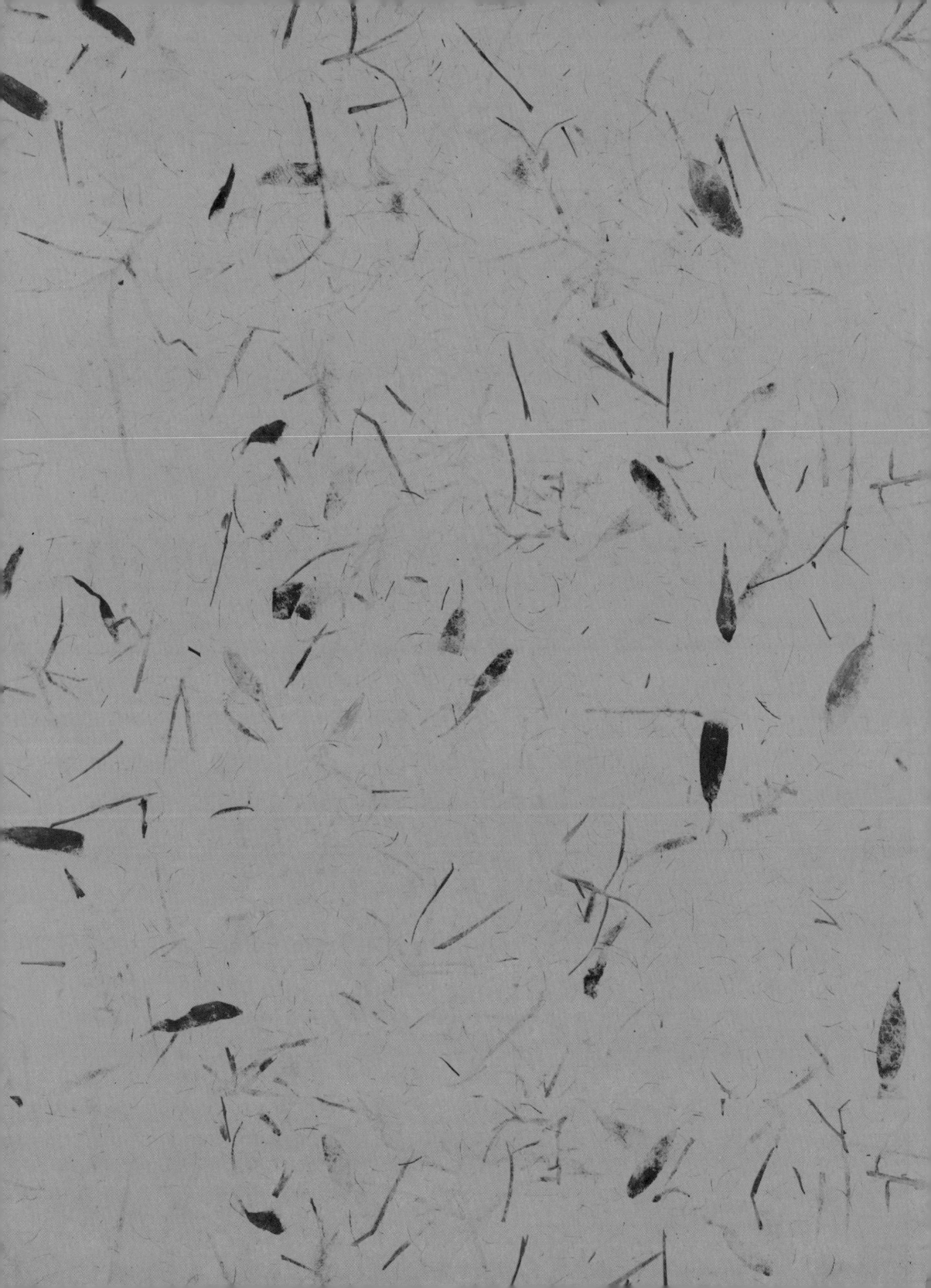